네이버 증권

주식 고수는 투자 정보를
어디서, 무엇을, 어떻게 찾나?
네이버 증권

지은이 알렉스 강
펴낸이 이종록 펴낸곳 스마트비즈니스
등록번호 제 313-2005-00129호 등록일 2005년 6월 18일
주소 경기도 고양시 일산동구 정발산로 24, 웨스턴돔타워 T4-414호
전화 031-907-7093 팩스 031-907-7094
이메일 smartbiz@sbpub.net
ISBN 979-11-6343-049-0 03320

초판 1쇄 발행 2023년 4월 5일
초판 2쇄 발행 2023년 4월 25일

네이버 증권으로 배우는
'주식투자 실전 가이드북!'

주식 고수는 투자 정보를
어디서, 무엇을, 어떻게 찾나?

네이버 증권

알렉스 강 지음

Sb
smart business

3rd, 개정판에 부쳐

처음 투자하는 초보자를 위한 '주식투자 필독서!'

2018년 이 책이 처음 출간된 후 2nd를 거쳐, 3rd에 이르게 되었습니다. 스테디셀러로 꾸준히 쇄를 거듭하면서, 어느덧 처음 투자하는 초보자라면 꼭 읽어야 할 '주식투자 필독서'로 자리매김한 것 같아 뿌듯합니다. 독자분들의 사랑에 깊은 감사의 마음을 전합니다. 그 사이 네이버 증권 사이트의 카테고리가 바뀌고 투자 환경도 급변하여, 이번에 새롭게 3rd 개정판을 출간하게 되었습니다.

이 책이 처음 출간되었던 2018년 증시는 거의 고점을 찍을 때 즈음입니다. 책을 쓰고 있던 2017년 상승장과는 전혀 다른 증시 분위기로 바뀌었습니다. 하락장이 시작된 거죠. 이후 증시는 미국과 중국 무역 전쟁의 분위기에 따라 박스권에서 오르내리기를 반복했습니다. 2020년 들어서는 코로나19 팬데믹으로 인해 엄청난 폭락장과 폭등장이 나왔고, 2022년에는 엄청난 하락장이 이어졌습니다.

그러면 2023년 이후 우리나라 증시는 어떻게 흘러가게 될까요? 시장의 예측은 힘듭니다. 하지만 너무 두려워하지 않아도 됩니다. 증시 상황에 대한 대부분 정보는 네이버 증권을 통해 얻을 수 있으니 말입니다. 그런데 너무 많은 정보 때문일까요? 투자자들은 혼란스럽기만 합니다. 네이버 증권을 통해 정보를 찾다 보면 전문가들마다 제각기 다른 전망을 이야기하기 때문입니다.

언제나 결과는 반반입니다. 상승 혹은 하락이지요. 나름 그 분야의 전문가들이지만, 어찌 그렇게 서로 다른 이야기를 하는지 신기할 따름입니다. **그래서 저는 시장 전망을 참고만 할 뿐입니다. 그보다 중요한 것은 '현재를 읽는 능력'이라고 생각합니다.**

이때 개인투자자들이 증시의 현재 정보를 가장 많이 얻을 수 있는 곳이 어디인지 생각해보면, 두말할 나위 없이 네이버 증권 정보일 것입니다. 개별 종목별 정보, 시장 정보, 증권사 리포트를 비롯하여 종목토론방에 줄줄이 달리는 투자자들의 의견은 쏠쏠한 재미를 주기도 합니다.

너무 많은 정보는 오히려 투자자들에게 혼란을 줍니다. 대체 어떤 종목에, 언제 투자해야 할까요? 네이버 증권은 많은 정보를 제공해주고는 있지만, 딱 어떤 종목을 사야 하는지는 알려주지 않습니다. 당연합니다. 그것은 지금 이 책을 읽고 있는 여러분들의 몫이니까요.

아직 가공되지 않은 날것의 투자 정보를 엮어서 자신만의 투자 종목을 찾아내는 것은 오직 투자자 본인의 영역입니다. 그렇기 때문에 네이버 증권 정보에 대한 설명서로, 이 책을 활용하면 좋겠습니다.

이 책의 진가는 여기서 끝이 아니지요. 비록 책의 제목이 '네이버 증권'이라는 타이틀을 달고 있지만, 투자의 기본이 되는 여러 분석 방법에 대해서도 꼼꼼하게 다루고 있기 때문입니다. 여러분은 네이버 증권을 통해 발굴한 종목에 바로 투자하기보다는 투자해도 좋은지 아닌지를 다시 한 번 분석해야 합니다.

투자 성공 확률을 조금이라도 더 높이기 위해서는 다양한 분석 방법을 활용하는 것이 좋습니다. 물론 이런 분석마저도 네이버 증권을 활용하여 투자 종목 발굴에서 분석까지를 쉽게 이해할 수 있도록 설명했습니다.

• • • • •

증시의 변화가 두렵습니다. 하루하루 미국 금리 인상 소식에 귀를 기울이고, 원·달러 환율을 살펴봅니다. 언제 러시아가 전쟁을 끝낼지도 문제고, 인플레이션과 고금리, 경기 침체, 그리고 줄어들었다고는 하지만 코로나19에 대한 불안도 여전합니다.

이런 불안한 상황 때문에 지금 이 글을 쓰는 순간에도 주식시장은 크게 흔들리는 중입니다. 주식 계좌는 손실 종목으로 가득하고요. 그러면 주식투자를 접어야 하는 걸까요?

옛날 한 왕이 있었다.

그 왕은 반지 세공사를 불러 주문을 했다.

"내가 큰 전쟁에서 이겨도 교만하지 않게 하고, 큰 절망에 빠져 낙심할 때도 좌절하지 않고 새롭게 용기와 희망을 얻을 수 있는 글귀를 새겨 넣어라."

반지 세공사는 고민하다가 지혜롭다는 솔로몬 왕자에게 도움을 요청했다. 그때 솔

로몬 왕자는 다음의 말을 알려줬다.

"이것 또한 지나가리라."

그렇습니다. 주식시장의 어려움이 있더라도 언젠가는 바닥을 치고 다시 오를 것입니다. 골이 깊으면 산이 높습니다. 지금의 하락장이 언제까지 이어질지는 모르지만, **언젠가는 다시 반등을 하지요. 그리고 그 찰나의 반등 시점을 잡기 위해서는 항상 시장에 관심을 가져야 합니다.**

네이버 증권에 대한 책을 마무리 지으면서 여러 아쉬움이 남습니다. 조금 더 재미있게 잘 쓸 수 있었는데 하는 아쉬움, 더 많은 이야기를 하고 싶다는 아쉬움이지요. 이 책을 읽으며 혹시라도 궁금한 내용이 있다면, 언제라도 네이버 카페 〈알렉스강의 주식이야기〉를 통해 질문해주기 바랍니다. 독자분들과 소통하는 마음으로 함께 고민해보겠습니다. 여러분들의 성공 투자를 응원합니다.

독자분들의 사랑에 다시 한 번 감사드립니다. 더불어 오랜 기간 이 책과 함께해주신 스마트비즈니스 이종록 대표님께도 감사드립니다. 무엇보다 아들 승호, 딸 소윤의 응원이 큰 힘이 되었습니다. 끝으로 나의 삶을 지탱해주고 있는 사랑하는 아내 현정에게도 고마움을 전합니다.

차례

PART 2 네이버 증권 정보를 통한 투자 종목 찾기!

PART 3 해외 주식투자를 위한 네이버 증권 활용법

PART 4 시장의 흐름을 읽는 방법

PART 5 가치투자자가 반드시 알아야 하는 것들

PART 6 매매 시점을 알려주는 차트 분석

PART 7 주식의 바다에서 서핑하듯 투자하라

• PART 1 •

코로나19 팬데믹 이후, 변화된 주식시장

잔치는 끝났다

잔치가 끝났다고? 주식투자는 이제 그만둬야 하는 것일까?

2020년 초 우리나라 증시는 코로나19 팬데믹으로 인해 대폭락했다. 그리고 바로 뒤이어 엄청난 반등장이 찾아왔다. 당시 주식투자를 하던 많은 투자자가 큰 수익을 거뒀다. 기관과 외국인은 물론, 개인투자자마저도 주식을 샀다 하면 모두 돈을 벌 수 있는 시기였다.

10년에 한 번 올까 말까 한 기회였다. 역사적으로 큰 상승장을 살펴보면 IMF 금융위기 이후 나온 1998년 반등장, 미국 서브프라임 모기지 사태 이후 나온 2009년 반등장이 있다. 하지만 당시에는 아무리 상승장일지라도 개인투자자의 성적이 모두 좋지는 않았다.

그러나 이번 반등장은 달랐다. 2020년 코로나19 반등장은 정말 모든 투자자가 돈을 벌 수 있는 시기였다. '동학개미', '서학개미' 등 신조어까지 생겼다. 들어봤을 법한 큰 종목을 아무거나 매수하고 두어 달 기다리면 어김없이 수익을 낼 수 있었다. 그래서 직장인들은 출근해서 보유 종목을 살펴보고 주식 이야기로 하루를 시작했다.

개인투자자들의 투자금이 엄청나게 쏟아져 들어오면서 주식시장의 상승을 부채질했다. 그 결과 1,439포인트까지 하락했던 코스피 지수는 이전에 없었던 3,316포인트까지 급등하게 되었다.

코로나19 팬데믹 폭락 이후 반등한 2020년, 그리고 상승이 꺾인 2022년 코스피 지수.

네이버 증권

시중에 풀려 버린 유동성의 힘은 엄청났다. 정부는 재난지원금이라는 명목으로 개인들에게 돈을 줬다. 재난지원금뿐만이 아니었다. 채권시장을 비롯한 사회 전반에 돈이 흘러들었다. 그리고 이렇게 흘러들어온 돈의 상당 부분은 투자시장으로 들어왔다.

유동성 공급은 전 세계적인 추세였다. 미국, 중국, 유럽 등 모든 나라에서 돈을 뿌렸다. 코로나19로 인해 힘든 경제 상황을 돈의 힘으로 버텼던 것이다.

상황이 이렇게 되자, 주식시장은 크게 급등했다. 코로나19로 인해 폭락했던 주가는 단숨에 만회했고, 이전 주가의 몇 배가 올랐다. 1년도 안 되는 기간 동안 삼성전자는 43,000원에서 96,000원까지 올랐고, 현대차는 65,000원에서 289,000원까지 급등했다. 이뿐만이 아니라 대부분 종목이 크게 상승했다.

하지만 2021년이 되자, 상승이 주춤해졌다. 여기에서 문제가 발생한다. 개인투자자들은 2020년의 상승을 여전히 기대하면서 순매수 규모를 키웠다. 2020년 3월 코로나19 폭락장이 있었지만, 버티다 보면 이전보다 더 큰 수익이 날 수 있다는 것을 경험했기 때문이다.

그런데 주가는 본래의 주식 가치보다 너무 많이 올랐다. 주식의 가격은 기업이 벌어들이는 수익과 함께 움직이기 마련이다. 그런데 이미 내년도까지의 장밋빛 전망을 끌어다 주가에 반영한 상황이다. 더 이상 끌어올 기대감이 사라지게 된 것이다.

악재도 슬금슬금 나타났다. 돈 풀기의 끝이 보이기 시작한 것이다. 코로나 백신 접종자 수가 증가하고, 새로운 신약이 등장했다. 이전까지 코로나19는 감염되면 모두 죽는 줄로만 알았는데, 질병관리청의 통계를 보니 60세 미만의 치명률은 1%에도 미치지 못했다. 그래서 사람들은 점차 활동을 시작했다. 경제가 활성화되기 시작한 것이다. 더 이상 무상으로 돈을 풀 이유가 없어졌다.

코로나19 팬데믹의 끝이 보이기 시작하자, 가장 먼저 움직인 것은 역시 미국이었다. 인플레이션을 암시하는 시그널이 여러 경제 지표를 통해 발표되었다. 그래서 미국 연방준비위원회는 급격한 인플레이션 위기에 대처하기 위해 기준 금리 인상을 시작했다.

앙드레 코스톨라니는 인플레이션에 대해 이렇게 말했다.

"자본주의 시장에서 적당한 인플레이션은 따뜻한 목욕물과도 같다. 적당한 온도의 물속에 몸을 담그고 있으면 편안하고 좋지만, 그 물이 너무 뜨거워지면 안 된다."

2023년 초 지금의 물가 상황을 보면 인플레이션 온도가 얼마나 높은지 체감할 수 있다. 전기, 가스, 수도 요금이 통계 작성이 시작된 2010년 1월 이후 역대 최대 상승 폭을 기록했다. 10만 원을 들고 마트에 가도 살 수 있는 것이 얼마 없다. '내 봉급 빼고 모두 다 올라 버린 상황'을 전 국민이 경험하고 있다.

만일 미국이 기준 금리를 올리면 어떻게 될까? 미국이 한국보다 이자를 더 많이 준다고 하면 한국에서 돈을 인출하여 미국에 저금할 것이다. 즉 달러가 빠져나가는 것이다. 이런 상황을 막기 위해 한국은행은 미국보다 금리를 조금이나마 높게 유지할 수밖에 없다.

기준 금리가 높아진다는 것은 이전보다 은행 이자를 더 많이 준다는 것이다. 은행이라는 안전자산의 이자가 높아진다. 반면 주식시장은 위험자산이다. 그러다보니 자연스럽게 위험자산보다는 이자를 많이 주는 안전자산을 선호하게 된다.

즉 금리 인상의 초기에는 주식시장에서 돈이 빠져나가게 된다. 물론 어느 정도 금리가 안정된 이후에는 경제 상황에 따라 주가의 흐름이 바뀔 수 있다. 하지만 '물의 온도'가 바뀌는 시기, 그러니까 금리 변동이 예상되는 시점부터 실제로 금리가 인상되는 시기까지는 증시가 흔들린다.

필자는 경제학자가 아니다. 그래서 경제 상황과 주가를 딱 떨어지게 단정 지을 수 없다. 그리고 심지어 경제학자들의 전망도 살펴보면 언제나 상반된 주장을 하는 경우도 많다.

그러니 **우리 같은 개인투자자들은 구체적인 전망보다는 현상으로 보이는 결과에 더 집중해야 한다.** 지금 이 책을 쓰는 시점을 기준으로 증시 전망을 설명해봐야 언제든 바뀔 수 있다. 따라서 경제 전망보다는 실제로 증시의 방향이 어디로 흘러가는지를 파악하는 것이 중요하다. 예상 가능한 상황을 조심스레 생각해보면 당분간은 2020년 같은 급등장은 힘들 것 같다. 그러니 당분간 큰 욕심은 버리자.

그동안 엄청나게 상승했던 증시는 상승분을 고스란히 반납하고 있다. 미래의 전망까지 생각하며 올랐던 주가는 실적을 확인하는 단계에 접어들었다. 그나마 실적이 잘 나오는 기업은 다행이다. 주가는 실적에 기반하여 움직일 것이다. 반면 기대했던 실적에 부족한 결과가 확인되면 주가는 급격히 하락할 것이다. 기대감이 무너지면 주가는 무섭게 빠진다.

그러면 이제 주식투자를 통해 더 이상의 수익은 불가능한 것일까? 당연히 아니다. 2022년 증시는 엄청나게 하락했다. 하지만 하락이 있으면 또 언젠가는 다시 반등의 시점도 나올 것이다. 그리고 지수 움직임과는 달리 산업과 기업의 성과에 따라 개별 종목의 주가는 움직일 것이다. 당연히 실적이 잘 나오는 종목의 주가가 오를 것이다. 모든 것이 정상으로 돌아갈 것이다. 이 때를 노리면 된다.

이제는 아무 종목이나 매수해도 돈 버는 투자 시기가 아니다. 기관과 외국인은 주식시장 폭등이라는 달콤한 꿀에 취해, 계속 돈을 바치는 개인투자자를 기다리고 있을 것이다. 그들에게 당하지 않기 위해서는 조금 더 영리해져야 한다.

주식투자,
참을성과 영리함

주식은 강세장이 있으면 언젠가는 약세장이 찾아온다. 그리고 약세장이 시작될지라도 언젠가는 또다시 강세장이 시작된다. 강세장에서는 주식 초보자일지라도 수익을 내기 쉽다. 반면 약세장에서는 아무리 주식 고수를 자처하는 사람일지라도 큰 수익을 내기는 어렵다. 이것이 시장의 자연스러운 흐름이다.

제시 리버모어나 조지 소로스 같은 주식의 거장들은 그들의 저서를 통해 "투자자는 절대로 시장을 이길 수 없다."라고 말했다. 그래서 시장을 읽을 수 있어야 한다. 그러면 시장을 어떻게 읽을 수 있을까?

주식을 처음 시작하는 개인투자자는 주식시장의 흐름을 읽는 것이 어렵다. 상승장인가 하면 어느새 하락이 시작되고, 하락장인가 하면 또 어느새 주가는 이미 올라 버린다. 그래서 상승장의 끝 무렵 매수했다가 하락장의 끝 무렵 큰 손실을 보고 난 이후 매도하기를 반복한다. 이렇게 대부분의 개인투자자는 일 년 내내 주식투자를 계속한다. 마치 증권사의 펀드 매니저들처럼 말이다.

그러나 개인투자자는 펀드 매니저만큼 돈이 없다. 정보도 없다. 결정적으로 투자 기술마저도 없다. 그러다보니 가장 높은 가격에서 매수했다가 하락을 경험한 뒤 손절한다.

일 년 내내 주식창을 들여다보면서 매수와 매도를 한다고 해도 매번 성공할 수는 없다. 주식은 강세장과 약세장이 반복되기 때문이다. 운이 좋게 강세장의 초입에 매수하여 고점에서 매도했다면 다행이다. 하지만 대부분의 경우는 강세장이나 약세장의 중간 정도에 매수했다가, 시장의 분위기가 바뀐 뒤 본전이 되자마자 매도한다.

이 정도만 되어도 주식으로 큰 손실은 안 났으니 다행이다. 문제는 강세장이 끝날 때쯤 매수하여 하락하는 주가에 고통받다가, 약세장이 끝나고 다시 상승하기 시작하면 매도하여 손실을 키우는 경우다. 2021년 강세장이 끝날 때쯤 매수했던 종목이 지금도 계좌 속에서 손실로 남아 있다면 한번 생각해 볼 문제다.

그래서 참을성이 필요하다. 손실 난 종목이 반등할 때까지 기다리라는 것이 아니다. 매수하고 싶어도 참으라는 뜻이다. 매일매일 주식창을 들여다본다고 하여 성공할 수는 없다. 시장의 흐름을 읽고 종목을 검색하다가 정말 좋은 매수 타이밍과 대상 종목을 발견해야 한다. 하지만 이런 기회는 잘 안 보인다.

대부분의 사람은 참을성이 없다. 물론 필자도 그렇다. 그래서 주식 매매 전에는 참을성에 대해 몇 번이고 숙고하고 있다. 주식 매매에 있어서 참을성을 가져야 한다는 사실을 알고 있는 것만으로도 도움이 된다. 매수하고 싶을 때 진짜 상승이 기대되는 종목인지 살펴봐야 한다. 매도를 생각할 때 더 이상 추가 상승을 기대할 수 없는지도 생각해야 한다.

어쨌거나 참아야 한다. 갑자기 시장 분위기가 좋아지는 것처럼 보이더라도, 바로 매매하기보다는 다시 한 번 고민하고 분석하기를 바란다.

물론 기업의 가치가 훼손되지 않았기 때문에 종목을 믿고 계속 보유할 수도 있다. 그러나 손실 종목임에도 불구하고 참고 버텨야 하는 것은 계속 실적이 좋은 우량주일 경우에만 해당한다. 적자를 내는 기업이나 업황이 좋지 못한 종목을 뜬소문만 믿고 매수했다가 계속 버틴다면 손실만 커질 수 있다. 그런데 문제는 여기서 끝이 아니다.

'난 우량주에 투자했으니 기다리면 분명히 수익이 날 거야.'

심지어 우량주라 할지라도 너무 믿으면 안 된다. 2022년 6월 한국경제TV에 이런 뉴스가 나왔다.

〈10년 묻었는데 '마이너스' 역주행하는 우량주〉

그냥 생각 없이 우량주라고 하여 투자했다가는 10년을 기다려도 손실이 날 수 있다는 기사였다.

우량주 장기투자가 답이라는 순진한 생각을 무너트리는 사례는 차트만 봐도 무수히 찾을 수 있다. 그래서 참을성과 더불어 필요한 것은 영리함이다. 영리하게 투자해야 한다. 좋은 종목을 쌀 때 매수하여 비쌀 때 매도하는 것, 주식투자는 그 이상도 이하도 아니다.

하지만 이렇게 지극히 상식적이고 당연한 사실임에도 불구하고 실제로 지키기는 대단히 힘들다.

어떤 종목에 한 번 꽂혀 버리게 되면, 그 즉시 확증 편향선입관을 뒷받침하는 근거만 받아들이고, 자신에게 유리한 정보만 선택적으로 수집한다. 자기가 보고 싶은 것만 보고, 믿고

싫은 것만 믿는 현상이 생겨 버린다. 좋아 보이는 종목이 생기면 당연히 존재하는 악재는 더 이상 악재가 아닌 것이 되어 버린다. 그리고 장밋빛 미래만을 생각하면서, 현재의 주가를 매우 싼 가격으로 본다.

이런 상황이 되면 몇 년 전 주가의 역대 최고점까지는 금세 오를 것만 같다. 인터넷 종목 게시판을 보면서 10배 이상 급등을 이야기하는 사람들의 이야기가 정말 그럴듯하게 생각되기도 한다. 하지만 조금 더 영리하게 생각해보자. 정말로 지금 시장은 상승기일까? 그리고 내 종목이 더 오를 수 있을까?

선입관을 배제하고 냉철하게 생각해보면 제정신이 돌아올 것이다. 소중한 돈을 잃지 않고 불리고 싶다면, 조금 더 깐깐하게 생각할 필요가 있다. 주식투자에 있어서 영리해지기 위해서는 주식 공부와 함께 경험을 쌓아야 한다. 하지만 대부분의 개인투자자는 경험은 고사하고 공부마저 하지 않는다.

"주식투자자가 된다는 것은 의사가 되는 것과 같다."라고 제시 리버모어는 말했다. 의사가 되려면 몇 년 동안 수많은 학문을 배워야 한다. 그리고 의사가 된 후에도 평생에 걸쳐 새로운 의술을 익히고, 경험을 쌓아야 더 유능한 의사가 될 수 있다.

의사가 진단을 잘했다면 환자가 금세 나을 것이다. 그런데 환자의 체질은 사람마다 다르다. 그래서 언제든지 예상과 다른 결과가 나타날 수 있다. 따라서 100%는 없다는 마음으로 언제나 환자의 예후를 관찰해야 한다. 목숨이 오가는 큰 병에 걸렸을 때, 여러분은 이제 갓 대학을 졸업한 의사와 수십 년 경험이 축적된 대학 병원 교수 가운데 누구를 찾을 것인가?

경험과 내공은 중요하다. 주식투자도 마찬가지다. 일단은 기초를 공부해야 한다. 주식 분석은 어떻게 해야 하고, 어떤 지표를 통해 무슨 정보를 얻을 수 있는지 알아야 한다. 이런 공부는 강의나 책을 통해서 얼마든지 가능하다.

그러나 경험을 통해 쌓아 올린 내공은 전달이 어렵다. 이것은 온전히 개인의 몫이다. 그동안 공부했던 지식들이 실제 주식시장에서 어떻게 적용되는지에 대한 경험이 필요하다. 시시각각 변화하는 시장에 재빨리 대응하지 못한다면 알면서도 손해를 볼 수밖에 없을 것이다.

또한 영리하게 투자하기 위해서는 유료 정보들을 통해 남들이 찍어 주는 종목만 사면 돈을 벌 수 있다는 환상에서 깨어나야 한다. 한 번 더 영리해지자. 주식 종목을 찍어 주는 사람들과 로또 번호를 찍어 주는 서비스 간의 차이를 생각해보자.

물론 그중에는 남들이 찍어 주는 종목을 통해 다소의 수익을 거둘 수 있을지도 모른다. 하지만 만일 손해를 보게 된다면, 그 책임은 누구의 것인가? 남들이 알려주는 종목에 투자하더라도 왜 투자할 만한지에 대한 분석이 없다면 위험할 수 있다.

정리해보자. 주식투자하는 사람이라면 참을성이 필요하다. 강세장이 시작되는 시기에만 좋은 주식을 고르고 골라서 투자해도 수익은 충분하다. 그리고 매매는 상식적인 판단에 근거하여 영리하게 해야 한다. 만일 매수를 한다면 주변에 가장 말하기 껄끄러운 사람을 납득시킬 수 있을 정도의 분석 근거가 필요하다. 물론 선입관이 제거된 분석이어야 한다.

주식투자는 상식적인 규칙 속에서 진행되어야 한다. 하지만 바로 그 상식을 지키는 것이 가장 어렵다. 그 이유는 바로 '욕심' 때문이다. 그러니 욕심이 우리의 눈을 가리지 않도록 항상 깨어 있자.

남들은 모르고,
오직 나만 아는 주식 정보를 찾으려면?

켄 피셔는 그의 책 《3개의 질문으로 주식시장을 이기다》에서 이렇게 말했다.

"남들이 모르는 것을 당신만 알고 있다고 믿는다면, 그것에 기초해서 투자 결정을 하는 것이 합리적일 것이다."

실제로 다른 사람은 모르지만 나만 알고 있는 정보를 통해 짧은 기간에 큰 수익을 거둔 사례는 많다. 작전주가 대표적이다. 대부분의 투자자는 모르지만 소수만이 알고 있는 정보가 있다면, 투자에 엄청난 능력을 발휘할 것이다. 그러나 일반인이 이런 정보를 알기는 쉽지 않다.

켄 피셔는 주식시장이 수요와 공급에 의해 결정된다고 생각했다. 그렇기 때문에 정보가 알려지면 알려질수록 투자에 활용하기에는 힘들어진다. 만일 다음 달에 주식이 오를 것이라는 사실을 대부분의 사람이 인정한 상황이라면, 주식은 정말로 다음 달에 오를까?

그렇지 않을 것이다. 많은 사람이 다음 달부터 주식이 오른다고 생각하면 그전에 먼저 주식을 조금이라도 쌀 때 사둘 것이다. 다음 달부터 오를 것이라고 하여 정말 다음 달까지 기다리는 사람은 초보투자자밖에 없다.

문제는 여기에서 발생한다. 기관이나 외국인은 언제쯤 기업의 실적이 오를 것이라는 사실을 알고 있다. 그러나 대부분의 개인투자자는 정말로 '다음 달'까지 기다린다. 즉 뉴스에 기업의 실적이 크게 늘었다는 소식이 전해지고 나서야 투자를 시작한다.

여기에서 투자 실적의 차이가 발생한다. 이미 기관과 외국인이 주가를 끌어올린 후에야 개인은 매수에 동참하는 것이다.

'다음 달부터 주가가 오를 것'이라는 정보를 그대로 믿어 버린 개인투자자는 기관과 외국인이 팔고 떠난 자리를 바라보면서, 고점에서 털어 버린 그들을 원망하기에 바쁘다.

'분명히 올해부터 경기가 좋아진다고 했는데, 왜 주식은 떨어지는 거야!'

실제로 각종 주식 게시판이나 주식 관련 뉴스의 댓글을 보면, 기관과 외국인을 비난하는 글이 가득하다. **시장에 어떤 정보가 풀리게 되면 이미 주가에 반영되었다고 생각해야 한다.** 비록 미래에 대한 전망이지만 그 전망이 확실시하다면, 아직 달성되지 않았을지라도 주가에 반영된다.

예를 들면 바이오제약 관련 주가 뚜렷한 실적이 없는 상황임에도 신약 출시에 대한 기대감만으로 엄청나게 급등한다. 그래서 정보를 빨리 수집하고 가공할 수 있는 기관과 외국인이, 언제나 개인보다 우위에 서는 것은 당연한 일이 아니겠는가?

그렇다면 어떻게 기관, 외국인과 함께 수익을 거둘 수 있을까? 방법은 하나다. 비록 기관과 외국인은 이길 수는 없지만, 다른 대부분의 개인투자자는 이길 수 있도록 준비하면 된다. 나는 알고 있지만 주식투자에 무지한 개인투자자가 모르는 곳에 투자하는 것이다. 그런데 그런 방법이 있을까?

우선 남들도 다 아는 내용부터 공부해야 한다. 그러기 위해서는 책을 먼저 읽어야 한다. 하늘을 나는 방법을 배우기 전에 걷기를 배우고 달리기를 할 수 있어야 한다. 여러분이 주식투자를 위해 책을 읽을 때, 다른 투자자들도 모두 비슷한 책을 읽을 것이다. 특히 주식 관련 베스트셀러에서 언급된 내용은 더 많은 사람이 알게 되는 정보다.

가치투자를 위한 재무제표를 보는 방법 역시 이제는 상당히 많은 사람이 알고 있다. 매출액과 영업이익을 분석하고, PER과 PBR을 체크하면서 가치에 비해 싼 주식을 찾아다니는 사람은 이제는 꽤 많아졌다.

차트 분석은 또 어떤가? 이제는 차트를 볼 줄 아는 사람들도 많아졌다. 차트를 보는 방법에 대해 상세히 설명해주는 책들이 얼마든지 있기 때문이다. 하지만 이런 모든 책을 읽고 모든 투자 분석 방법을 공부했지만, 수익률은 여전히 신통치 않을 것이다. 만일 수익률이 만족스러울 정도의 투자자라면 지금 이 글을 읽고 있을 필요도 없다. 그냥 하던 방식대로 투자를 계속하면 된다.

인터넷이나 주식방송에서 소개하는 정보들은 어떤가? 물론 가끔은 (정말 가끔) 좋은 이야기도 있다. 하지만 어디까지나 참고용으로만 생각하고 최종 분석과 판단은 자신이 내릴 수 있어야 한다.

고액의 유료 종목 추천 서비스라면 소수만이 알고 있지 않을까? 종목 추천 서비스에는 많은 위험이 도사리고 있다. 일단 검증되지 않은 사람들이 하는 종목 추천 서비스가 대표적이다. 과연 그들이 추천해주는 종목으로 얼마만큼의 수익이 가능할까?

물론 유료 종목 추천 서비스에서 괜찮은 종목을 추천할 수도 있다. 하지만 이런 곳마저도 추천해주는 모든 종목이 좋을 수만은 없다. 그리고 손실에 대해서는 보장해주지 않는다. 이것은 당연하다. 모든 투자에 대한 책임은 오롯이 본인이 져야 하기 때문이다.

대부분의 '주식 초짜'들은 전문가의 추천이 있게 되면 이를 전적으로 신뢰하는 것이 문제다. 왜 그 종목을 추천했는지, 어떤 정보와 분석 결과에 따라서 지금 그 타이밍에 추천했는지 모른다. 그저 문자 한 통, 유튜브 영상 한 편에 나온 정보에 수백, 수천만 원을 투자한다. 그러니 돈을 잃는 것이 당연하지 않겠는가!

결국 다른 사람은 모르지만 나만 아는 주식 정보는 찾기 힘들다. 기업 관계자가 아닌 이상 여러분이 인터넷이나 각종 지라시를 통해 얻게 되는 정보는 모두, 세력이 고의로 흘린 정보라고 생각하면 된다. 그리고 아무리 여러분이 각종 뉴스를 통해 정보를 가공할 수 있다고 해도 기관이나 외국인에 비해서는 어린아이에 불과하다. 따라서 인정할 것은 인정해야 한다. 기관이나 외국인을 비롯한 나보다 주식투자를 잘하는 고수들이 분명히 존재한다는 사실을 말이다.

그렇다면 그들을 따라 하면 수익을 거둘 수 있지 않을까? 어차피 그들은 나도 모르고 남들도 모르는 정보를 통해 움직일 것이기 때문이다. 그래서 기관과 외국인의 수급을 파악하는 것이 중요하다. 여기에 추가로 거래량을 비롯한 각종 심리적 분석까지 할 수 있게 된다면, 주가를 움직이는 세력을 조금이나마 따라다닐 수 있게 될 것이다.

세력의 움직임은 아무리 비밀스럽게 이뤄지더라도, 결국에는 여러 가지 신호에 의해 드러날 수밖에 없다. 우리는 이런 신호를 찾고 이해할 수 있는 방법을 공부하는 것이고, 이것이 바로 주식을 공부하는 이유다.

물론 기관 외국인의 수급이 전부는 아니다. 산업과 기업 실적의 전망을 분석하는 것도 중요하다. 문제는 중요한데 제대로 분석하기 힘들다는 것이다. 하지만 이 역시 방법은 있다. 이런 말이 있다.

"당장 내일의 날씨를 맞추기는 힘들지만, 여름에는 덥고 겨울은 춥다는 것은 변하지 않는다."

당장 내일의 주가 변동만을 따라갈 것이 아니라, 계절의 변화처럼 큰 흐름에 따라 투자하면 실수는 줄어든다. 이런 부분 모두 이 책의 뒤에서 차근차근 다루고 있으니 함께 살펴보기를 바란다. 주식은 어차피 세력만이 돈을 버는 불공정한 게임이다. 이런 상황에서 한탄만 하고 있을 수는 없다. 그보다는 불공정한 정보가 어디로 가는지 엿보고, 그들을 따라갈 수 있도록 공부해서 수익을 내는 데 집중해야 할 때다.

차트는 모든 것을 담고 있다

주식투자를 하는 방법은 정말 다양하다. 어쩌면 시중에 출판된 주식 관련 서적만큼이나 다양한 투자법이 존재할지도 모른다. 하지만 이런 여러 가지 투자 방법들도 결국 세 가지로 분류할 수 있다.

① **기본적 분석 :** 주가가 기업의 가치보다 쌀 때 매수하여 비싸지면 매도한다.

② **기술적 분석 :** 차트를 보면서 주가 추세와 패턴에 따라 매매한다.

③ **심리적 분석 :** 투자자들의 거래량과 심리, 재료, 정보 등을 분석하여 투자한다.

2020년 이전까지 필자의 투자법은 우량주와 성장주 가운데 저평가된 종목을 찾고, 그 가운데 차트를 통해 상승 추세를 따라갔다. 그런데 2021년이 되자 모든 종목이 다 올라 버렸다. 그것도 엄청나게 말이다. 모든 종목이 고평가가 되어 버린 상황, 더 이상 예전과 같은 투자법으로는 투자할 종목이 없게 되었다.

하지만 2022년 말이 되자 대부분 종목들이 본래의 가치로 돌아왔다. 업종에 따라서는 본래의 가치보다 주가가 크게 하락한 경우까지 발생했다. 그렇다고 할지라도 거의 대부분 종목들이 하락을 이어 가고 있어서 투자할 만한 종목을 찾기는 쉽지 않았다.

그래서 최근에는 향후 산업의 경기와 실적 전망이 좋으면서 상승을 이어 가는 종목, 또는 상승이 기대되는 종목 위주로 검색 중이다. 물론 이 방법에서 차트 분석을 중요하게 생각하고 있다. 그런데 이유야 어쨌든 '차트'를 언급하는 사람은 모두 기술적 분석가로 분류하고 폄하하는 사람들이 있다.

필자의 첫 책《급등주의 8할은 작전주 패턴으로 움직인다》를 보면서, 어떤 독자는 기술적 분석에 대한 책이라고 말했다. 하지만 절대로 아니다. 가장 중요한 것은 기업의 실적을 분석하여 저평가된 우량주와 성장주를 찾는 것임을 책의 곳곳에서 강조했기 때문이다.

그리고 이 책을 통해서도 다시 한 번 강조한다. **주식투자에 있어서 가장 중요한 것은 기업의 실적이다. 물론 미래의 호실적에 대한 기대감까지 모두 끌어와 현재 주가에 반영된 상황이지만, 그럼에도 불구하고 실적은 중요하다.** 그런데 기본적 분석의 중요성을 강조하면, 이렇게 생각하면서 우쭐해지는 사람이 있을지도 모르겠다.

'난 가치투자를 하는 사람이니, 차트 같은 건 몰라도 돼.'

물론 저평가된 종목으로 자신만의 포트폴리오를 짜고, 적절한 매매법을 구사하면서 장기투자한다면 분명 큰 수익을 거둘 수 있다. 강환국 씨는《할 수 있다! 퀀트투자》에서 '강환국의 슈퍼 가치 전략'을 공개했다. 그는 우리가 쉽게 활용할 수 있는 지표인 PER, PBR, PCR, PSR을 활용해 연 25% 이상의 수익을 거둘 수 있다는 것을 설명한다.

정말일까? 사실 연 25% 이상의 수익률은 위 지표들을 통해 조합한 50여 종목을 지난 12년간 보유했을 때야 가능한 '평균치'다. 그리고 1년에 한 번 정도 종목을 점검하면서 가치가 변화했다면 교체한다. 이런 전략을 12년간 꾸준히 진행하게 되면 보통 10% 내외의 수익을 올리다가, 가끔은 50%의 수익도 올리고, 손실이 날 때도 있는 것이다. 장기 가치투자를 통해 매년 안정적으로 꾸준히 25%의 수익을 거두기는 힘들다.

이것은 장기 가치투자를 강조한 벤저민 그레이엄의 《현명한 투자자》에서도 잘 설명되어 있다. 좋은 종목을 매수한 다음에 가끔 찾아오는 위기를 견디면서 꾸준히 보유할 수만 있다면, 장기적인 관점에서 볼 때 수익이 날 수밖에 없다. 가치투자에 대해 설명하는 수많은 투자자의 이야기니 빈말은 아닐 것이다.

가치투자는 저평가된 좋은 종목을 매수한 다음, 오를 때까지 기다리는 것이다. 대부분의 가치투자를 추종하는 사람들은 오를 때까지 기다리기는 잘한다. 그런데 애초에 제대로 된 저평가된 종목을 찾을 수가 있는가? 단지 현 시점에서 저평가된 우량주와 성장주를 찾으면 그냥 매수한다. 저평가되었기 때문이다. 현재의 주가가 기업의 가치보다 낮으니 충분히 싼 가격이라고 판단한 것은 맞다.

하지만 정말 저평가가 맞기는 한 것일까? 기업 가치를 생각하는 기준이 이미 지난 분기라면? 이런 결과를 토대로 내년의 주식을 감히 '예측'한 것은 무리가 아닐까?

필자는 소심한 보통 사람에 불과하다. 어쩌면 여러분도 필자와 같이 소심한 보통 사람일 확률이 높다. 그리고 성질도 급하다. 주식 계좌에 마이너스 수익률이 있다면 견디기 힘들다.

그래서 금쪽같은 투자금이 계속 일하지 못하고 마이너스 종목에 묶여 버리는 것은 정말 마음이 아프다. 그런 마이너스 기간이 몇 주 정도면 그럭저럭 버틴다. 하지만 6개월, 일 년이 넘어가게 되면 정말 힘들어진다. 여러분은 얼마나 버티고 견딜 수 있는가?

여기에 우리나라 주식시장도 문제다. 미국 주식과 비교해보면 그 차이가 극명해진다. 미국의 우량주들은 주가가 꾸준히 우상향하고 있다. 그러나 우리나라의 많은 주식은 일이십 년 전의 전 고점보다 크게 하락한 경우도 있다. 그래서 필자는 기본적 분석으로 우량주와 성장주를 선정한다. 그런 다음 차트를 보면서 적절한 매매 타이밍을 생각한다.

좋은 매수 타이밍을 잡는 것, 이것이 당연한 투자 방법 아니겠는가?

개인투자자는 피 같은 자기 돈으로 투자하기 때문에 실패가 용납되지 않는다. 그렇기 때문에 이것도 보고, 저것도 분석해야 한다. 어느 하나의 매매법에 고착되어 올인하게 된다면, 심지어 가치투자를 한다고 할지라도 '소심한' 개인투자자는 언제나 실패할 수밖에 없을 것이다.

따라서 개인투자자라면 당연히 기술적 분석을 알아야 한다. 그냥 쉽게 차트를 보면서 지금 주가 추세가 상승 중인지, 아니면 하락 중인지 정도만 이해하면 된다. 전문투자자들처럼 차트에 숨겨진 모든 정보를 이해하려고 하지 않아도 충분하다. 사실 그럴 수도 없다.

그저 차트를 보면서 대략적인 추세만이라도 읽을 수 있게 된다면, 나머지 부족한 부분은 '가치투자'가 채워줄 것이다. 이를 위해 이 책에서는 네이버 증권에서 제공하는 차트만으로도 추세를 분석할 수 있는 방법에 대해 설명하고 있다.

기술적 분석은 주가의 움직임을 수요와 공급의 결과로 생각한다. 차트에 대한 불신을 갖고 있는 사람들도 '수요와 공급'의 문제를 말하면 어느 정도 수긍할 것이다. 기술적 분석가들은 주가의 움직임이 정치, 경제, 사회의 영향뿐만 아니라 투자자들의 심리나 기업의 미래 가치를 포함한 모든 것이 반영되어 나타나는 결과라고 생각한다.

기본적 분석을 하는 사람들은 주가가 저평가 수준으로 떨어지면 다시 자기 가치를 찾아서 오를 것이라고 믿는다. 그러나 기술적 분석가가 보기에는 이것들도 주가가 오르는 수많은 요인 중 하나의 단면일 뿐이라고 생각한다. 주가 상승의 요인들이 너무나도 많기 때문에 주가 상승의 이유를 굳이 분석하려 들지 않고, 그냥 주가가 올라가는 상태에 더 관심을 둔다.

기술적 분석은 주가 추세를 분석하는 것에서 시작된다. 주가 추세가 상승하기 시작하면 매수하고, 하락하기 시작하면 매도한다. 지극히 당연한 논리다. 물론 상승 추세일지라도 중간중간 조정이나 횡보할 때가 있다. 이런 움직임을 어떻게 이해하고 대응할지는 투자자의 성향에 따라 달라진다.

추세에 대하여 기본적 분석가들은 비판하기도 한다. 과거의 주가 움직임이 미래를 예측하는 자료가 될 수 없다는 것이다. 그러나 이런 비판은 몇 달이나 지나 버린 지난 분기의 보고서를 토대로 투자하는 사람들에게 들을 이유가 없다.

흑묘백묘라고 했던가. 검은 고양이든 흰 고양이든 쥐만 잘 잡으면 상관없다. 기본적 분석이든 기술적 분석이든 수익만 잘 나게 해준다면, 그것이 최고의 분석 방법이다.

왜 항상 개인투자자는 손해를 볼까?

“개미들이 투자했던 상위 20개 종목 모두 손실, 지난달 코스피시장에서 개인투자자들이 낙제점 성적표를 받은 것으로 나타났다. 개인투자자가 많이 사들인 상위 20개 종목은 모두 손실을 냈다. 반면 외국인과 기관투자가들이 눈여겨본 종목들은 코스피 하락세 속에서도 수익을 거둬 국내 증시의 ‘개미 필패 법칙’이 또다시 확인되었다.”

네이버 뉴스의 일부 내용이다. 왜 항상 개인투자자들은 손해를 볼까?

개인투자자 대부분은 기관과 외국인의 공매도를 탓한다. 물론 공매도 탓에 개인투자자들이 손해를 보기도 한다. 하지만 기관과 외국인이 오직 공매

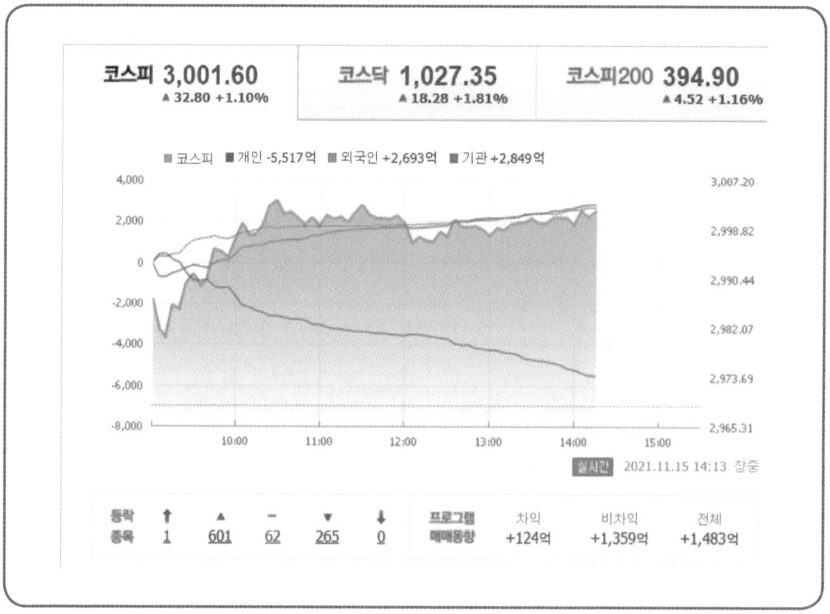

코스피 상승 분위기 속에서 기관, 외국인, 개인의 매매 동향.

네이버 증권

도를 통해서만 수익을 올리고 있을까?

개인투자자가 주식에서 손해를 보는 이유를 생각하다가, 우연히 그림과 같은 투자 동향을 보게 되었다. 이날은 지난 며칠간 하락하던 코스피가 1% 넘는 상승을 하는 날이었다. 기술적 반등일지, 아니면 상승 추세로의 진입일지는 모른다. 하지만 하락하는 종목들보다는 상승하는 종목이 더 많은 날임에는 분명하다.

그럼에도 개인들은 주식을 팔아 버린다. 어쩌면 그동안의 손실로 인해 맘고생하던 종목이 조금 만회하자마자 팔아 버리는지도 모르겠다. 아니면 최근에 매수했던 종목이 1~2%의 상승을 하자, 떨어지기 전에 얼른 팔아서 몇 만 원의 수익이라도 챙기려고 하는지도 모르겠다. 아무튼 기관과 외국인은 이날 대량 매수를 함에도 불구하고 개인은 매도하기 바쁜 날이다.

주식투자는 일단 상식에 근거하는 것이 좋다. 강한 상승 추세가 보인다면 매도해야 할까, 매수해야 할까? 그리고 기관과 외국인이 매수하는 날은 매도해야 할까, 매수해야 할까?

개인투자자가 기관과 외국인투자자를 절대로 이길 수 없다는 것은 누구나 인정할 것이다. 그렇다면 그들을 이기려고 하는 것이 아니라, 그들과 함께 움직이면서 함께 수익을 거둘 생각을 해야 한다. 하지만 대부분의 개인투자자는 투자에 대한 큰 그림보다는 당장 계좌에 찍힌 몇 만 원의 수익과 손실에 휘둘리고 있는 것 같다.

이것은 주식에 대한 경험과 노하우의 문제다. 자신만의 투자 방법이 없는 사람들이 대부분이다. 아예 주식투자를 전혀 모르는 사람도 있다. 그럼에도 그냥 주식을 산다. 그냥 오를 것 같은 기분에 산다. 뉴스에 나온 종목을 매수하고, 유튜브에서 〈이런 종목 꾸준히 모으세요!〉라는 제목에 낚여서 그냥 산다. 이렇게 하면 반드시 망한다.

일반인들이 쉽게 접할 수 있는 재테크는 주식과 부동산이다. 그러나 부동산은 상당한 투자 금액이 필요하다. 몇 년간 착실히 돈을 모아 종잣돈을 만들고 거기에 대출을 더해야, 겨우 작은 부동산에 투자할 수 있다.

불행한 것은 부동산투자마저도 정부의 정책으로 인해 힘들어졌다. 대출이 꽁꽁 막히고, 다주택자를 사회악으로 몰아붙이고 있다. 2023년에 들어서면서 부동산마저 더 크게 하락 중이고, 거래도 잘 안 된다. 당장 팔아서 현금을 마련하고 싶어도 팔 수 없으니 고통스럽기만 하다. 물론 투자의 고수들이라면 가능할지도 모르지만, 개인투자자들은 이래저래 고달프다.

결국 다시 소액으로도 가능한 주식투자로 눈을 돌려보지만 답답하긴 마찬가지다. 주식투자는 공부할 것이 많다. 하지만 개인투자자들은 주변의 눈치로 인해 충분한 학습이 이뤄지지 못한 상태에서, 피 같은 돈을 들고 '전쟁터'로 뛰어들게 된다. 소중한 월급을 조금이라도 불려보고자 하는 사람들의 돈은 세력의 좋은 먹잇감이 될 수밖에 없다.

이런 것을 생각하다보면 동물의 왕국이 떠오른다. 바다거북이 모래 속에서 알을 깨고 바다를 향해 열심히 기어간다. 하지만 많은 수의 아기 거북은 바닷물에 몸을 담그기도 전에 그들을 노리는 동물들의 먹잇감이 되어 버린다. 이런 위험을 피하여 먼 바다까지 헤엄칠 수 있는 힘을 키워야 살아남을 수 있다.

자신만의 확실한 매매법이 없는 개인투자자들은 아기 거북이라고 보면 된다. 주식을 건전한 투자의 관점에서 생각하고 공부하다보면 언젠가는 100년 이상을 사는 큰 바다거북이 될 것이다. 그러니 이런 야생에서 확실히 살아남기 전에는 소액투자를 통해 자신만의 주식투자 매매법을 꾸준히 익혀 터득

했으면 좋겠다.

자신만의 투자법을 만들기 위해서 책이든지, 전문가의 강의를 통해서 얼마든지 배울 수 있다. 하지만 여기에서 끝나는 것이 아니다. 이렇게 배운 투자법은 씹고 소화시켜서 완전히 자기 것으로 만들어야 한다.

예전에 재미있게 봤던 만화가 있다. 바로 허영만의 주식 웹툰 〈3천만 원〉이다. 허영만 화백이 실제로 3천만 원의 투자금을 들여 5명의 투자 전문가들에게 자문을 받아 실제로 주식에 투자하고, 그 결과를 토대로 전개되는 이야기다. 지금은 연재가 끝나서 만화책으로만 볼 수 있다.

연재가 끝난 이유는 투자 기간 동안 손실 금액이 너무 커졌기 때문이라고 한다. 물론 손실의 이유는 코로나19로 인한 폭락장 때문이다. 만일 지금까지 만화가 연재되었다면 2020년의 폭등장을 지나면서 투자 결과가 어떻게 바뀌었을까 하는 아쉬움이 남는다.

이 만화에서 투자 자문단은 우담선생, 하웅, 이성호, VIP투자 자문 최준철, 쿼터백 자산운용의 로보어드바이저 같은 인공지능이 포함되었다. 독자들에게 다양한 투자 스타일을 보여주기 위해서라고 한다.

허영만 화백이 숱한 주식 고수와 인터뷰하면서 느낀 점은 '고수들은 저마다 투자 스타일이 다르다'는 점이다. 스캘핑초단타투자 혹은 가치투자, 그 어떤

시사저널 2020.06.18. 네이버뉴스

'주식 만화' 도전한 **허영만**...25% 손실 내고 연재 **중단**

연재를 **중단**하기로 했다. 2017년 8월 연재를 시작한지 약 3년 만이다. 투자 서비스 업체 증권플러스는 18일을 기준으로 웹툰 《**허영만의 6천만원**》 서비스를 종료한...

만일 코로나19 폭락장을 버티고 지금까지 연재가 계속되었다면 투자 성과가 어떻게 달라졌을까?

투자 방법이든 각자 돈 버는 방식은 다르다. 매매에 참여한 하웅 씨의 경우 초단타투자로 욕도 많이 먹었는데그는 〈3천만 원〉에서 166%의 수익률을 기록했다, 이에 대해 허화백은 이렇게 말한다.

"동물적 감각을 가진 사람은 그 방식으로 하면 된다. 투자 방법의 차이일 뿐이다."

다른 투자 스타일의 성적은 시기마다 엇갈렸다. 누가 정답이라고 할 수는 없다. 다만 어떤 투자 방법이든지, 자기가 직접 수익을 거둘 수 있는 투자 방법은 알고 있어야 한다는 것이 중요하다.

투자 자문단 중 한 명인 '하웅' 씨는 투자금 2억 원으로 초단타 매매를 통해 꾸준히 수익을 올리고 있다고 한다. 그는 사무실에서 친구들과 함께 매매하는데, 그의 매매 동향을 친구들의 컴퓨터에 실시간으로 공유해준다. 바로 옆에서 주식투자의 고수만 따라 해도 수익이 날 수 있는 상황이다.

그러나 친구들은 그만큼이나 수익을 내지 못한다. 심지어는 마이너스 수익률을 내기도 한다. 바로 옆에서 보면서 똑같이 따라 하는 것 같이 보이지만, 주식투자는 자신의 방법이 아니면 신기하리만큼 수익이 안 나올 수 있다.

필자의 지인 중에 실제 증권사에 다니고 있는 사람이 있다. 그는 선물매매를 통해 연봉으로 8억 원을 받기도 했던 투자의 고수다. 그래서 그의 매매법을 물어본 적이 있다.

"저도 처음에는 보조지표도 보면서 여러 가지 분석을 하며 매매했어요. 하지만 지금은 그냥 감을 더 중요하게 생각해요. 차트를 가만히 보고 있으면 지금 이때쯤이면 '오르겠다, 떨어지겠다'가 보여요. 마치 프로 야구선수처럼 말이죠. 날아오는 공에 대해 '이 정도면 맞겠다'라고 생각하고 방망이를 휘두르는 거죠."

여담이지만 그렇게 주식을 잘하는 사람이, 왜 증권사에 돈을 벌어다 주면서 직장을 다닐까? 아무리 그일지라도 매번 홈런을 날릴 수는 없다. 하지만 투자하면서 손실이 날 경우에는 그저 증권사의 손실이 될 뿐이니, 그에게 큰 타격은 없다. 그러다가 홈런이 나와서 큰 수익을 거두게 된다면, 그의 연봉은 또 한 번 엄청나게 올라가니 불만은 없다.

아무튼 개인투자자들은 이 정도 투자의 고수가 바로 옆에서 주식을 알려주더라도 자신만의 투자법이 없다면 이를 충분히 활용할 수 없다. 아무리 비싼 옷이라도 내게 맞지 않는 옷을 입고는 제대로 다닐 수 없는 것처럼 말이다.

그러니 자신만의 주식투자 매매법을 반드시 만들어야 한다. 책을 읽고, 강의를 들으며, 소액으로 실전투자를 병행하여 감각을 키워야 한다. 프로 선수가 될 필요는 없다. 그저 동호회 수준만 되더라도 충분하다. 최소한 이 정도가 되어야 비로소 손실을 내지 않는 투자자가 될 수 있다.

그리고 자신만의 매매법이 있어야 유료 종목 추천 정보를 받더라도 훨씬 더 큰 수익을 거둘 수 있다. 주식투자 방법을 모르면 아무리 좋은 종목을 알려줘도 수익을 낼 수 없다.

주식!
이젠 투기에서 투자로

주식은 엄연한 '투자'의 영역이다. 그러나 한때는 주식을 투기라고 오해하기도 했다. 그런데 주식투자와는 비교할 수 없을 만큼 투기적인 비트코인이 나왔다. 그리고 2020년 큰 폭등장으로 인해 주식으로 돈 번 사람들이 많아지면서 주식투자에 대한 인식이 많이 개선되었다. 그래도 여전히 주식을 '투기'판으로 여기는 사람들이 있다.

네이버 뉴스에서 '증권사 직원 투신'을 검색해보면 예전에는 정말 많은 사고가 있었다. 과거 여러 차례의 경제위기 때마다 급격한 주가 하락으로 인해 큰 손실을 봤기 때문이다. 이런 사고 뉴스들은 개인투자자들에게 주식투자로 망할 수 있다는 공포를 심어 주기도 했다.

하지만 이제는 더 이상 투자 없이 살아가기 힘든 세상이 되었다. 예전에는 집안의 가장 혼자 일해도 온 가족이 먹고살 수 있었다. 그러다가 맞벌이가 슬슬 증가하더니, 이젠 맞벌이로도 부족한 상황이다. 요즘은 집안 모든 사람이 나가서 돈을 벌어도 월급만 모아서는 아파트 한 채 장만하는 것도 힘들어졌다.

그나마 아파트를 가지고 있었던 사람들은 '벼락 거지'를 피할 수 있었을지 모르지만, 아파트가 한 채뿐이라면 자기가 깔고 살아야 하기 때문에 예전과 달라진 것은 없다. 모든 집값이 다 올랐고 어디 이사를 할 수도 없다. 집을 몇 번만 샀다 팔았다 하면 양도세, 취득세, 보유세를 내느라 세금만으로 집 한 채 가격이 훌쩍 사라져 버릴지도 모른다.

예전에는 대출이라도 많이 해줘서, 레버리지를 통한 아파트투자가 가능했다. 지금은 투기 수요를 차단하기 위함이라고는 하지만 실거주자마저도 소득이 적고 기존 대출이 있다면, 신규 대출을 통한 아파트 구매는 예전 같지 않다. 나날이 오르고 있는 대출 이자도 무섭다. 따라서 이제 남은 투자 수단은 하나뿐이다. 바로 주식투자다.

그런데 문제는 대부분의 사람이 주식투자를 마치 경마장에서 경주마를 찍는 것처럼 한다는 것이다. 요행을 바라면서 왠지 오를 것만 같은 기분이 들면,

그냥 매수한다. 유튜브에서 〈돈 생기면 무조건 모으세요!〉라는 제목의 영상에 소개된 종목을 매수한다. 분석은커녕 그냥 누가 좋다고 하니까 매수하는 경우가 대부분이다.

그저 인터넷 뉴스에서 자주 등장하고, 종목 게시판에서 사람들이 계속 오른다고 하면 매수한다. 그러면서 자신은 주식에 '투자'한다고 생각한다. 오를 것 같은 종목을 적당히 골라서 '베팅'하고는 투자했다고 오해한다. 수익이 나면 다행이지만, 손실이 발생하면 그 책임은 누구에게 있을까?

그렇다면 주식이 '투기'가 아닌 '투자'가 되기 위해서는 어떻게 해야 할까? 주식 종목을 직접 분석할 수 있어야 한다. 차트를 보면서 기술적 분석과 심리적 분석을 하고, 기업의 재무제표를 보면서 기본적 분석을 해야 한다. 남이 해주는 것이 아니라, 자신이 직접 해야 한다. 투자는 모두 자신이 책임져야 하기 때문이다.

'책임'이라는 말이 나오니 괜히 주식투자가 더 부담스러워질지도 모르겠다. 하지만 책임을 명확히 인식하는 순간, 여러분의 투자수익률은 올라가게 된다. 올라갈 수밖에 없다. 모든 투자가 조심스러워지기 때문이다.

자신이 주식을 분석해야 한다고 해서, 부담스럽게 느끼는 독자가 있을까? 하지만 걱정하지 않아도 된다. 지금부터 이 책을 통해 설명하는 이야기만 잘 이해한다면, 여러분도 제대로 된 주식투자자가 될 수 있기 때문이다. 그렇다면 이제부터 험난한 세상을 살아가는 데 조금이라도 도움이 될 주식투자에 대한 이야기를 본격적으로 시작하려고 한다.

초보투자자를 위한
주식 거래의 기초

| 주식 매매 주문 방법 |

지정가 주문

주식을 거래할 때 가급적 지정가 주문을 사용해야 한다. 각 증권사의 MTS에 따라서는 '지정가', '보통'으로 주문 유형이 표시된다. 지정가란 투자자가 원하는 수량과 가격을 지정하여 주문하는 것이다.

왜 가급적 지정가로 주문을 내야 하는 것일까? 지정가 주문이라는 것은 모든 수량과 가격을 내가 통제하는 것이고, 투자자의 분석 결과에 따라 주문이 체결되기 때문이다. 만일 투자자가 지정한 조건과 다를 경우라면 체결이 안 된다.

시장가 주문

시장가 주문은 투자자가 원하는 수량만을 지정하고, 가격은 지정하지 않는다. 이렇게 되면 시장에서 형성되어 있는 현재가에 모든 주문이 즉시 체결되어 버린다.

이때 만일 호가창에 물량이 충분히 있다면 그리 문제될 것이 없다. 하지만 만일 호가창에 매도한다고 내놓은 물량이 충분하지 않다면 어떤 일이 발생할까?

만일 그림의 종목에서 지정가 1,190원에 3만 주의 주문을 낸다면 현재 1,190원에 걸려 있는 3,253주만 체결될 뿐이다. 지정가 주문에서 체결되지

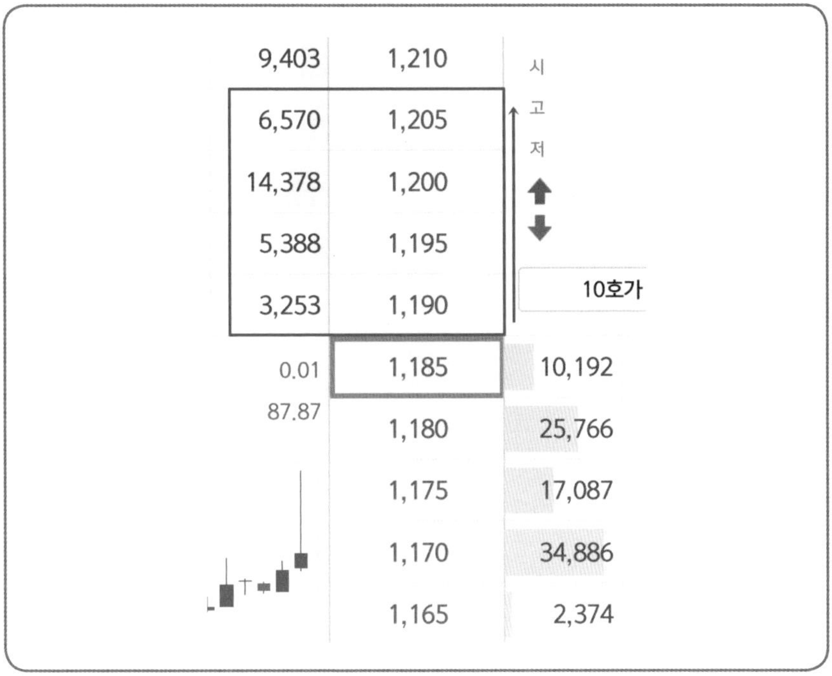

시장가 주문을 낸다면 주식의 현재가는 순식간에 높아진다.

않은 나머지 잔량은 1,190원에 매수를 희망한다는 주문으로 그대로 남아 있게 된다.

그러나 3만 주의 시장가 주문을 내게 된다면 호가창의 모든 물량을 쓸어가 버리게 된다. 시장가로 주문한 3만 주를 채우기 위해 우선 1,190원에 있는 3,253주를 매수한다.

그다음 나머지 물량은 다시 현재가가 되어 버린 1,195원의 5,388주를 매수하게 된다.

그다음 나머지 물량은 또다시 현재가가 되어 버린 1,200원의 14,378주를 매수하게 된다.

그래도 아직 다 채우지 못한 3만 주 중 나머지 물량은 1,205원의 6,570주를 매수하게 된다.

결국 시장가 주문 시 현재가의 물량이 부족하게 된다면 주가를 높여서 매수하게 되는 결과를 가져오게 되는 것이다. 가뜩이나 투자금이 부족한 개인 투자자로서는 굳이 이런 방식을 사용할 이유가 없다. 시간을 두고 기다리면서 조금씩 분할매수하는 것만으로도 충분히 싸게 살 수 있기 때문이다.

시장가 주문을 하는 이유는 가장 빠른 주문을 통해 무조건 매수하기 위해서다. 그러나 이런 방식으로 매매한다는 것은 1초에도 수십 번 호가가 변경되는 급등주를 따라갈 때가 대부분이다. 그리고 그렇게 급등주를 따라가며 매수하게 된다면 결국 손실을 볼 수밖에 없다. 순식간에 급등하는 호가를 보면서 투자자의 뇌에서도 덩달아 분출되는 도파민의 영향으로 이성적인 판단을 할 수 없게 된다.

주식 매매는 분할매수, 분할매도를 통해 천천히 하라는 이야기를 들어봤을 것이다. 기회는 많이 있다. 만일 **이번 기회를 잡지 못했다면 조금 느긋한 마음으로 다음번에 찾아올 더 확실한 기회를 잡으면 된다. 주식투자에서 조급한 마음을 갖게 된다면 실수가 생긴다.**

조건부 지정가 주문

조건부 지정가는 투자자가 지정가 주문을 냈으나 지정한 가격에 체결되지 않았을 경우, 장마감 전 10분간의 동시호가 시간에 시장가 주문으로 전환되는 것이다. 이런 방법은 지정가 주문을 낸 다음에 체결되었는지 아닌지를 계속 확인할 수는 없지만, 어쨌거나 오늘은 무조건 매수하고 싶은 투자자가 활용할 수 있는 방법이다.

그러나 앞에서도 이야기했듯이 무조건 매수해야만 하는 종목은 없다. 투자자가 판단하여 지정한 가격이 아니라면 다시 판단하여 주문을 변경해야 한다. 아무리 매수하고 싶은 종목이라도 내가 분석도 되지 않은 가격대임에도 불구하고, '무조건 시장가로 매수해주세요'라고 하는 것은 개인투자자라면 위험할 수 있다.

최유리 지정가 주문

최유리 지정가 주문은 투자자가 종목과 수량만 지정하는 것이다. 이 부분은 시장가 주문과 동일하다. 그러나 매매 가격에 있어서는 시장가가 아니라 매수 주문의 경우에는 최우선 매도 호가의 가격으로 지정되고, 매도 주문의 경우에는 최우선 매수 호가로 지정되는 주문이다. 일반적인 투자자라면 크게 사용할 기회는 없다.

최우선 지정가 주문

최우선 지정가 주문이란 매매할 종목의 수량만 지정하는 것은 최유리 지정가 주문과 유사하다. 이때 매수 주문의 경우에는 최우선 매수 호가의 가격으로 주문되어 시장가 주문과 같이 바로 체결이 가능하다.

매도 주문에서도 최우선 매도 호가로 지정되어, 바로 매도가 가능하게 된다. 즉 최유리 지정가보다 바로 체결될 수 있다는 장점이 있다. 하지만 가격을 1틱 싸게 팔고, 1틱 비싸게 매수하는 만큼 손해를 볼 수 있다.

주식을 매매할 때는 호가창에 걸려 있는 물량을 보면서 투자자들 간에 신경전을 펼쳐야 하는 경우가 많다. 그러나 이런저런 복잡한 것을 싫어하는 사람들을 위해 이런 여러 가지 주문 방법이 나온 것 같다. 투자자별로 자신이 선호하는 주문 방법을 찾기 위해 한 번쯤 경험해보는 것도 나쁘지 않을 것이다. 그러나 역시 지정가를 통해 내가 모든 것을 분석하고 대응하는 주문을 필자는 선호한다.

| 주식 거래 시간 |

주식시장은 아침 9:00에 개장하여 오후 15:30에 마감한다. 투자자들 대부분은 증권거래 정규 시간에 매매하게 된다. 그러나 정규 시간 이외에도 주식 매매가 가능하다.

우선 동시호가는 매수와 매도 주문을 한꺼번에 몰아서 처리하는 시간이다. 예를 들어 장 시작 동시호가 시간인 08:30~09:00까지 주식 주문을 미리 해놓을 수 있다. 물론 체결이 바로 되는 것은 아니다. 동시호가 시간 동안 매수와 매도 주문을 모두 받아 두고는 매수와 매도호가가 일치하는 가격대에서 그날의 시가가 결정된다.

만일 더 높은 가격에라도 매수하고 싶은 매수세가 더 강하다면, 장 시작 동시호가에 더 많은 매수세가 몰린다. 그러면 체결 가격대는 어제의 종가보다 더 높은 가격이 될 것이다. 이것이 갭 상승의 경우다.

장 마감 동시호가는 15:20~15:30 동안 이뤄진다. 주식 초보자의 경우 15:20이 지난 시간에 주식 주문을 했는데 바로 체결이 안 되는 것을 보면서 당황할지도 모른다. 절대 당황하지 말자. 앞에서 설명했듯이 동시호가 시간에는 주문을 한꺼번에 모아 두고, 동시호가 시간이 끝날 때 한 번에 체결이 이뤄진다.

정규 시간		09:00~15:30 (1월 2일 10:00~15:30)
동시호가	장 시작 동시호가	08:30~09:00
	장 마감 동시호가	15:20~15:30
시간 외 종가	장전 시간 외 종가	08:30~08:40 (전일 종가로 거래)
	장후 시간 외 종가	15:40~16:00 (당일 종가로 거래)
시간 외 단일가		16:00~18:00 (10분 단위로 체결, 당일 종가 대비 ±10% 가격으로 거래)

— 증권거래 정규 시간 외에도 매수와 매도가 가능한 시간이 있다.

그다음 '시간 외 종가'라는 것도 있다. 증권거래 정규 시간이 끝났어도 거래가 가능한 시간이다. 먼저 오전 08:00~08:40에는 전일의 종가로 매매 주문할 수 있다. 이것은 시간 외 종가 매매 중 '장전 시간 외 종가' 매매다. 물론 이때 팔려는 사람이 있어야 매수가 가능하고, 사려는 사람이 있어야 매도가 가능하다.

만일 간밤에 악재가 터져서 아침 일찍 주식시장이 열리기 전에 빨리 팔고 싶을 때도 있지만, 매수하려는 사람이 없다면 당연히 팔려고 매도 주문을 해놔도 거래가 이뤄지지 않을 것이다.

그리고 주식시장이 끝난 오후 15:40~16:00까지는 당일 종가로 주문할 수 있다. 이것은 시간 외 종가 매매 중 '장후 시간 외 종가' 매매다. 물론 이때도 자신의 매매를 받아 줄 상대가 있어야 매매가 체결된다. 주문 방법에서 지정가, 시장가 등 이런 유형을 선택할 때 '시간 외 종가'를 선택하여 매매 주문을 하면 된다. 가격은 그날의 종가로 결정되기 때문에 수량만 체크하면 된다.

그리고 오후 16:00~18:00까지는 시간 외 단일가 매매가 시작된다. 이때부터는 10분 단위로 매매를 모아서 체결이 이뤄진다. 그리고 가격 제한 폭도 정규시장의 종가를 기준으로 ±10%다. 시간 외 단일가 매매는 정규시장 운영 시간 때와는 달리 10분에 한 번씩 체결되므로 조금 느리게 느껴질 수 있다.

그리고 당일 거래량이 급증했던 종목을 제외하고는 시간 외 단일가 매매 시간을 활용하는 투자자는 그리 많지 않다. 거래량 자체가 적다. 그래도 미처 종가에 매매하지 못한 투자자라면 활용해볼만 하다.

시간 외 단일가 거래를 통해 최근 재미있는 스팸이 수신되고는 한다. 혹시 이런 문자를 받아본 적이 있지 않은가?

[Web발신]

(광고) 000증권

종목 OOO 내일 급등 예상!

회원님들께는 이미 알려드렸던 종목입니다.

내일 급등 적중하는 것을 보시고,

회원 가입은 000-000-0000으로 문의 바랍니다.

내일의 급등 종목을 미리 예언한다면서 주식시장이 끝난 이후, 종목을 알려준다. 보통 때라면 그냥 스팸으로 처리하고 무시하지만, '혹시나' 하는 마음에 문자에서 알려줬던 종목을 다음 날 살펴본다. 그랬더니 놀라운 경험을 하게 된다. 어제 문자로 알려준 바로 그 종목이 오늘 상한가를 가는 게 아닌가!

대체 그 문자를 준 사람들은 이런 정보를 어떻게 알았을까? 혹시 진짜 '작전 세력'이 아닐까? 그래서 다음 날 급등 종목에 대한 정보를 미리 알 수 있는 게 아닐까?

하지만 주식시장 거래 시간을 이해한다면 이들의 비밀을 알아채는 것은 어렵지 않다. 만일 여러분이 종목명이 거론된 문자를 받는다면? **그날의 시간 외 단일가 가격을 살펴보라. 그러면 십중팔구 시간 외 단일가에서 상한가 +10% 또는 상한가에 근접한 급등이 있을 것이다.**

이미 주식시장이 끝난 상황에서 뭔가 급등의 실마리가 있을 때 시간 외 단일가부터 상한가로 매수세가 몰리고, 다음 날 주식시장이 개장되자마자 더 큰 매수세로 인해 급등하게 되는 경우다.

• PART 2 •

네이버 증권 정보를 통한 투자 종목 찾기!

이번 PART에서는 네이버 증권의 국내 증시에서 제공하는 정보를 활용하는 방법에 대해 정리했다. 그림과 같이 네이버 국내 증시를 보면 다양한 투자 정보를 제공하고 있다. 여기에서 제공하는 정보 중에서도 특히 배당, 테마, 주가 급등, 거래량 급증에 대한 정보를 활용하는 방법에 대해 이야기하려고 한다.

정보를 체계적으로 관리하는 투자자만이 살아남을 수 있다. 정보를 관리하다보면 정보가 주가에 어떤 영향을 미치는지, 자신이 왜 그 시점에 주식을 매매했는지에 대한 근거를 정확히 알 수 있다. 우리는 숨은그림찾기를 하듯 정보의 행간을 읽어내야 한다. 행간을 읽을 능력이 부족하다면, 정보를 구별하는 혜안부터 먼저 키워야 한다.

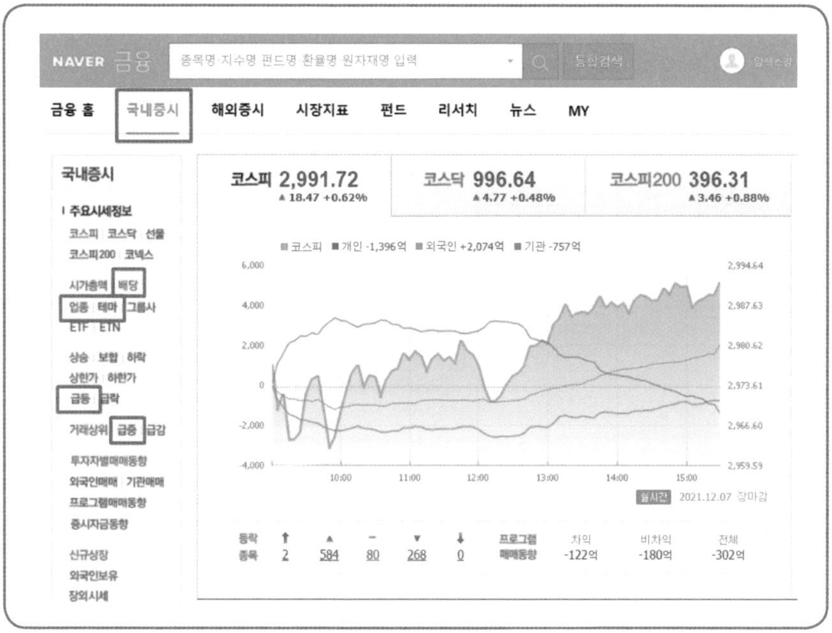

네이버 증권의 국내 증시에서는 다양한 투자 정보를 제공하고 있다.

배당주, 이보다 더 좋을 수 없다

요즘 수익형 부동산의 수익률은 얼마나 될까? 투자 고수들이 이야기하는 고수익은 논외로 하자.

일반적인 수익형 부동산의 수익률은 5% 정도만 나와도 훌륭하다. 여기에 세금과 집수리 등 각종 부대 비용을 제하면 수익률은 더 낮아진다. 물론 은행 대출을 이용하면 수익률을 높일 수 있지만, 2023년 1월 한국은행은 사상 처음으로 7연속 기준 금리 인상을 단행했다. 물가 안정을 위한 금리 인상이라고 하지만, 높은 대출 이자 부담으로 아파트 가격이 뚝뚝 떨어지고 있는 상황이다.

높아져 가는 대출 이자는 수익률을 더 깎아 먹는다. 무엇보다 아파트의 거래량 감소로 당장 매매하기도 힘들고, 양도세도 무시할 수 없다. 게다가 종합부동산세로 인하여 매년 늘어나는 세금은 투자자를 끊임없이 괴롭힌다.

이런 분위기 속에서 대안으로 떠오른 것이 바로 배당주투자다. 배당을 많이 하는 종목들을 보면 5% 이상의 고배당을 주는 경우도 있다.

배당주란 무엇일까? 배당을 주는 주식이다.

배당이란 무엇인가? 주식회사가 한 해 동안 벌어들인 이익을 주주들에게 나눠주는 것이다. 만일 회사가 매년 실적이 좋다면 수익형 부동산처럼 꾸준히 배당금 수익을 받을 수 있다. 회사가 주는 배당은 현금배당과 주식배당이 있지만, 여기에서는 현금배당을 중심으로 다루겠다.

가치투자란 싸게 사서 무작정 기다리는 게 아니라, 좋은 산업에 속한 멋진 회사를 적정 가격에 매입하는 것이다. 기업의 진정한 가치를 따져보고내재 가치, 절대 손해를 보지 않아야 한다안전 마진. **내재 가치와 안전 마진이라는 두 마리 토끼를 잡는 최적의 투자가 바로 '배당주투자'다. 그래서 배당주투자를 안 해본 사람은 '돈이 많아야 할 수 있는 투자'라고 하고, 배당주투자를 직접 해본 사람은 '돈 모으기에 가장 좋은 투자'라고 한다.**

배당주투자의 연간 성과를 보면 배당금보다 시세 차익에서 얻게 되는 수익이 훨씬 큰 경우가 많다. 그럼에도 불구하고 주 수익이 배당금이고 시세 차익이 덤인 이유는 해당 종목에 투자하여 끈기 있게 끌고 갈 수 있는 힘의 원천이 배당금이기 때문이다.

일시적으로 주가가 크게 하락해도 단기 악재 뉴스가 쏟아져서 투자 심리가 위축되어도, 마음 편하게 버틸 수 있는 힘이 배당금에서 온다. 그래서 배당 성향이 높고, 빠르게 성장하는 배당 성장주에 투자하면, ‘성장시세 차익’과 ‘분배배당금’로 투자 가치를 한꺼번에 실현할 수 있다.

배당주에 투자하려면 먼저 배당수익률이 정리되어 있는 정보가 필요하다. 이런 정보는 배당주투자를 위해 꼭 필요하다. 하지만 초보투자자들은 배당주를 어떻게 찾는지 몰라 헤매는 경우가 많다. 생전 들어가보지도 않은 증권사의 기업 분석 자료를 찾아보거나, 기업의 공시를 하나하나 찾아보기란 정말 번거로운 일이다.

그래서 배당주를 정리해둔 블로그나 카페 자료들을 찾아본다. 그러나 언제까지 남이 정리해둔 과거의 자료만을 참고할 수만은 없다. 이럴 땐 네이버를 활용해보자.

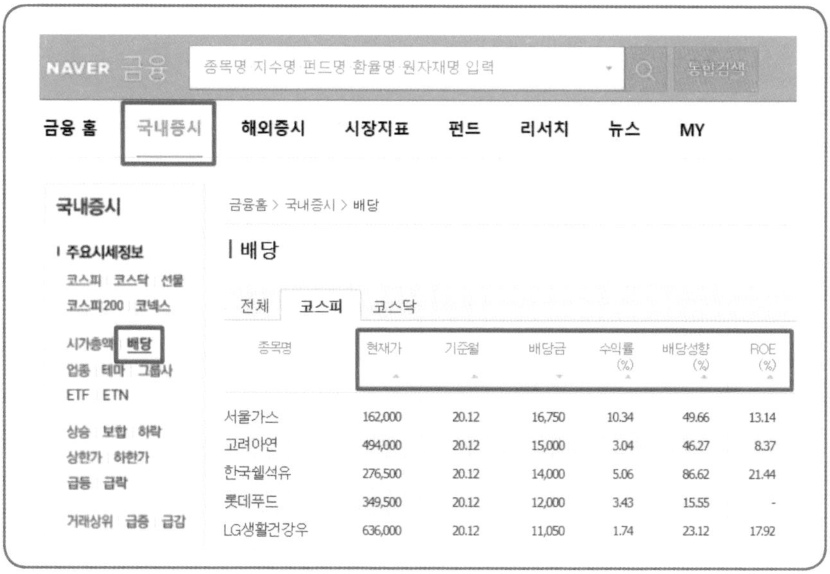

종목명	현재가	기준월	배당금	수익률 (%)	배당성향 (%)	ROE (%)
서울가스	162,000	20.12	16,750	10.34	49.66	13.14
고려아연	494,000	20.12	15,000	3.04	46.27	8.37
한국쉘석유	276,500	20.12	14,000	5.06	86.62	21.44
롯데푸드	349,500	20.12	12,000	3.43	15.55	-
LG생활건강우	636,000	20.12	11,050	1.74	23.12	17.92

네이버 증권에서는 배당주에 대한 정보를 제공한다.

먼저 그림처럼 네이버에서 제공하는 종목별 배당 정보를 활용할 수 있다. 여기에서 현재가, 배당금, 수익률 등의 글자를 클릭하면 내림차순, 오름차순으로 정렬할 수 있으니 편리하다.

그런데 이때 무조건 배당수익률 상위 종목만을 선택하기에는 무리가 있다. 재무적으로 부실하거나 장기투자에 위험한 종목들도 있기 때문이다. 따라서 다양한 분석을 통해 좋은 종목을 선택해야 한다.

배당수익률이 높다고 무조건 좋은 주식은 아니다. 배당수익률 이상으로 가격이 하락하면 오히려 큰 손해가 날 수도 있다. 또는 작년에 일회성으로 반짝 많은 배당을 했는데 올해는 배당하지 않을 수도 있다. 그러므로 **배당수익률을 참고하되 종목에 대한 분석이 우선되어야 한다. 여기에 꾸준히 주가도 오르면서 배당도 꾸준히 받는 주식이라면 더할 나위 없다.**

배당주투자에 있어서 또 다른 주의 사항이 있다. 네이버에서 알려주는 배당수익률은 과거의 자료일 뿐이라는 것이다. 과거의 배당수익률대로 다음번에도 똑같이 주는 것은 아니다. 회사의 경영 사정이 갑자기 어려워져서 배당을 줄일 수도 있다. 기업 분석의 중요성이 다시 한 번 강조된다. 그러므로 배당주에 투자했다고 해서 무조건 장기투자로만 생각하고 잊고 지내기보다는 투자 종목의 업황이나 실적 등을 추적하며 관리해야 한다.

꾸준히 배당을 줄 수 있는 주식은 우량주인 경우가 많다. 그리고 주가가 크게 내리지 않을 만한 회사를 찾는 방법은 주가의 흐름을 분석해야 한다. 따라서 배당주를 통해 꾸준히 수익을 거두기 위해서는 우량주를 찾아야 하고, 매수 타이밍은 주가가 심리적 저점 구간일 때를 노려야 한다.

우량주를 찾는 방법에 대해서는 'PART 5, 가치투자자가 반드시 알아야 하는 것들'에서 설명하고 있으며, 심리적 저점 구간의 타이밍을 잡는 방법은

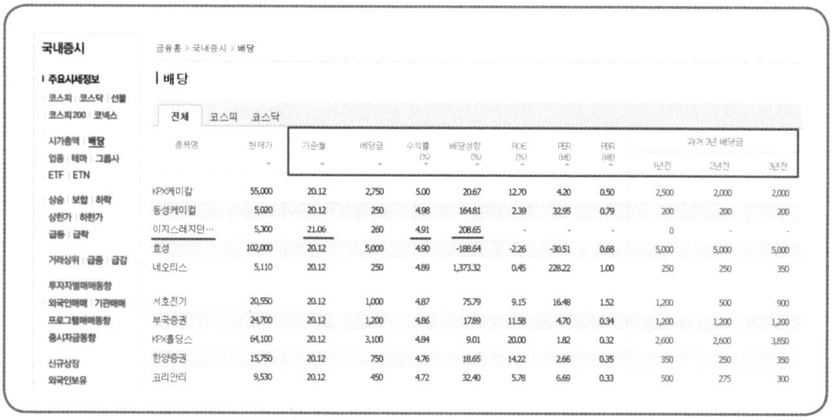

국내증시

주요시세정보
코스피 | 코스닥 | 선물
코스피200 | 코넥스
시가총액 | 배당
업종 | 테마 | 그룹사
ETF | ETN
상승 | 보합 | 하락
상한가 | 하한가
급등 | 급락
거래상위 | 급증 | 급감
투자자별매매동향
외국인매매 | 기관매매
프로그램매매동향
증시자금동향
신규상장
외국인보유

금융홈 > 국내증시 > 배당

배당

전체 코스피 코스닥

종목명	현재가	기준월	배당금	수익률 (%)	배당성향 (%)	ROE (%)	PER (배)	PBR (배)	과거 3년 배당금 1년전	2년전	3년전
KPX케미칼	55,000	20.12	2,750	5.00	20.67	12.70	4.20	0.50	2,500	2,000	2,000
동성케미컬	5,020	20.12	250	4.98	164.81	2.39	32.95	0.79	200	200	200
이지스레지던…	5,300	21.06	260	4.91	208.65	-	-	-	0	-	-
효성	102,000	20.12	5,000	4.90	-188.64	-2.26	-30.51	0.68	5,000	5,000	5,000
네오티스	5,110	20.12	250	4.89	1,373.32	0.45	228.22	1.00	250	250	350
서호전기	20,550	20.12	1,000	4.87	75.79	9.15	16.48	1.52	1,200	500	900
부국증권	24,700	20.12	1,200	4.86	17.89	11.58	4.70	0.34	1,200	1,200	1,200
KPX홀딩스	64,100	20.12	3,100	4.84	9.01	20.00	1.82	0.32	2,600	2,600	3,850
한양증권	15,750	20.12	750	4.76	18.65	14.22	2.66	0.35	350	250	350
코리안리	9,530	20.12	450	4.72	32.40	5.78	6.69	0.33	500	275	300

배당주에 대한 정보를 한눈에 살펴볼 수 있다.

'PART 6, 매매 시점을 알려주는 차트 분석'에서 다루고 있다.

네이버에서 배당주를 검색하면 그림처럼 자세한 정보를 볼 수 있다. 여기에서 '기준월'은 배당금을 주는 시기다. 기업마다 배당 결산일이 다를 수 있고, 경우에 따라서는 배당하지 않는 경우도 있으니 잘 살펴봐야 한다. 예를 들어 '이지스레지던스리츠'의 기준월은 2021년 6월 기준의 자료다.

'수익률'은 기준일의 주가와 배당금에 대한 수익률이다. 만일 기준일의 주가와 현재가의 차이가 크다면 향후 수익률이 달라질 수도 있다. 하지만 일반적으로 배당주는 장기투자가 기본이기 때문에, 개별 종목의 주가 등락은 어느 정도 무시되기도 한다.

그리고 과거 배당수익률이 높았던 회사가 앞으로도 계속 높은 배당을 할 확률이 높으니, 이를 참고하여 투자하는 것이 보통이다. '배당 성향'이란 기업의 이익 중 배당금이 얼마나 되는지 알려주는 비율이다. 만일 어떤 회사가 100억 원의 수익을 냈고, 이중 50억 원을 배당했다면 배당 성향은 50%가 될 것이다.

그림에서 이지스레지던스리츠의 배당 성향은 208.65%이다. 2021년 6월의 배당은 회사 이익보다 더 많은 배당을 한 것이다. 뭔가 특이한 상황이 있었을 것이다. 앞으로도 이렇게 많은 배당 성향이 유지될지는 미지수다. 그래도 리츠회사의 특성상 어느 정도 배당수익률이 유지되리라 기대해볼 수 있다.

'과거 3년간 배당금'도 함께 살펴보는 것이 좋다. 매년 꾸준히 배당을 줬는지, 배당금이 늘었는지 줄었는지를 살펴봐야 한다. 간혹 배당을 조금만 주다가 갑자기 배당금이 많이 늘어나서 배당수익률 상위 종목에 검색되는 경우가 있다. 이런 종목을 피하기 위해서 3~5년간 배당금도 함께 살펴보자.

추가로 ROE, PER, PBR 등은 우량주와 성장주, 그리고 저평가를 알 수 있는 간단한 지표니 참고하면 된다. 이 부분에 대해서는 'PART 5'에서 자세히 다룰 것이다.

| 배당주 매수는 언제 해야 할까? |

배당금을 받으려면 어떻게 해야 할까? 배당주에 처음 투자하는 사람들로서는 궁금할 것이다. 배당주를 통해 배당받으려면 일 년에 한 번 배당을 주는 기업을 기준으로 생각해볼 때, 보통 12월 말일을 기준으로 주식을 보유하고 있으면 된다정확한 기준일은 각 기업의 배당 공시를 통해 기준일을 확인해야 한다.

그런데 주식은 매수한 날까지 포함하여 3거래일이 걸린다. 따라서 배당 기준일부터 주식시장 거래일을 기준으로 3일 전에는 매수하여 보유하고 있어야 배당받을 권리가 생긴다. 그렇다면 별다른 절차 없이 다음 분기 전후로 계좌에 입금된다.

배당 기준일과 함께 알아야 하는 것이 바로 배당락이다. '배당락'이란 배당받을 권리가 없어지는 것을 말한다. 배당금은 일 년 중 아무 때나 주식을 가지고 있다고 주는 것이 아니다. 기업은 배당할 때 미리 공시를 통해 배당 기준일을 알려주고, 이 날짜에 주식을 가지고 있는 사람들에게만 배당금을 준다. 그래서 주식 배당을 위해 딱 기준일에 맞추어 매수했다가 배당받을 권리만 챙긴 뒤에 매도하는 사람들도 있다.

하지만 배당 기준일이 지나 배당락 상태가 되면 주가는 하락하는 경우가 많다. 배당받을 수 있는 권리가 사라진 상태이므로 그 가치만큼 하락했다고 투자자들이 판단하기 때문이다.

어쨌거나 배당금을 제대로 받기 위해서는 배당 기준일에 해당 주식을 보유하고 있어야 한다. 여기에서 중요한 것은 수익률이다. 이를 위해 평소 눈여겨봐둔 배당주의 주가가 낮을 때를 노려 매수하는 전략이 필요하다. 단기투자자라면 보통 배당주의 배당금보다는 시세 차익을 노리는 경우가 많다. 따라서 배당주의 배당 공시가 나오기 전 주가의 상승이 시작될 때쯤에 낮은 주가에 매수했다가, 배당락 전에 매도하여 시세 차익을 거두는 투자 전략도 있다.

장기투자자로서 매년 배당금이 목적이라면 일 년 중 가장 낮은 시점에 매수하여 묵혀 두는 투자 방법도 있다. 이때 역시 중요한 것은 대상 종목은 가급적 우량주여야 한다는 것이다. 우량주가 아니라면 조그마한 위기일지라도 상장폐지의 위험이 높기 때문이다.

배당주투자를 위한 네이버 활용 방법

① 네이버에서 '배당주'를 검색한다.
② 검색된 종목 중에서 배당률 상위 종목을 정리한다.
③ 정리된 고배당주에서 기본적 분석을 통해 우량주를 선별한다.
④ 선별된 종목들을 기술적 분석을 통해 주가의 저점 구간에 있을 때 매수한다.

테마주, 독일까? 약일까?

테마주란 무엇일까? 네이버 지식백과에서 테마주란 "주식시장에 새로운 사건이나 현상이 발생해 증권시장에 큰 영향을 줄 때, 이런 현상에 따라 움직이는 종목군이다."라고 설명하고 있다.

주식시장에서 어떤 일이 발생한다면 사람들의 관심이 갑자기 집중된다. 이렇게 집중된 관심은 결국 주가에 영향을 미칠 수밖에 없다. 여러 종목이 하나의 재료에 연결되어 동시에 영향을 받을 때, 이것을 테마라고 한다. 이것은 정치, 경제, 사회, 문화, 계절, 선거 등 기업의 실적에 영향을 미치는 모든 사건이 포함된다.

뉴스에 주로 등장하는 테마주는 단기간에 폭등하는 경우가 대부분이다. 따라서 짧은 기간에 큰 수익을 거둘 수 있다는 기대에, 개미투자자들에게는 매력적으로 다가온다. 하지만 대부분의 경우에는 테마주를 통해 수익을 거두기보다는 손실을 보는 투자자가 많다.

[특징주]반기문 `개헌`옹호 발언에 **테마주 급등** 이데일리 2016.12.28. 네이버뉴스

차기 유력 대권 후보 중 한 명인 **반기문** 유엔 사무총장이 개헌을 옹호하는 발언을 하면서 개헌 **테마주**로 분류되는 종목들이 **급등**하고 있다. 28일 마켓포인트에 따르면 개헌 **테마주**로 불리는 영보화학(014440)...

[특징주] 아이리버, **반기문 테마주**로 묶여 이틀 연속 **급등** 조선비즈 2016.12.28. 네이버뉴스

아이리버(060570)가 '**반기문 테마주**'로 엮이며 이틀 연속 **급등**하고 있다. 28일 오전 9시 23분 현재 아이리버는 전날보다 17.51%(725원) 오른 4870원에 거래되고 있다. 지난 27일에도 아이리버는 23.58% **급등**했다....

[특징주]아이리버, 이틀연속 **급등**..**반기문 테마주** 영향?

파이낸셜뉴스 2016.12.28. 네이버뉴스

아이리버가 **반기문테마주**로 묶이며 이틀연속 **급등**세를 보이고 있다. 28일 오전 11시14분 현재 아이리버는 전날보다 23.19%오른 5100원에 거래되고 있다. 아이리버가 장중 5000원선을 넘어선 것은 지난 7월27일(5250원)...

반기문 테마주의 급등 뉴스들.

2017년 초, 반기문 테마주를 살펴보자. 반기문 전 유엔 사무총장은 당시 유망 대선 주자로 거론되고 있었다. 그래서 '반기문 테마주'에 엮인 종목들이 크게 급등했다. 하루에도 10~20% 이상 급등하는 테마주 뉴스들로 인해 투자자들은 '얼른 테마주에 동참해야 하는 것은 아닐까' 하는 유혹을 많이 느꼈을 것이다. 그러나 유혹에 빠졌던 많은 개미투자자들은 얼마 지나지 않아 이런 뉴스를 접했다.

'반기문 전 유엔 사무총장, 대선 불출마 선언!'

반기문 전 유엔 사무총장의 대선 불출마 선언으로 인하여 '반기문 테마주'는 일제히 하한가를 기록했다. 그 결과 수많은 개미투자자는 큰 손실을 볼 수밖에 없었다. 그럼에도 테마주의 급등을 지켜봤던 투자자들의 머릿속에는 그 상승 폭에만 관심이 갈 뿐이다.

이뿐만이 아니다. 2020년에는 코로나19와 관련한 많은 제약주가 급등했다. 그 가운데 신풍제약은 주가가 5,000원대에서 200,000원까지 대략 40배가 넘게 급등하면서 수많은 개인투자자의 관심을 모았다.

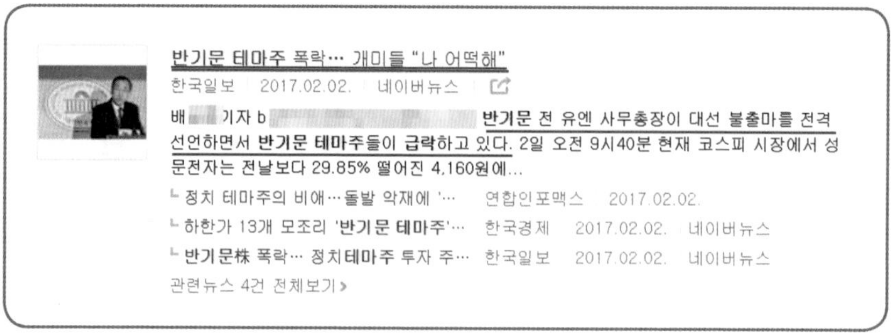
반기문 테마주 폭락… 개미들 "나 어떡해"
한국일보 2017.02.02. 네이버뉴스
배[illegible] 기자 b[illegible] 반기문 전 유엔 사무총장이 대선 불출마를 전격 선언하면서 반기문 테마주들이 급락하고 있다. 2일 오전 9시40분 현재 코스피 시장에서 성문전자는 전날보다 29.85% 떨어진 4,160원에...
ㄴ 정치 테마주의 비애…돌발 악재에 '… 연합인포맥스 2017.02.02.
ㄴ 하한가 13개 모조리 '반기문 테마주'… 한국경제 2017.02.02. 네이버뉴스
ㄴ 반기문株 폭락… 정치테마주 투자 주… 한국일보 2017.02.02. 네이버뉴스
관련뉴스 4건 전체보기 >

테마주는 급등만큼 급락의 위험성도 있다.

그런데 문제는 확실한 효능에 대한 근거가 없이 단순 기대감만으로 급등했다는 데 있다. 이후 주가는 엄청난 폭락을 맞았고, 고점에서 매수한 많은 투자자는 큰 손실을 보기도 했다. 그렇다면 테마주는 나쁜 것일까?

테마주가 문제가 되는 것은 기업의 실적과 상관없는 주가 흐름을 보이기 때문이다. 기업이 적자를 냈거나 매출액이 줄어드는 상황에서도 테마에 엮

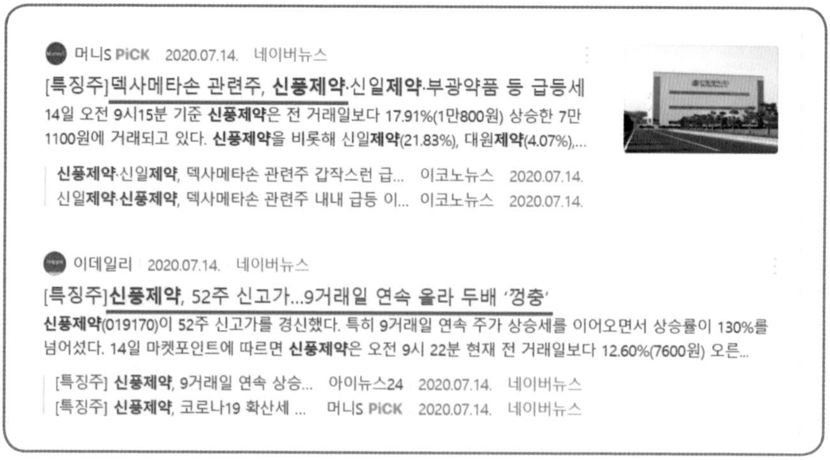
머니S PICK 2020.07.14. 네이버뉴스
[특징주]덱사메타손 관련주, 신풍제약·신일제약·부광약품 등 급등세
14일 오전 9시15분 기준 신풍제약은 전 거래일보다 17.91%(1만800원) 상승한 7만1100원에 거래되고 있다. 신풍제약을 비롯해 신일제약(21.83%), 대원제약(4.07%),...
신풍제약·신일제약, 덱사메타손 관련주 갑작스런 급... 이코노뉴스 2020.07.14.
신일제약·신풍제약, 덱사메타손 관련주 내내 급등 이... 이코노뉴스 2020.07.14.

이데일리 2020.07.14. 네이버뉴스
[특징주]신풍제약, 52주 신고가...9거래일 연속 올라 두배 '껑충'
신풍제약(019170)이 52주 신고가를 경신했다. 특히 9거래일 연속 주가 상승세를 이어오면서 상승률이 130%를 넘어섰다. 14일 마켓포인트에 따르면 신풍제약은 오전 9시 22분 현재 전 거래일보다 12.60%(7600원) 오른...
[특징주] 신풍제약, 9거래일 연속 상승... 아이뉴스24 2020.07.14. 네이버뉴스
[특징주] 신풍제약, 코로나19 확산세 ... 머니S PICK 2020.07.14. 네이버뉴스

코로나19 관련 테마주로 분류된 많은 종목이 급등하던 시기.

신풍제약은 코로나19 테마로 인해 큰 급등 이후 엄청난 폭락이 발생했다.

이게 되었다는 이유 하나만으로 급등할 때가 있다.

이런 종목들은 대부분 작전주와 연관이 있는 경우가 많다. 작전 세력은 주가를 급등시키기 이전에 먼저 많은 주식을 매집한다. 충분한 물량의 매집이 끝나면 각종 수단을 통해 주가를 급등시키는데, 이때 가장 흔히 사용되는 방법이 바로 테마주 뉴스다. 따라서 기업의 실적과 상관없는 뉴스, 흘러가는 주가 흐름만을 따라가다보면 자연히 손해를 볼 확률이 높아진다.

테마주라는 화려한 소문을 듣고 관심을 가지게 되었을 때는 이미 늦은 타이밍이다. 세력들은 작전주와 마찬가지로 테마주라는 화려함만을 보고 달려드는 불나방들을 노리고 있기 때문이다. 그래서 주식투자에 성공하려면 작전주를 이해해야 한다. 그렇다면 테마주에 대한 투자는 하지 말아야 하는 것일까?

| 테마주투자 방법 |

테마주투자를 생각하고 있다면, 특정 테마와 관련된 종목이 급등했다는 뉴스가 나온 뒤에는 이미 늦었다고 생각하면 된다. 테마주를 통해 수익을 내기 위해서는 세상 돌아가는 문제를 생각하고, 예상되는 테마 관련 주를 미리 매수해야 한다.

재료 분석을 통해 오를만한 테마를 분석하기 위해서는 산업과 업종, 그리고 국가 정책과 뉴스를 이해해야 한다. 조금 어려워 보이지만 전혀 어려울 것이 없다. 뉴스만 잘 챙겨 봐도 충분히 가능하기 때문이다.

과거 2008년의 뉴스를 보자. 이명박 정부 시절에는 신재생에너지 산업을 신성장 동력으로 산업화한다고 했었다. 신재생에너지는 태양광, 풍력발전과 연료전지, 수소에너지 등이다. 이들 중 태양광발전 테마주인 OCI의 주가는 어떻게 되었을까?

이명박 정부는 2008~2013년간이었다. 이 기간에 OCI의 주가는 20만 원대까지 하락했다가 65만 원대까지 상승했다. 300%가 넘는 상승, 이것은 국가 정책과 산업을 이해했다면 챙길 수 있는 수익률일 것이다. 만일 2007년도부

MB "내년중 온실가스 감축 국가목표 발표" 국내 찬반 양론 '교통정리'

서울경제 | 2008.07.09. | 네이버뉴스 |

있는 **이명박** 대통령이 "오는 2020년까지 온실가스 감축을 위한 국가 중기 목표를 설정해 내년 중 발표할... 정부는 현재 **신재생에너지 산업**을 신**성장**동력 **산업**화한다는 방침 아래 **신재생** 시장창출, 기술경쟁력 제고...

국가 육성 사업은 관련 산업에 영향을 미친다.

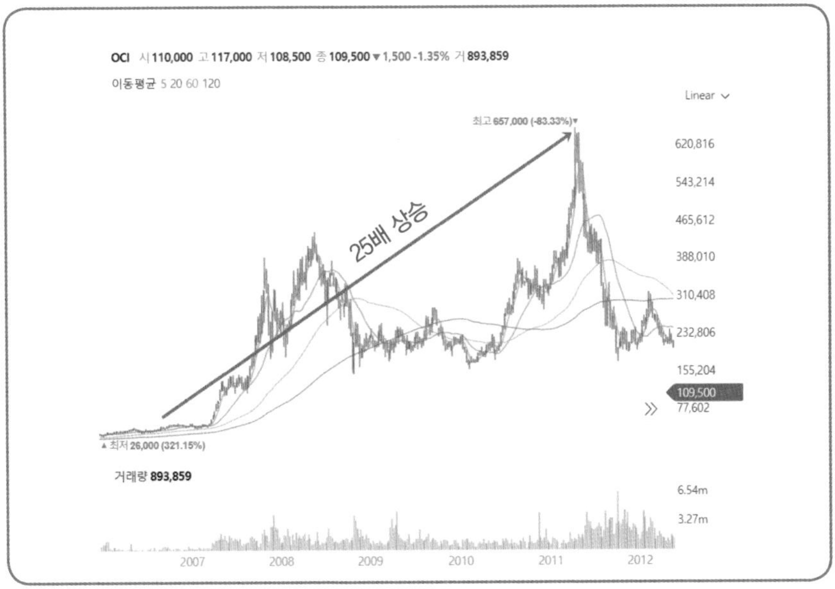

OCI는 태양광 관련 정부 정책으로 인해, 2007년에서 2011년까지 25배가 상승했다.

터 정부의 산업 정책을 전망할 수 있었다면 25배가 넘는 수익도 가능했다.

박근혜 정부 시절은 또 어땠을까? 이 시기에는 바이오, 제약 등 헬스케어에 대한 국가 지원이 컸다. 특히 바이오 산업에 대한 정부의 R&D 예산은 과거 500억 원 규모에서 1조 7,000억 원까지 증가했으며, 각종 규제도 완화되었다. 이 시기 제약회사들의 주가 흐름을 살펴보면 크게 상승한 것을 볼 수 있다.

2020년에 들어서는 일본과 무역 마찰이 발생했었다. 우리나라 핵심 수출 품목인 반도체의 핵심 소재 가운데 일부 품목은 일본으로부터 수입해왔는데, 일본이 이들 품목에 대한 수출을 규제했다. 이에 대항하여 정부는 〈소부장소재, 부품, 장비를 줄여서 이르는 말 산업 지원〉이라는 대책을 발표했는데, 이로 인해 관련 종목들이 큰 수혜를 입었다.

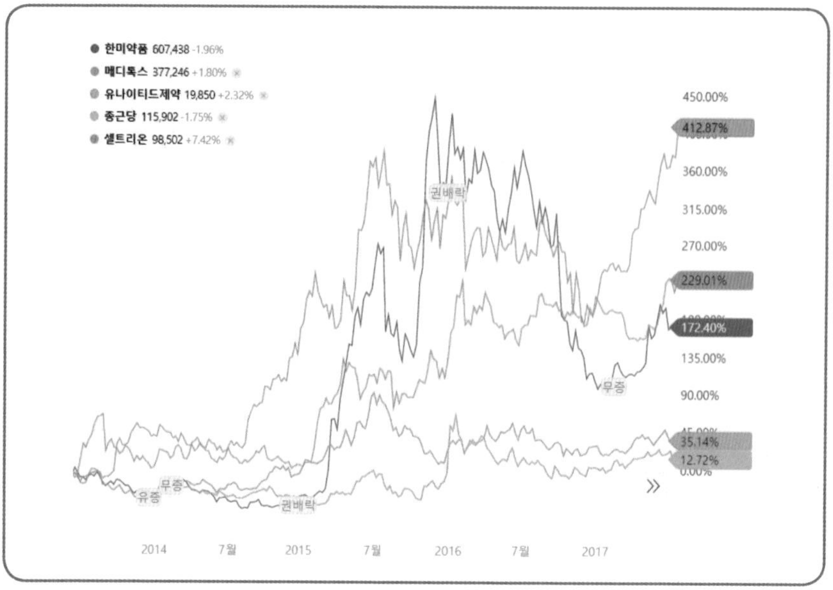

제약 바이오 관련주는 당시 국가적 지원과 관심으로 인하여 크게 상승했다.

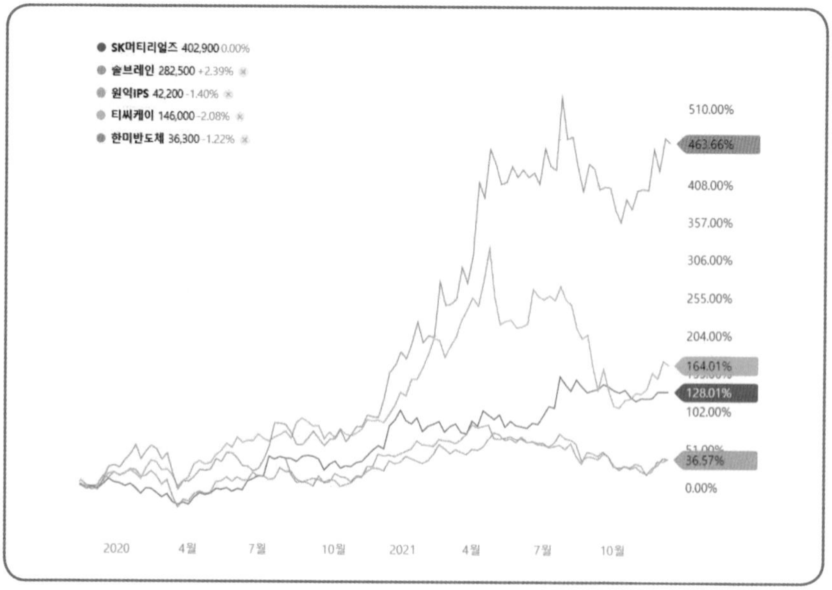

반도체 소재, 부품, 장비 관련 기업에 대한 정부의 지원은 관련 종목의 상승을 이끌었다.

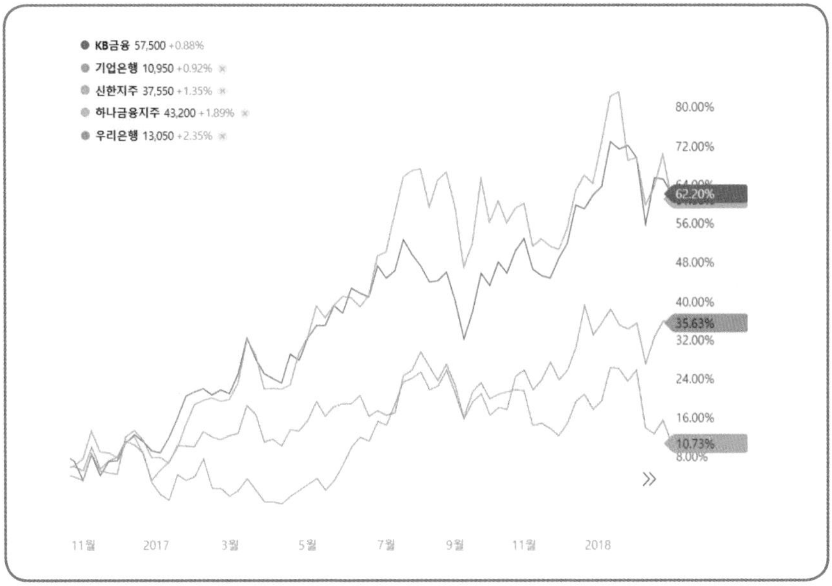

주가와 경제의 성장은 금융 관련 테마주들의 상승에 영향을 줬다.

정부 정책뿐만 아니라 이벤트, 계절, 경제 전망 등도 눈여겨볼만한 경우가 많다. 예를 들면 2017년 들어 주가 상승과 경제 성장에 대한 전망이 많이 발표되었다. 이로 인해 은행 관련 종목들이 큰 폭으로 상승했다. 만일 관련 뉴스를 눈여겨봤다면 금융 테마주에 투자하여 수익을 거둘 수 있었을 것이다.

| 네이버에서 테마주 쉽게 찾아보기 |

테마주투자는 테마와 업종을 분석하는 데서 시작한다. 업종과 테마는 얼핏 비슷해 보이지만 전혀 다른 의미다. 이를테면 패션 테마와 의류 업종은 유사할 수 있다. 하지만 여행 테마에는 강원랜드, 대한항공, 하나투어, 호텔

신라 등 전혀 다른 업종들이 하나의 테마로 묶일 수도 있다.

테마주 분석을 위해 그림과 같이 네이버 증권에서 국내 증시로 들어가보자. 그다음 좌측의 링크들을 보면 '업종'과 '테마'를 찾을 수 있다.

이곳의 테마별 시세는 매일매일 순서와 주도주가 바뀐다. 이는 전일 대비 상승 폭이 큰 테마부터 상위로 보여주기 때문이다. 만일 여러분이 국가 정책이나 예상되는 사건에 대한 테마주를 찾기 원한다면, 이런 방식으로 손쉽게 검색이 가능하다.

하지만 네이버에서는 단순히 테마에 해당하는 종목들을 나열해주기만 한다. 테마와 관련된 수많은 종목 중에서 어떤 종목에 투자해야 할지는 한 번 더 분석해야 한다. 동일한 테마에 엮였음에도 불구하고 어떤 종목은 크게 상승하는 반면, 어떤 종목은 소외되기 때문이다.

그렇다면 이런 테마주 중에서 옥석을 가리는 방법은 무엇일까? 테마주투자에서 가장 흔히 사용되는 방법은 '주도주'에 대한 투자다. 주도주란 주가를

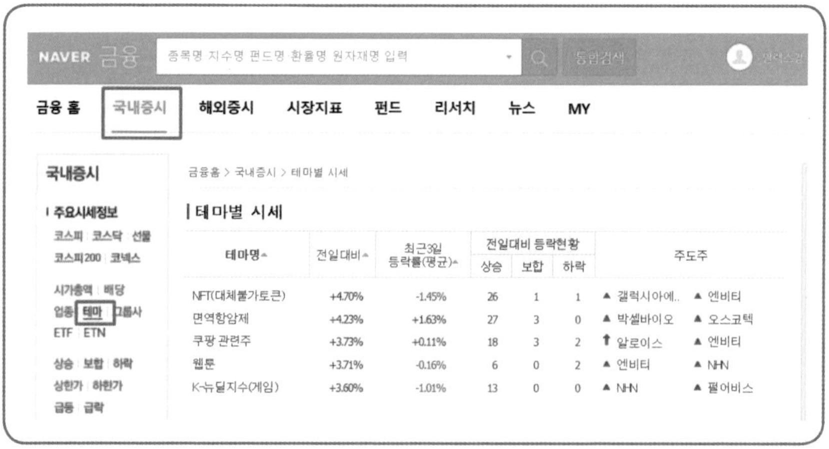

네이버 금융 → 국내 증시의 좌측 링크에서 테마주를 검색할 수 있다.

이끌어가고, 주가의 변동을 주도하는 주식이다.

네이버에서는 테마별로 친절하게 주도주도 알려주고 있다. 그러나 사실 네이버에서 표시된 주도주는 그날 가장 많이 오른 상위 종목을 알려주는 것일 뿐이다. 조금 더 장기적으로 본다면 주도주가 바뀔 수도 있다. 따라서 주도주를 살펴볼 때는 네이버에서 알려주는 주도주 2종목뿐만 아니라, 그날의 상승 종목들까지 검색 폭을 확대할 필요가 있다.

이렇게 주도주를 선정했다면, 이제는 기본적 분석의 차례다. 테마에 엮인 여러 종목들 중에서 최근 상승 폭이 컸던 주식 위주로 살펴보자. 그러다보면 의외로 적자를 내는 종목들도 상당수 있다는 사실에 놀랄 때가 많다. 적자 기업의 주식이 단순히 테마와 뉴스에 엮여서 단기간 상승했다면, 이것은 거의 작전주일 확률이 높다.

주식을 투기가 아닌 투자의 개념으로 접근한다면 당연히 돈을 잘 버는 회사의 주식을 사는 것이 상식이다.

따라서 **비록 단기간에 상승률은 조금 낮더라도 우량한 기업, 돈을 잘 버는 기업, 그리고 큰 수익이 기대되는 기업으로 종목의 범위를 좁혀보자.** 이런 방식으로 투자 대상 종목을 좁혀 나가다보면 어떤 경우에는 종목이 하나도 남지 않는 경우도 생긴다. 그럴 때는 해당 테마는 잊어버리면 된다. 앞으로도 안정적으로 수익을 낼 기회는 많다.

여기까지 투자 대상 종목을 추리다보면 좋아 보이는 종목이 몇 개로 압축될 것이다. 그렇다면 기술적 분석을 통해 적절한 매매 타이밍에 따라 매매하면 된다. 물론 매수하려는 시점의 주가는 심리적 저점 구간에 있어야 한다. 최근 이슈로 인해 갑자기 너무 큰 급등이 발생한 이후라면 눌림목 이후 반등을 기다리거나, 다른 테마를 찾는 것이 투자에 안전하다.

만일 심리적 저점 구간에 있는 종목의 주가 흐름이 상승 추세고, 앞으로도 지속적인 상승이 기대된다면 지금 바로 매수해도 된다. 하지만 긴 흐름에서 하락 추세에 있는 종목이 테마에 엮여 잠깐 반등하거나, 단기간 이미 너무 큰 급등을 한 경우라면 다음 매수 타이밍을 노리는 것이 좋다.

| 테마주투자의 사례 |

지금까지의 방법으로 테마주를 매번 새롭게 검색하고 분석하여 투자하는 것은 조금 번거로울 수 있다. 그래서 **필자의 경우에는 몇 가지 테마에 해당하는 좋은 종목 몇 개만을 살펴보는 편이다. 특히 매년 반복되는 테마라면, 매년 비슷한 시기에 상승하기 때문이다.** 필자가 관심 있게 보는 테마는 남북 테마, 계절 테마, 정치 테마다.

먼저 남북 테마를 살펴보자. 지난 문재인 정부는 북한과의 관계 개선을 위해 노력했다. 반면 윤석열 정부가 들어서면서 그동안 중지했던 한미 연합 훈련이 재개되었다. 그러면 무슨 일이 벌어질까? 당연히 북한은 맞대응할 것이고 남북 간 긴장이 생긴다. 이와 관련한 종목들이 있다.

남북 테마와 관련된 종목은 네이버 테마에서 '방위 산업'에 해당한다. 예를 들어 빅텍을 살펴보자. 빅텍의 주요 매출은 함정에 탑재하는 방향 탐지 장치, 전차와 장갑차에 장착되는 피아 식별기, 군용 장비에 사용되는 전원 공급 장치에서 발생한다.

그러다보니 북한의 이상 징후나 도발이 발생하여 전쟁의 위협이 커질 때마다, 빅텍의 주가는 급등했다. 사실 최근 빅텍의 실적이 그리 좋지는 않았다.

하지만 이와는 별도로 대북 관련 테마주 중에서 영향을 가장 빨리, 그리고 많이 받는 종목 중 하나다.

이전 문재인 정부 시절에는 방산주가 큰 힘을 받지는 못했다. 하지만 윤석열 정부로 들어서면서 대북 정책이 변화되었고, 러시아의 전쟁으로 인해 방산주의 기회가 찾아오리라 기대된다. 특히 북한이 매번 반복적으로 도발하는 시기가 있다. 바로 한미 연합 훈련 기간이다. 그중에서도 매년 3월부터 시작하는 KR/FE 훈련을 주목해보자.

대규모 한미 연합 훈련은 연 2회 하는데 여름에 실시하는 UFG 훈련은 지휘소 훈련이므로, 실제 군 장비와 무기의 이동이 적다. 반면 매년 3월에 실시하는 KR/FE 훈련은 한반도에 전쟁이 발발했을 때 대규모 미 증원군 병력과 장비를 파견, 배치하는 절차를 숙달하는 연합 전시 증원 훈련이다. 그러다보니 실제로 대규모의 병력과 장비가 증원된다.

그리고 미군의 장비와 병력이 실제로 증원이 되다보니, 바로 북진도 가능한 상황이다. 북한으로서는 이런 훈련에서 상당히 위협을 느낄 수밖에 없다. 이 시기만 되면 북한의 도발과 긴장을 고조시키는 비난이 거세지는 것도 이 때문이다.

빅텍의 차트를 보면 2017년 이전까지는 매년 2~4월이면 어김없이 급등했다. 김정일 사망 이후 김정은이 정권을 잡은 뒤부터는 정말 매년 변함없는 패턴을 보여준다. 물론 2017년 이후 한미 연합 훈련의 축소, 대북 화해 분위기로 인해 최근까지의 빅텍을 비롯한 방산 관련 주의 주가 패턴은 깨진 상태다.

그러나 새 정부가 들어서면서 대북 기조가 달라졌다. 소규모 한미 연합 훈련도 벌써 여러 차례 이뤄졌다. 특히 2023년 3~4월에 실시하는 '한미 연합

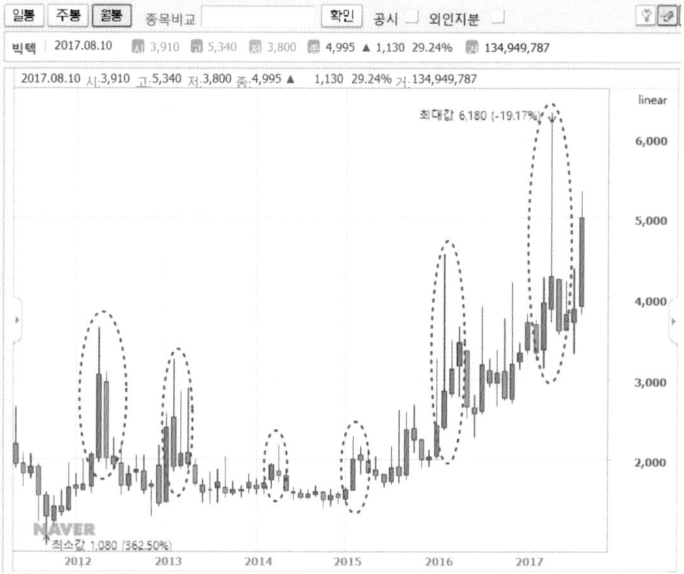

빅텍의 월봉을 보면 김정은 정권과 보수 정권하에서 매년 열린 한미연합훈련의 영향으로, 매년 봄 급등이 있었다.

훈련'과 '연합 지휘소 훈련' 기간에, 빅텍의 주가를 주목해보자. 이 시기에 빅텍의 주가가 오른다면, 예전의 패턴을 다시 찾을 확률이 높다.

그런데 만일 다시 한미 연합 훈련이 대규모로 열리게 된다면 3월 훈련 전에 바로 매수하면 될까? 이런 테마주의 대부분은 사건 발생 1~3개월 전에 주가를 보고 저점 구간에서 매수하는 것이 좋다. 오늘내일하다가 언제 갑자기 급등할지 모르기 때문이다.

그리고 훈련 시즌이 다가올수록 북한의 도발을 예상하는 사람들이 많아지기 때문에 주가는 점점 올라가는 것을 볼 수 있다. 따라서 저점 구간에서 매수하기 위해서는 1~3개월 전 미리 주가를 분석한 뒤에 매수해야 한다.

매년 반복되는 두 번째 테마는 계절성 테마주다. 이 테마 역시 과거 경험의 결과이므로 향후 주가의 움직임은 각자가 분석하고, 투자에 참고해야 할 것이다. 특히 코로나19 폭락 이후 발생했던 큰 반등장으로 인해 많은 주식의 패턴이 깨진 상태이므로, 다시 그려보며 대응해야 한다.

예를 들어 신일전자의 주가 흐름을 보자. 신일전자는 겨울철 난방제품도 있지만 주로 선풍기, 에어서큘레이터, 제습기에 대한 매출이 더 크다. 그래서 2012년 이후 신일전자의 주가 흐름을 보면 겨울철 1,300원에서 6월 전후 2,300원까지 상승했다가 다시 1,300원까지 하락하는 흐름을 보인다. 이런 식으로 상승과 하락에 대한 저점과 고점이 반복된다면 대략적인 투자 시기

반복적인 주가의 흐름은 투자 시기를 찾기 용이하다.

를 찾기 용이하다.

끝으로 정치 테마주가 있다. 이것은 정치 흐름을 읽고 정치에 관심이 많은 투자자라면 접근해볼 만하다. 정치 테마주에서 가장 중요한 것은 내가 지지하고 좋아하는 정당에 국한될 필요는 없다는 것이다.

내가 지지하는 정당의 후보와 여러분이 주식투자를 하는 것은 아무 상관이 없다. 지지하는 정당 후보의 관련 테마주를 매수한다고 하여 그 후보가 당선되는 것도 아니다. 반대 정당 후보의 테마주를 매수한다고 하여 판세가 뒤집히는 것도 아니다. 그저 하루하루 뉴스로 나오는 이슈에 따라 테마주는 요동칠 뿐이다.

다만 정치 테마주는 변동 폭이 상당히 크다. 그리고 후보의 사퇴나 스캔들 같은 악재도 도사리고 있기 때문에, 정치의 흐름을 읽을 수 있는 투자자만이 접근하는 것이 좋을 것이다. 매수 시점은 선거의 후보가 정해지고 난 이후 유력 후보가 뉴스에 나올 때부터다. 이미 정치판에 유명한 사람들이 있고, 그들과 관련한 테마주 역시 알려져 있다.

참고로 정치 테마주는 네이버 증권에서는 제공되지 않고, 네이버 뉴스를 찾아보면서 예전에 해당 후보로 인해 급등했던 종목을 찾아보면 된다.

이외에도 테마는 무수히 많다. 예시로 들기 위해 몇 종목을 언급했을 뿐이다. 그러니 여러분도 평소 자신이 관심 있게 보는 테마를 각자 분석해보자. 그리고 그중에서 대표적인 몇 종목만 집중적으로 살펴보면서 최적의 매수 타이밍을 잡을 수 있다면, 투자에 큰 도움이 될 것이다.

테마주투자를 위한 네이버 활용 방법

① 예측 가능한 테마를 분석한다.

② 테마에 속한 종목 중에서 주도주를 선정한다.

③ 선정된 종목을 재무 분석을 통해 우량주, 성장주로 압축한다.

④ 압축된 종목은 기술적 분석을 통해 적절한 매수 타이밍을 잡는다.

용어 정리

- 테마주 : 주식시장에서 사건이나 현상이 발생할 때, 여러 종목이 하나의 재료에 연결되어 동시에 영향을 받는 종목군이다.
- 테마와 업종 : 업종은 사업의 종류를 뜻한다. 예를 들면 의류 업종 내에는 의류의 제조에 관련된 기업만이 포함된다. 그러나 테마는 여러 종목이 하나의 재료 주제에 연결되어 동시에 영향을 받는 것이다. 예를 들면 여행 테마로 강원랜드카지노주, 대한항공항공주, 하나투어여행사, 호텔신라숙박업가 하나의 테마로 묶일 수 있다.
- 주도주 : 주식시장에서 전반적인 주가를 이끌어가는 인기주 집단이다. 주가가 상승할 때 가장 많이 상승하면서, 상승 분위기를 이끌어가는 것이 일반적이다. 선도주라고도 한다.

급등하는 종목은 재료 분석의 대상

주식투자를 하다보면 누구나 급등주를 찾게 된다. 일 년 내내 기다려도 고작 1% 내외의 움직임으로 횡보하는 종목보다는 시원시원하게 움직이는 종목이 더 좋아 보인다. 내가 매수하자마자 급등한다면 금방 큰돈을 벌 수 있으니, 급등주를 따라다닌다.

그러나 급등주는 세력이 시세를 조종하는 경우가 많다. 그들에게는 돈과 정보가 있기 때문이다. 세력이 매집을 풀지 않은 상태에서 주가를 20% 하락시켰다면, 향후 최소 50% 이상의 상승을 기대하면 된다. 만일 50%를 하락시켰다면, 최소 100% 이상 주가를 올릴 것이라고 믿으면 된다. 물론 이것은 꾸준히 흑자를 내는 기업, 우량주, 성장주를 심리적 저점 구간에서 매수했을

국내 증시에서 급등한 종목 정보를 확인할 수 있다.

때만 해당되는 사항이다.

그렇지 않으면 급등주에 잘못 투자했다가 자칫 세력이 물량을 털어 버리는 것을 그대로 받아 주고 큰 손해를 볼 수 있다. 그러므로 급등이 이미 시작한 이후에는 가급적 조심 또 조심해야 한다.

네이버에서 '급등' 부분을 검색해보면 그림처럼 최근 저가 대비 급등한 종목을 정리하여 보여준다. 최근 저가 대비 급등이기 때문에 등락률이 제각각이지만, 이 가운데에서 급등 종목을 찾으면 쉽다. 여기에서 급등하는 종목들을 중심으로 분석해보면 된다.

급등하는 종목은 두 가지를 생각해볼 수 있다.

① 세력이 단기간에 주가를 끌어올린 다음, 재빨리 개인투자자들에게 털어 버리고 도망하는 종목

② 세력이 장기간에 걸쳐 주가를 관리하고 매집하는 동안 기업의 실적이나 재료가 너무 좋아서 주가가 크게 급등하는 종목

일반적으로 첫 번째 경우는 기업의 실적과는 상관없이 단순히 미래의 전망만으로 급등한다. 그러나 미래는 아무도 장담할 수 없으므로, 이런 종목에 투자하는 것은 위험을 어느 정도 감수해야 한다.

두 번째 경우는 비교적 장기간 주가가 우상향할 수 있다. 비록 세력이 단기 차익을 노리고 주가를 급등시키더라도 확실한 실적이나 성장 전망이 있다면 주가의 상승세는 지속될 가능성이 크다. 세력이 있다고 해서 너무 겁먹을 필요는 없다. 모든 급등하는 종목에는 매집을 만드는 세력이 있을 수밖에 없기 때문이다.

아무튼 세력의 유무와는 상관없이 해당 기업의 실적이 뒷받침된 상황이라면 앞으로도 계속 상승할 여력이 있다. 그러므로 이런 종목을 선별하여 분석해야 한다. 이때 실적과 연관된 급등주를 이해하기 위해서는 장대양봉에 대한 이해가 필요하다. 왜 실적이 뒷받침된 급등주의 장대양봉이 중요한 것일까?

이것은 확실한 호재와 실적을 근거로 많은 투자자의 관심을 받고 있다는 증거다. 그렇기 때문에 빈번한 장대양봉이 발생하는 급등주라면 장기간에 걸쳐서 큰 상승을 기대할 수 있다.

일반적으로 알려진 장대양봉의 개념은 단순히 위아래로 길게 보이는 양봉을 뜻한다. 그러나 긴 양봉이라고 하여 모두 같은 의미를 지닌 장대양봉으로 보기는 힘들다. 따라서 투자에 활용하기 위한 장대양봉의 개념에 대해 나름의 정리가 필요하다. 지금 설명하는 장대양봉은 필자가 정의하는 개념일 뿐이니, 여러분도 자신만의 장대양봉에 대한 정의를 만들어서 적용해도 좋을 것이다.

장대양봉이란 종가현재가**를 기준으로 최소 3% 이상 급등해야 한다. 그리고 이때 반드시 평소의 200%가 넘는 거래량이 동반되어야 한다. 이 정도의 거래량이 동반되지 않는 장대양봉이라면 큰 의미를 부여하기 힘들다.**

이때 거래량이 중요하다. 기준이 되는 거래량이 전일이나 전전일의 거래량은 아니다. 평소 때의 거래량 수준과 비교해야 한다. 거래량을 보면 가끔 비정상적으로 하루 반짝 엄청난 거래량이 몰릴 때도 있는데, 이런 것이 평균 거래량을 높일 수 있는 요인이 된다. 그래서 평소 때의 거래량을 더 중요하게 보는 이유다.

그리고 장대양봉은 심리적 저점 구간에 위치해야 의미가 있다. 주가의 고점 구간에서 발생한 장대양봉도 역시 상승 추세를 의미하기는 한다. 그러나 저점 구간에서 발생한 장대양봉 이후 기대수익률이 더 높을 수밖에 없으며, 주가가 너무 오른 상태라면 신규 매수하기에 부담스러운 면이 있다. 상승 추세의 초기에 투자해야 수익이 커지는 것은 당연하다.

끝으로 이렇게 발생한 장대양봉의 종가는 지난 5일봉들의 시가와 종가보다 높아야 한다. 5일 이내에 장대양봉보다도 높은 주가를 가졌던 날이 있다면, 이것은 장대양봉이라기보다는 그저 하락 중 반등으로 봐야 하기 때문이다.

의미 있는 장대양봉이란?

① 종가장중에는 현재가를 기준으로 3% 이상 상승한 양봉

② 당일 거래량이 평소 거래량의 200% 이상 증가

③ 심리적 저점 구간에서 발생한 양봉

④ 지난 5일간의 캔들봉의 시가와 종가보다 높은 가격까지 상승한 양봉

네이버에서 급등하는 종목을 살펴보면 이 정도까지 다양한 조건을 만족하지 못하는 경우가 있다. 따라서 네이버가 제공하는 급등 종목들을 대상으로 다시 추려 가며 분석해야 한다.

네이버에서 제공하는 '급등하는 종목'을 검색해보면 앞의 그림처럼 정렬이 된다. 여기에서 영업이익, 당기순이익, ROE 같은 항목들이 하나라도 마이너스인 종목은 우선 제외하는 것이 좋다. 흑자를 내는 안정적인 기업도 많은데 굳이 적자 기업에 투자할 이유는 없다.

물론 적자 기업 중에서도 단기간 엄청난 급등을 하는 경우도 있다. '영업

이익증가율', '매출액증가율'이 크게 상승하는 경우라면 분석의 대상이 될 때도 있기 때문이다. 따라서 영업이익증가율, 매출액증가율도 함께 살펴보면 좋다.

종목 분석은 결국 기본적, 기술적 분석이다. 기본적 분석 방법에 대한 내용은 'PART 5'에서, 기술적 분석은 'PART 6'에서 자세히 다루고 있으니 참고하기를 바란다. 독자들 가운데는 구체적인 분석 방법까지 공부하는 것을 주저하는 사람이 있을지도 모른다. 그저 간편하게 네이버 정보만으로 바로 투자 종목을 찾아서 매매할 수는 없는지 궁금해할 것이다.

그러나 아쉽게도 그런 방법은 없다. 예전에는 네이버에서 추천 종목까지 정리해준 적도 있었다. 그러나 이런 서비스는 모두 종료되었으며, 요즘 네이버는 몇 가지 조건에 대하여 검색된 모든 종목만을 나열할 뿐이다. 수많은 종목 중에서 네이버는 어떤 것이 투자할 만한 것인지까지는 정확하게 콕 집어 주지는 못한다.

만일 HTS를 통해 다양한 조건 검색을 자유자재로 활용할 수 있는 투자자라면 굳이 네이버를 활용할 필요는 없다. 그러나 HTS의 조건 검색식을 스스로 만들 수 없는 투자자의 경우에는 반드시 스스로 종목을 검색하고 분석하는 과정을 거칠 수밖에 없다.

이 과정에서 첫 단계가 네이버에서 제공하는 조건에 따라 종목을 검색하는 것이다. 그리고 이런 종목들을 대상으로 다시 투자자 스스로가 분석해야 하는 과정이 필요하다. 그래서 결국 투자자 스스로가 분석할 수 있는 안목과 능력을 키워야 한다.

급등주투자를 위한 네이버 활용 방법

① 네이버 급등주를 검색하여 투자 대상 종목을 선별한다.

② 급등하는 장대양봉을 보며 섣불리 투자하지 않는다.

③ 적자 기업은 제외한다.

④ 압축된 종목을 대상으로 기업의 실적, 재료 등을 분석한다.

⑤ 좋은 실적과 장래 성장성이 큰 종목에 대하여 눌림목을 공략한다 눌림목 매매법에 대한 정보는 네이버 카페 〈알렉스강의 주식이야기〉에서 무료로 PDF를 나누고 있다.

용어 정리

- (저자가 정의한) 장대양봉 : 종가 현재가 기준 최소 3% 이상 상승한 양봉에서, 평소 거래량의 200% 이상의 거래량이 동반되어야 하고, 지난 5일봉들의 시가와 종가보다 높은 위치에 장대양봉의 종가가 형성되어야 한다. 그리고 주가 수준은 지난 3년 기준으로 최저가 대비 30% 이하여야 한다.
- 기본적 분석 : 기업의 실적 재무제표 과 재료 호재, 악재 에 대한 분석을 통해 투자 대상 종목을 찾는 과정이다.
- 기술적 분석 : 차트 분석을 통해 대상 종목의 주가 추세와 방향을 이해하여 매매 타이밍을 찾는 과정이다.
- 눌림목 : 상승 추세의 주가가 잠시 조정받으며 하락 또는 횡보하다가 다시 상승을 시작하려는 시기다.
- 영업이익 : 기업의 영업활동에서 발생한 이익, 매출 총액에서 원가, 판매비, 관리비를 뺀 것이다.
- PER : 주가수익비율, 현재 주가를 주당 순이익으로 나눈 값 PART 5 참조 이다.
- ROE : 자기자본이익률, 자기자본을 통해 얼마나 이익을 냈는지 나타내는 값 PART 5 참조 이다.

- **PBR : 주가순자산비율, 현재 주가를 주당 순자산 가치로 나눈 비율로서 현재 주가가 기업의 순자산에 비해 1주당 몇 배로 거래되고 있는지를 나타내는 지표**PART 5 참조**다.**
- **HTS : 홈트레이딩 시스템으로써 개인 PC를 통해 주식 거래와 분석을 할 수 있도록 증권사에서 제공하는 프로그램**참고로 MTS는 모바일트레이딩 시스템으로써 스마트폰으로 거래할 수 있도록 증권사에서 제공하는 애플리케이션**이다.**

거래량이 급증하는 종목에 대한 투자

주식투자를 하다보면 "거래량은 주가에 선행한다."라는 말을 한 번쯤은 들어보게 된다. 거래량이 중요한 이유는 아직 주식의 호재가 공개되지 않았음에도 불구하고 먼저 움직이는 경우가 있기 때문이다.

주식시장은 남들이 모르는 정보를 먼저 알게 된 사람이 이기게 되는 불공평한 전쟁터다. 막대한 자금을 가진 세력은 정보를 통제하고 조작하면서 개미투자자의 돈을 빼앗아 간다. 이렇게 정보를 통제하고 있는 세력이 만일 새로운 정보를 얻게 된다면, 정보의 가치에 따라 막대한 돈을 투입하게 될 것이다. 그리고 이렇게 투입된 돈은 곧 거래량으로 나타나게 된다.

따라서 **'정보 → 돈 → 거래량'으로 연결되는 상황을 이해하게 된다면 거래량 정보가 갖는 중요성을 알게 될 것이다. 특히 거래량이 급증한다는 것은 뭔가 확실한 정보가 있는 경우가 대부분이다.** 우리는 이러한 작은 실마리를 통해 좋은 주식을 찾을 수 있다. 이때 단순히 거래량이 급등한 종목이라고 모두 매수하는 것이 아니라, 해당 종목을 분석하는 과정을 꼭 거쳐야 한다.

만일 드러난 정보가 단순히 미래에 대한 기대감뿐이라면 작전주일 확률이 높다. 그러나 확실히 드러난 정보가 실적과 연관된다면, 장기적으로 우상향 추세의 시작을 알리는 신호가 될 수 있다. 물론 미래 실적 전망이 계획대로 이뤄지지 못할 때도 있다. 하지만 일단 실적 관련 이슈라면 힘이 조금 더 강하다. 따라서 이런 종목이라면 눌림목을 찾아 공략하면 된다.

이를 위해서 우리는 네이버에서 제공하는 거래량에 대한 정보를 활용할 필요가 있다. 네이버는 거래량에 대한 정보를 그림과 같이 제공하고 있다. 이곳에서는 거래량 상위, 거래량 급증, 거래량 급감에 대한 종목 정보를 제공한다.

이렇게 여러 가지의 거래량에 대한 정보 중에서 필자는 거래량 '급증'에 대

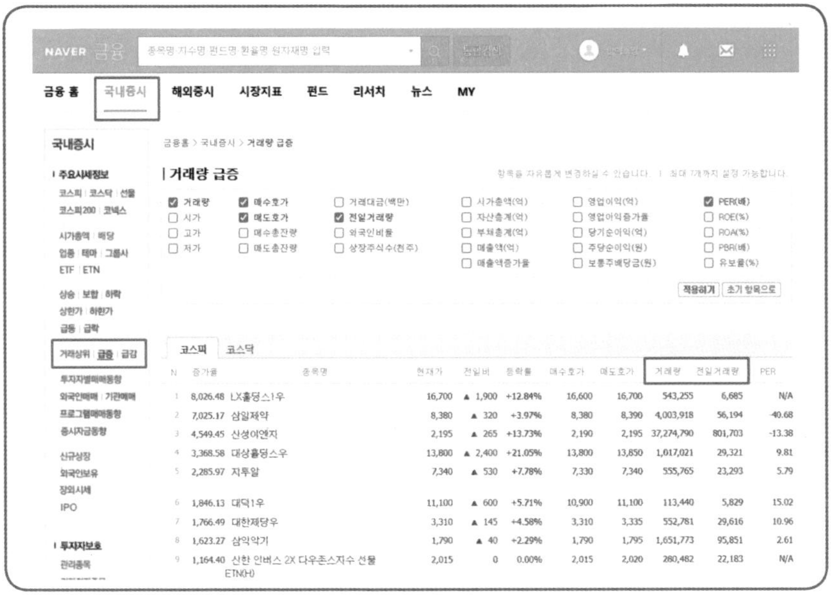

거래상위 종목 정보에서 새로운 재료를 발견할 수 있다.

한 정보를 주로 활용한다. 거래량 상위 종목의 경우에는 이미 주가가 많이 상승한 경우가 대부분이다. 그리고 거래량이 급감하는 종목은 투자자의 관심에서 멀어진 종목이다.

그러나 거래량 급증에 대한 정보는 이제 막 시장의 관심을 받기 시작한 종목이 있을 수 있다. 특히 전일 거래량과 비교하여 큰 폭의 상승이 있다면, 이러한 거래량 급증을 불러일으킨 요인이 무엇인지 재료 분석부터 해볼 필요가 있다.

그림의 거래량 급증에 대한 정보를 보자. 종목에 표시할 정보에서 영업이익, PBR, PER 등을 통해 기업의 기본적인 재무 상태를 간단히 판단할 수 있다. 그리고 전일 거래량과 거래대금을 체크하여 거래량이 얼마나 급증했는지도 함께 살피면 좋다.

이렇게 검색된 종목들은 등락률을 통해 급등하는 종목과 마찬가지로 분석하면 된다. 우선 기본적 분석을 통해 적자 기업을 제외하고, 우량한 종목 위주로 선별한다. 이때 거래량이 급증하게 된 재료 분석에 조금 더 비중을 두고 분석하는 것이 필요하다. 과거의 실적도 탄탄한데 장래의 실적이 더 많이 증가할 수 있는 확실한 호재가 있다면 최고의 조건이 될 것이다.

기본적 분석을 마치면 기술적 분석을 해야 한다. 주가의 급등이 너무 많이 진행된 상태라면 조금 신중해질 필요가 있다. 가장 중요한 것은 주가가 급등한 종목은 바로 매수하는 것이 아니라는 것이다. 관심을 두고 지켜보다가 눌림목을 노려서 매수해야 한다. 이런 부분은 앞서 살펴봤던 급등하는 종목에서와 같은 패턴으로 분석하고 매매하면 된다.

거래량이 급증하는 종목투자를 위한 네이버 활용 방법

① 네이버에서 거래량이 급증하는 주식을 검색한다.

② 종목의 주가가 너무 상승한 경우라면 투자에 유의한다.

③ 적자 기업은 제외한다.

④ 압축된 종목을 대상으로 기업의 실적, 재료 등을 분석한다.

⑤ 특히 거래량을 불러일으킨 재료에 중점을 두고 분석한다.

⑥ 좋은 실적과 장래 성장성이 큰 종목에 대하여 눌림목을 공략한다.

용어 정리

• 재료 : 주가를 움직이게 하는 요인으로써 주가를 상승시킬 수 있는 좋은 뉴스를 호재라고 하고, 주가를 하락시키는 뉴스를 악재라고 한다. 이러한 재료는 실적이나 공시와 관련된 재료자산 재평가, 무상증자, 액면분할, 유상증자, 외자 유치, M&A, 우회상장 등가 있고, 뉴스나 심리와 관련된 재료대통령 선거, 지진, 황사, 북한 문제, 중국 문제 등도 있다.

• PART 3 •

해외 주식투자를 위한 네이버 증권 활용법

투자의 눈을 해외로 돌려야 하는 이유

미국은 금리를 크게 올렸다. 코로나19 팬데믹 이후 풀었던 자금을 다시 거둬들이는 것이다. 그냥 계속 돈을 풀어 주면 좋겠지만, 그랬다가 만일 또 다른 경제적 위기가 찾아올 경우에는 더 이상 경제를 지탱해줄 카드가 사라져 버리게 된다. 물가 상승이 가장 큰 문제다. 그렇기에 미국은 금리를 인상하겠다고 선언한 것이다.

미국이 금리를 인상하면 전 세계 경제가 들썩인다. 특히 우리나라의 경우 달러 자금이 빠져나가게 된다. 가장 안전 자금인 달러의 금리가 높아지게 되므로 상대적으로 위험한 우리나라 원화보다는 달러와 미국에 투자하는 것이 더 이익이기 때문이다. 결국 국내 주식은 하락할 가능성이 커진다.

고금리 시기의 증시를 살펴보자. 1995~2001년까지 미국의 기준 금리는 5% 이상을 유지했다. 이 당시 코스피 지수는 상승과 하락을 반복하여 횡보했다. 물론 미국 증시도 어느 정도 등락은 있었다. 하지만 지나고 보면 가장 안정적으로 우상향을 하고 있는 곳이 바로 미국 주식이었다.

미국의 경제학자 해리 마코위츠는 포트폴리오 이론을 발표했다. 자산을 분산투자하면 위험을 감소시킬 수 있다는 내용이다. 주식투자를 하다보면 분산투자에 대한 이야기를 많이 듣는다. 한 종목에 투자하지 말고 여러 종목, 여러 업종에 분산하여 투자해야 위험을 줄일 수 있다고 말이다. 여기에 투자 대상 국가까지도 분산하여 투자할 수 있다면 어떻게 될까? 그 분산 효과는 더 증대될 것이고, 그만큼 투자 위험은 줄어들게 될 것이다.

이 때문에 주식투자에 익숙해진 개인투자자들은 국내 주식뿐만 아니라 해외 주식에도 많은 투자를 하고 있다. 여러 가지 어려움을 스스로 해결하면서 말이다.

해외 주식에 투자하기 위해서는 구글이나 기타 해외 영문 자료를 찾아본다. 하지만 해외 주식에 처음 투자하는 사람들로서는 어떤 정보가 어디에 있는지 그저 난감할 뿐이다. 결국 뉴스에 많이 나오는 기업을 찾아 대충 매수하고는 종목 토론방에서 '영차영차'를 외칠 뿐이다.

좋은 소식이 있다. 해외 주식에 대한 여러 가지 자료를 네이버 증권에서도 제공하고 있다는 사실! 네이버 증권의 국내 주식과 유사한 정보 구성을 우리말로 제공하고 있으니, 해외 주식투자를 생각하고 있다면 반드시 살펴보고 분석한 이후 투자하기를 바란다.

네이버 증권에서 제공하는 해외 증시 정보.

아쉬운 점은 해외 주식 정보가 아직 PC 버전에서는 제공되지 않다는 것이다. PC에서는 주요 증시 현황, 해외 증시 뉴스, 지수에 대한 정보만이 제공된다. 이런 정보만으로는 해외 주식투자에 대한 정보가 턱없이 부족하다. 그래서 모바일 버전의 네이버 증권을 참고해야 한다.

먼저 스마트폰에서 네이버 증권 → 네이버 금융 → 해외를 검색하면 그림과 같은 창을 볼 수 있다. 해외 증시의 기본 화면으로 미국 증시가 보인다. 이 창에서 미국 증시뿐만 아니라 중국이나 베트남 증시와 종목 정보까지도 검색이 가능하다. 해외 투자에 대한 내용은 기본적으로 미국 주식을 기준으로 설명하겠다.

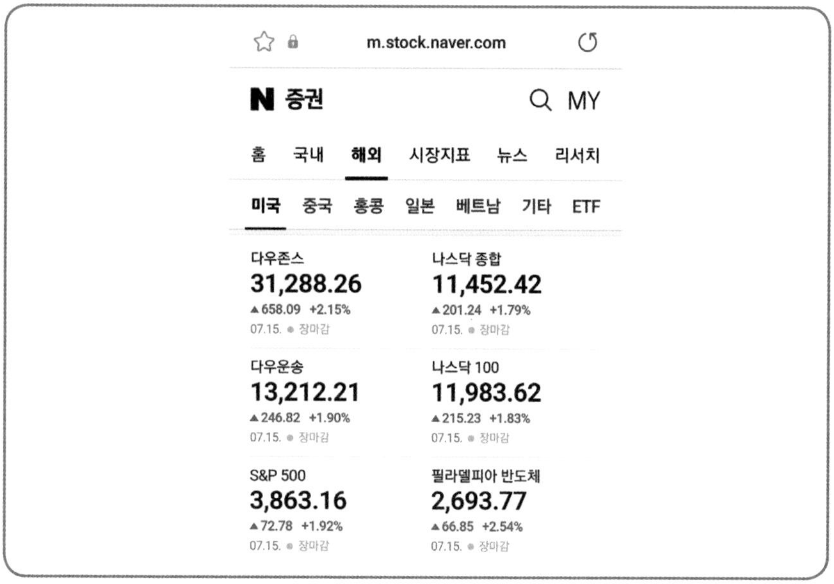

네이버 증권 모바일 버전에서 제공하는 해외 증시 정보.

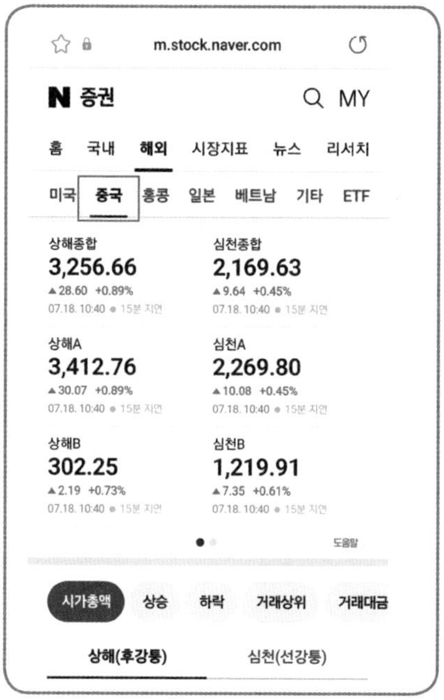

미국, 중국, 홍콩, 일본, 베트남, 기타(유럽, 아시아, 남미) 해외 ETF에 대한 정보도 확인이 가능하다.

네이버 증권에서
해외 주식 정보를 찾는 방법

| 우량 대형주 시가총액 상위 종목 |

미국 증시에서 스크롤을 아래로 내려 보자. 그림과 같이 시가총액, 상승, 하락, 거래상위, 거래대금 등에 대한 정보가 나온다. 뉴욕 증시, 나스닥 증시 등 시장별로 살펴볼 수 있다.

나스닥 증시를 클릭해보자. 그러면 우리에게 익숙한 애플, 마이크로소프트, 아마존, 구글, 테슬라와 같은 종목들을 볼 수 있다. 각각의 종목을 클릭하

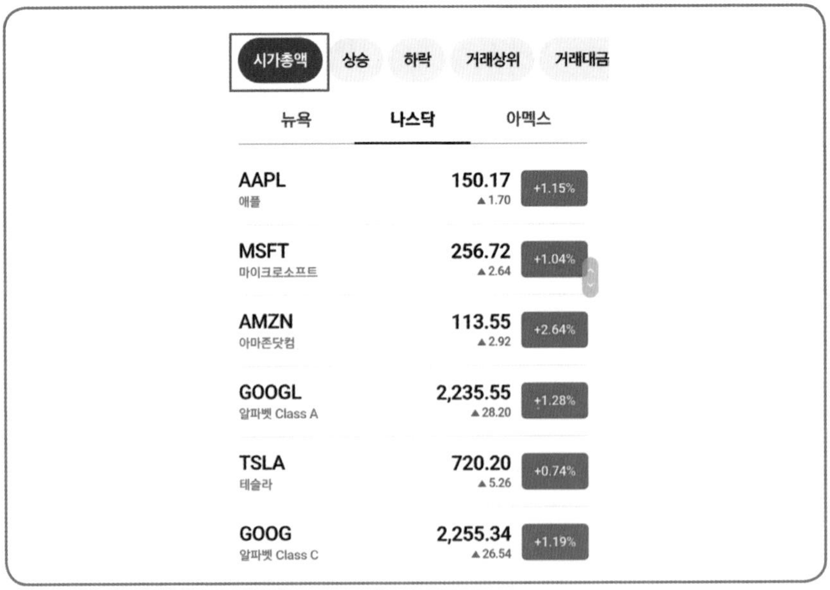

— 미국 주식의 시가총액별 정보를 확인할 수 있다.

면 여러 가지 정보를 찾을 수 있으니, 투자 전에는 이곳을 통해 분석해보자.

만일 미국 주식투자가 처음이라면 시가총액 순으로 정렬된 종목들에 투자하는 것이 좋을 수 있다. 특히 미국 증시에 장기간 꾸준히 분할 적립식투자를 생각한다면 말이다. 이들 종목은 대부분 오랜 시간 동안 미국의 성장과 함께 꾸준히 우상향했던 종목들이 대부분이기 때문이다.

물론 당연히 투자하기 전 개별 종목에 대한 분석은 필수다. 그리고 올해의 시가총액 상위 종목이 내년에도 상위에 랭크될 거라는 보장은 없다. 그렇기 때문에 미국 주식 역시 분산투자가 기본이다.

| 단기투자를 위한 최근 급등 종목 찾기 |

미국 증시에서 최근 급등한 종목은 뭐가 있을까? '상승', '거래상위', '거래대금상위'를 클릭해보자. 전일 크게 상승했던 종목이나 거래량이 많은 종목의 정보를 알 수 있다. 이곳에 나오는 종목들은 최근 단기 급등한 종목들이다. 따라서 개별 이슈를 살펴보고 눌림목에서 투자를 생각해볼 수도 있다.

다만 미국 주식에 대한 재료 분석은 국내 주식보다 어렵다. 현지에서나 접할 수 있는 세세한 정보는 제한적이기 때문이다. 따라서 급등 종목에 대한 투자는 신중해야 한다. 또한 해외 주식투자는 증권거래세, 주식양도세, 환차익, 환전수수료 등 여러 가지로 복잡하다. 따라서 시시각각 변화하는 세금 문제, 환율 등을 살펴 가면서 투자수익을 계산해야 한다.

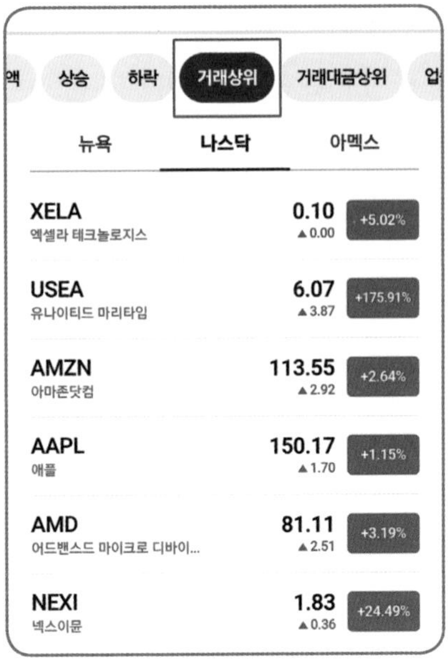

전일 주가가 크게 상승한 종목, 거래량이 많은 종목에 대한 정보는 눌림목을 공략한다.

| 경기 전망과 연계한 업종별 종목 검색 |

만일 전 세계 반도체 산업이 성장 국면에 들었다는 전망이 발표된다면 어디에 투자할 것인가? 삼성전자와 하이닉스뿐만 아니라 미국의 AMD, 램 리서치, 엔비디아 등에도 투자하고 싶을 것이다. 세계 경제의 흐름이나 최근 산업 성장세가 큰 업종을 알고 있다면, 미국 주식을 빼놓아서는 안 될 것이기 때문이다.

업종별 종목을 찾고 싶으면 그림과 같이 '업종'을 클릭하면 된다. 만일 물가 상승이 멈추고 미국 사람들이 집 꾸미기를 시작한다면, 가정용품 업종의 종목이 오르지 않을까? 이런 투자 판단을 한다면 관련 업종인 '가정용품'을 찾아보면 된다. 이 외에도 기타 금융업, 반도체 및 반도체 장비 등 여러 가지 업종이 정리되어 있다.

예를 들어 '기타 금융업'을 클릭해보자. 그림의 오른쪽과 같이 해당 업종에 속한 종목 정보가 나온다. 이곳의 종목들을 하나하나 살펴보며 투자 종목을 찾아보면 된다. 조금 번거로워 보이는가? 원래 종목을 발굴하는 일은 어느 정도 힘들고 번거로운 작업을 통해 발굴된다. 이런 과정을 거치면서 여러분도 투자에 대한 대박 정보를 찾을 수 있을 것이다.

업종에 대한 정보를 확인할 수 있다.

| 안정적인 미국 배당주 검색은 여기서! |

많은 투자자들이 미국 배당주에 대한 관심이 높다. 배당에 인색한 우리나라와는 달리 미국 주식은 배당수익이 더 높은 경우가 많기 때문이다. 게다가 분기 배당뿐만 아니라 매월 배당을 주는 월지급식 배당주도 많다.

우리나라의 기업들은 기업 이익을 회장 개인의 쌈짓돈으로 여기는 경향이 강한 듯하다. 배당 성향이나 배당수익률을 보면 알 수 있다. 그래서 주주들에게 배당을 통해 이익을 나누는 기업은 손에 꼽는다.

하지만 미국은 다르다. 기업 경영의 성과를 주주들과 함께 나누며 오랜 시간 기업에 투자하는 주주들의 고마움을 알고 있다. 이 부분은 우리나라도 기업 경영자들의 인식이 개선되어야 할 부분이라 생각한다.

그림과 같이 미국 주식에서 '배당'을 클릭하면 배당액이 큰 종목 순으로 볼 수 있다. 여기에서 기준은 배당액이므로 배당수익률과는 다름을 이해해야 한다. 자세한 내용은 국내 주식의 배당주투자 부분을 참고하기 바란다. 배당수익률은 개별 종목을 클릭하여 종합 정보에서 볼 수 있다. 뉴욕 증시의 웰스파고 우선주를 클릭해보자. 그러면 오른쪽 그림과 같은 정보가 나온다. 웰스파고 우선주 시리즈 L의 배당수익률은 2022년 6월 기준 6.08%다.

주의해야 할 점! 배당수익률이 높다고 무조건 투자해서는 안 된다. 미국 배당주를 보면 배당수익률이 10~20%를 넘는 종목이 수두룩 나온다. 이런 종목에 열광하다가는 큰일날 수도 있다.

미국 증시에 상장된 종목들도 수시로 상장되고 폐지된다. 문제는 미국 주식이다보니 국내 주식 정보보다 정보의 획득이 늦을 수 있다는 점이다. 그리고 **배당주는 아무래도 장기투자가 기본이다. 그렇기 때문에 배당수익을 위한 장**

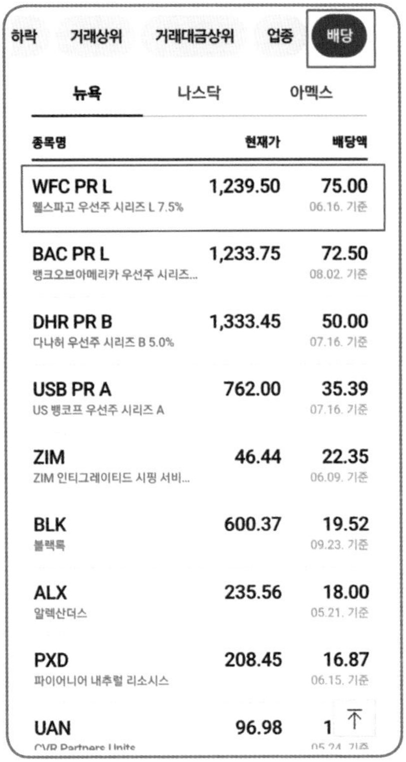

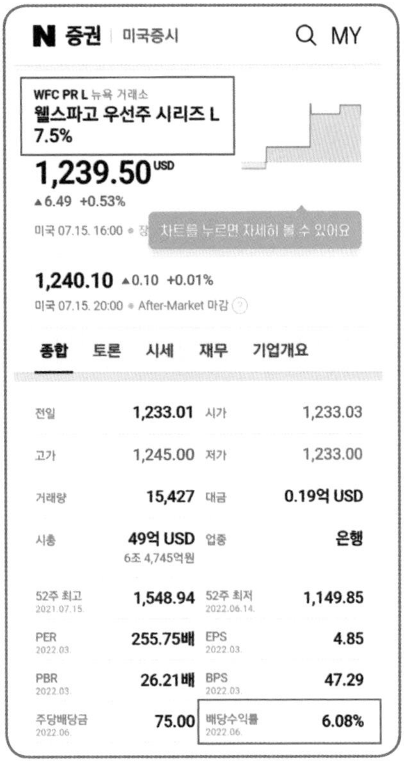

배당주를 검색하여 배당수익률을 확인할 수 있다.

기투자는 종목에 대한 위험을 더 철저히 확인하고 망하지 않을 기업, 실적이 꾸준히 유지되는 기업에 투자해야 한다.

| 미국 주식의 개별 종목 분석 방법 |

미국 주식도 개별 종목에 대한 분석은 국내 주식과 매한가지다. 기본적인 부분은 이 책에서 설명된 국내 주식의 내용을 함께 참고하면서 이해하기를 바란다.

특히 이 책의 PART 5와 PART 6에서 자세히 다룰 기본적 분석과 기술적 분석 내용은 반드시 살펴봐야 한다. 그림과 같이 오른쪽 위의 '선 차트'를 누르면 조금 더 자세한 차트가 나온다. 그리고 '재무'를 클릭하면 여러 가지 재무 정보를 확인할 수 있다. 이 부분을 통해 차트 분석과 재무 분석에 활용하면 된다.

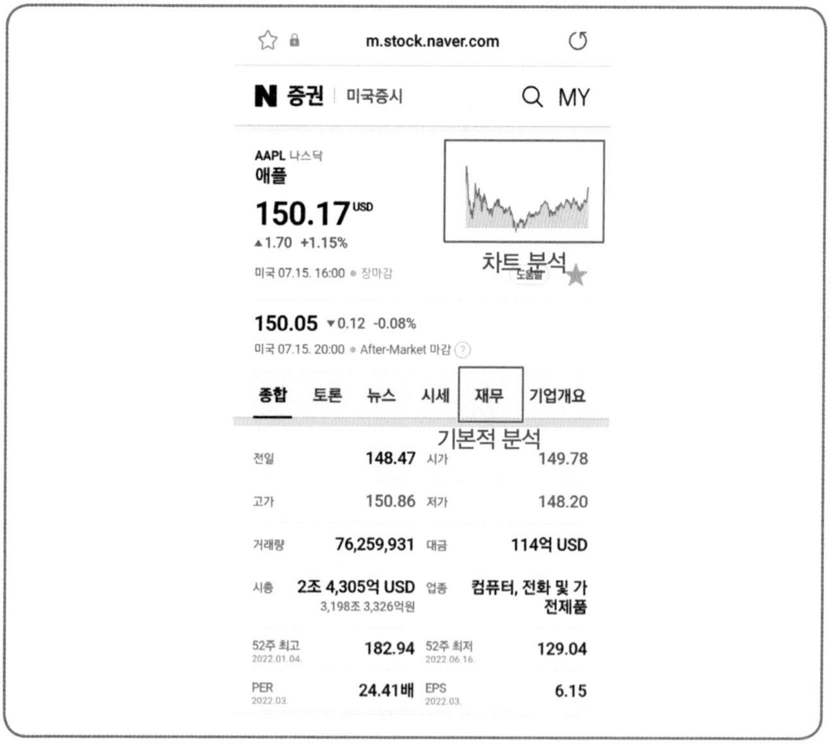

개별 종목에서 차트와 재무 분석에 대한 정보를 볼 수 있다.

해외 주식투자에서 반드시 확인해야 할 부분

해외 주식투자에서 꼭 알아야 할 점이 있다. **첫째는 환차익과 환차손이다.** 이 글을 쓰고 있는 현재 원·달러 환율은 1,300원 전후에서 움직이고 있다. 만일 원·달러 환율이 1,100원대에 미국 주식을 매수했던 사람이라면 주가가 변동이 없더라도 1달러당 200원의 수익이 생긴 것이다.

반대로 만일 지금 미국 주식을 환율 1,300원에 매수한다면 어떻게 될까? 나중에 시간이 흘러 원·달러 환율이 1,100원으로 떨어지면 주가의 변동이 없더라도 1달러당 200원의 손실이 발생할 것이다. 적립식 장기투자자라면 상관없다. 그러나 큰 목돈으로 한 번에 미국 주식을 매수하는 경우라면 주가와 더불어 환율의 변동까지 살펴보고 투자의 시기를 정해야 한다.

두 번째로 세금이다. 증권사가 가져가는 매매수수료는 별도로 생각하자. 국내 주식을 매매할 경우 소액 주주라면 시세 차익에 대한 세금은 아직 없다. 단지 코스피와 코스닥 모두 0.23%의 증권거래세만 내면 된다. 참고로 국내 주식에서도 향후 시세 차익 5,000만 원까지는 비과세로 하고 이후 수익 구간부터는 세금을 매긴다고 하니 세금 변화를 지켜봐야 한다.

그러나 해외 주식은 비과세 구간이 250만 원밖에 되지 않는다. 이보다 더 큰 수익이 나는 경우에는 22%를 국세청에 신고 후 세금을 납부해야 한다. 이 점이 국내 주식의 세금과 다르니 투자 전략을 잘 세워야 한다.

세 번째로 정보의 비대칭성이다. 아무리 네이버에서 여러 정보를 제공해준다고 하지만 그 정보 역시 현지의 정보보다 느릴 수밖에 없다. 내부 사정, 현지의 분위기 등으로 말이다. 시차를 두고 바다 건너 한국까지 전해진 공시,

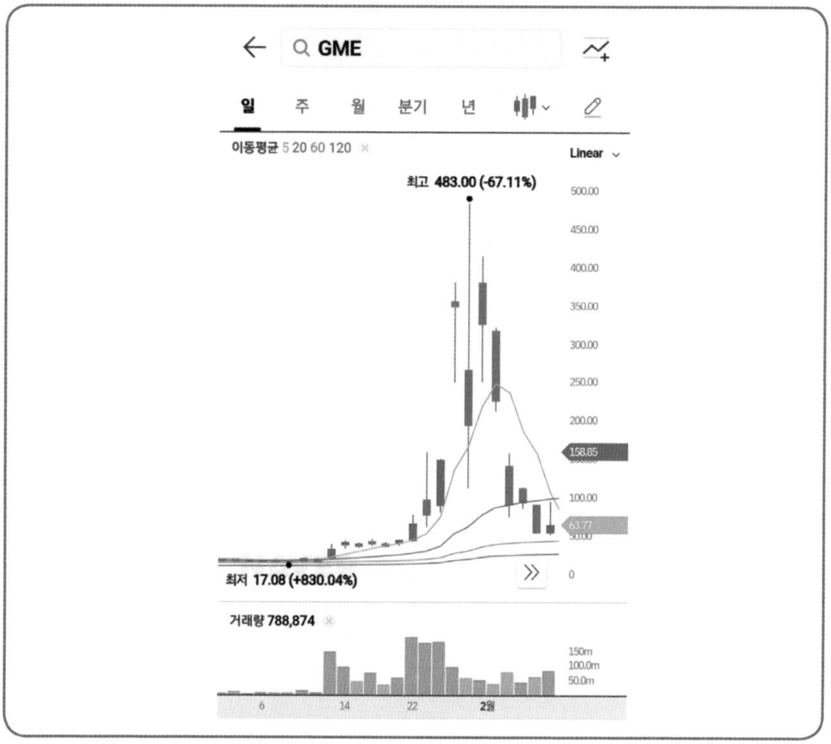

게임스탑 사태 당시 주가의 흐름(네이버 모바일 증권 차트).

발표 자료만으로는 분명히 한계가 존재할 수밖에 없다.

따라서 해외 주식은 가급적 우량주, 대형주투자를 권한다. 국내 주식에서 개인투자자들의 성향을 생각해보자. 그들은 조금 더 빨리, 더 큰 시세 차익을 바라고 코스닥에 투자한다. 해외 주식투자가 익숙해지다 보면 점점 작은 개별 종목까지 살펴보게 된다. 미국 주식은 상한가가 정해져 있지 않다. 하루 만에도 100% 이상의 급등이 나올 수 있다.

미국 주식 '게임스탑GME' 사태를 생각해보자. 미국의 대형 헤지펀드가 게임스탑 주식에 공매도 포지션을 취했었다. 그러자 게임 관련 커뮤니티 사람들이 단체로 게임스탑의 주식을 매수하면서 주가를 엄청나게 폭등시켰다. 당시 17달러였던 주가는 보름 만에 483달러까지 폭등했다. 암호화폐 저리가라 할 정도의 폭등이다. 당시 관련 뉴스를 알고 있던 개인투자자라면 함께 동참하여 매수하지 않았을까?

그러나 주가는 2021년 1월 28일 장중 최고점을 찍고는 이후 계속 하락을 이어 갔다. 만일 정보가 느린 투자자가 고점에 매수했다면 엄청난 폭락을 경험해야만 했다. 이런 투기성 종목보다는 안정적인 대형주, 우량주에 건전한 투자를 하자. 그래도 수익은 충분하다.

그러면 어떤 해외 종목에 투자해야 할까? 종목까지는 이 책에서 언급하기 힘들다. 투자자들마다 투자 기간, 투자 성향이 모두 다르기 때문이다. 그리고 지금 책을 쓰는 시점에서는 좋아 보이지만 급변하는 경제 상황과 갑작스러운 악재들로 인해 아무래도 책을 통해서는 투자 종목을 모두 열거하기 힘들기도 하다조금 더 자세한 종목 이야기는 네이버 카페 〈알렉스강의 주식이야기〉에서 나누고 있다. 그렇기 때문에 이 책에서 설명하는 기본적인 정보를 토대로 자신의 투자 성향에 맞게 종목을 찾아야 한다.

해외 주식이라고 하여 두려워할 필요는 없다. 그동안 해외 주식투자가 힘들었던 이유는 해당 종목에 대한 정보의 부족이 가장 컸다. 하지만 이제는 네이버를 통해 우리말로 설명된 자료가 있다. 그러니 투자의 대상을 해외 주식까지 넓혀보는 것도 필요한 시기다.

• PART 4 •

시장의 흐름을 읽는 방법

네이버가 제공하는 증권사 보고서 읽기

네이버 증권의 구성은 계속 바뀌고 있다. 얼마 전까지는 '투자 전략'이라는 이름으로 증권사 리포트를 제공했었다. 그러나 최근에는 카테고리 제목을 '리서치'로 바뀌었다.

개인투자자 중 증권사 리포트를 따로 챙겨 보는 투자자는 많지 않을 것이다. 가끔 자신의 관심 종목 정도를 보는 정도일까?

그러나 리서치 정보를 계속 읽다 보면 주식투자와 관련한 단어들을 자주 접하게 될 것이다. **어떤 분야에 정통하게 된다는 것은 해당 분야의 용어들에**

네이버 증권에서는 다양한 리서치 정보를 제공한다.

익숙해져 있다는 뜻이기도 하다. 그러므로 처음에는 읽기 어려울 수도 있지만, 관심 종목부터 시작하여 여러 가지 리포트를 통해 경제 전반으로 지식을 넓혀 보자.

시황 정보 리포트를 통한 증시 시황 판단

리서치의 가장 상단에는 시황 정보 리포트가 있다. 시황이란 무엇인가? 주식시장의 전반적인 시세, 거래 동향 등에 대한 상황이다. 증권사별로 발표되는 리포트를 참조하면 최근 증시 상황을 이해할 수 있다.

시황 정보 리포트를 통해 증시 흐름의 '이유'를 알 수 있다.

증시 움직임을 보면서 왜 그렇게 움직이는지 알고 싶을 때가 있다. 어제 상승한 증시는 왜 상승했으며, 하락한 증시는 어떤 이유에서 하락했는가? 이것을 알 수 있다면, 다음번 유사한 상황이 반복될 때 조금 더 빠른 대응이 가능해질 것이다. 이런 것이 내공이다.

분명 증시가 상승할 이유가 충분한 데도 하락하는 경우가 있고, 하락할 것 같은 데도 불구하고 상승하는 경우도 있다. 이런 것을 일반 개인투자자가 매일 분석하기는 어렵다.

하지만 고맙게도 증권사에서는 이렇게 가치 있는 무료 정보를 매일매일 발표하고 있다. 그러니 적극적으로 활용해보자. 시황 정보 리포트는 다양한 경로를 통해 볼 수 있다. 가장 손쉽게는 네이버 증권의 리서치를 통해 한데 모아 볼 수 있으니 편하다.

투자 정보 리포트를 통한 자산 배분

투자 정보 리포트를 통해 다양한 경제의 흐름을 알 수 있다. 리포트 제목에 언급된 단어들을 살펴보자. '미국, 중국, 러시아, 원자재, 달러, Global, ETF, 퀀트, 업종'과 같은 정보가 있다. 최근 경제의 큰 이슈들과 관련하여 투자와 관련한 정보들이다.

투자 정보 리포트에서 제공하는 정보를 100% 신뢰할 수는 없다. 그래도 이런 전망과 분석은 증권사별로 금융 공학을 전공한 전문가들이 나름의 계산과 분석을 통해 고심하여 정리한 결과다. 따라서 투자에 활용할 만한 가치

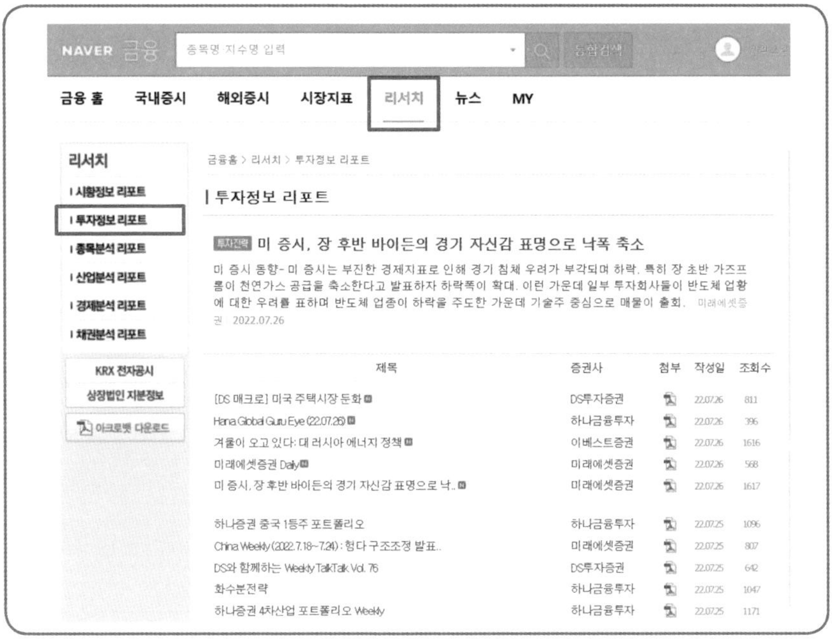

투자 정보 리포트를 통해 다양한 투자 관련 정보를 얻을 수 있다.

가 있는 리포트라 할 수 있다.

미국에 투자할 것인가? 아니면 중국에 투자할 것인가? 그것도 아니면 신흥국에 투자해야 하는가? 또는 각각의 국가별로 자산을 어떻게 배분할 것인가?

주식에 투자할 것인가? 펀드에 투자할 것인가? 채권에 투자할 것인가? ETF에 투자할 것인가? 달러에 투자할 것인가? 원자재에 투자할 것인가? 또는 각각의 투자처별로 자산을 어떻게 배분할 것인가?

이런 고민을 해본 적이 있다면 투자 정보 리포트를 통해 데이터와 분석에 기초한 전략을 수립해보기를 바란다.

종목 분석 리포트를 통한 관심 종목 정보 획득

예전에는 네이버에서 종목 추천까지 지원해준 적이 있었다. 증권사별로 추천 종목을 선별하여 네이버의 '추천 종목' 카테고리에서 제공해줬다. 그런데 무슨 일인지 이 서비스는 사라져 버렸다. 누군가 알려주는 투자 대상 종목이 있다면 얼마나 편할까?

하지만 절대 잊지 말아야 할 것! 투자 종목은 오직 본인이 발굴하고 분석하여 최종 투자 결정까지 이르러야 한다. 그런데 이 과정이 시간과 노력을 너무나 요구한다. 특히 다른 생업을 병행하면서 주식투자를 하다보면 투자 정보에 항상 목마를 수밖에 없다. 그렇다고 하여 누군가 알려주는 종목에만 매달리다 보면 큰 손실을 볼 수 있으니, 항상 주의해야 한다.

종목 분석 리포트는 맹신할 수도, 그렇다고 무시하기도 힘든 부분이 많다.

우리는 투자 종목을 살펴보면서 여러 가지 측면에서 분석한다. 이때 도움이 되는 것이 바로 종목 분석 리포트다. **종목 분석 리포트는 절대로 종목 추천이 아니다. 이 부분을 이해해야 한다. 종목 분석은 어디까지나 종목에 대한 분석일 뿐이다.**

그러나 종목 분석 리포트를 보면 지금 당장 이 종목을 매수해야 할 것만 같은 생각이 들 정도로 잘 정리되어 있다. 이런 리포트를 보면서 이렇게 생각하는 투자자들이 많을 것이다.

'내 종목은 호재가 많은데, 왜 주가는 이리도 안 오를까.'

종목 분석 리포트에서는 기업의 실적 전망과 현재 상태를 분석하고, 그 결과에 따라 목표 주가를 제시한다. 그리고 대부분 목표 주가는 현재 주가보다 높게 설정되기 마련이다. 증권사 리포트 분석 결과에 따르자면 우리나라의 대다수 종목이 저평가되어 있다는 이야기다. 그렇다고 저평가된 종목이니 모든 종목을 매수해도 될까?

당연히 아니다. 이 부분이 종목 분석 리포트와 종목 추천이 다른 부분이다. **참고로 어떤 기업에 대하여 부정적인 리포트가 나오게 되면 해당 기업의 항의가 만만치 않기 때문에, 증권사에서는 거의 모든 리포트 결과를 '매수' 또는 '유지' 정도로 발표한다. 중립의 투자 의견을 담은 리포트를 내면 이는 사실상 매도 의견인 셈이다.**

그리고 기본적으로 기업이라는 것이 돈을 벌기 위해 조직된 단체다. 돈이 벌릴 것이라는 강력한 전망과 분석, 믿음으로 똘똘 뭉친 조직을 분석한 결과라면, 당연히 향후에 더 큰돈을 벌 수 있을 것이라는 전망과 자신감이 보고서에 나올 수밖에 없다.

그러나 종목 분석에서 긍정적인 결과가 나왔다고 해서 반드시 주가가 상승하는 것도 아니며, 종목 분석에서 부정적인 결과나 나왔다고 해서 반드시 주가가 하락하는 것도 아니다. 물론 부정적 리포트가 주가에 악재가 되는 경우는 많다. 따라서 종목 분석 리포트를 제대로 활용할 수 있어야 한다.

증권사의 종목 분석 리포트가 대부분 긍정적으로 작성되었다고 해도 완전히 무시하기는 어렵다. 전문성을 가진 애널리스트가 해당 기업을 탐방하고, 업종과 경기 상황을 분석하여 데이터에 기초하여 정리한 결과이기 때문이다.

그렇다고 있는 그대로 믿기도 힘들다. 리포트를 작성하는 애널리스트일지라도 미래를 예측할 수는 없다. 단지 현재 시점에서 기업의 실적과 업종 현황에 대한 분석을 기반으로, 여러 가지 숫자들을 제시해주는 것이기 때문이다. 따라서 종목 분석 리포트가 나오게 되기까지의 상황을 이해하면서 여러분의 투자에 활용하면 좋겠다.

리포트	2010	2011	2012	2013	2014	2015	2016	2017	2018
매수	54	30	4	3	0	22	50	45	19
Hold	0	4	9	1	0	0	0	0	0
N/R	0	0	0	0	0	4	3	2	0
합계	54	34	13	4	0	26	53	47	19

주성엔지니어링에 대한 연도별 종목 분석 리포트 수와 주가의 흐름.

종목 분석 리포트 활용의 사례를 살펴보자. 그림은 애널리스트 김대욱의 책 《주식 고수들만 아는 애널리스트 리포트 200% 활용법》에서 주성엔지니어링의 주가와 애널리스트 리포트에 대한 분석 내용이다.

삼성전자와 같이 대표적인 종목의 경우에는 일 년 내내 애널리스트의 분석 보고서가 계속 나온다. 그러므로 삼성전자와 같은 종목은 산업 경기와 업종 경기에 대한 분석, 즉 다음에 나오는 산업 분석 리포트와 경제 분석 리포트가 더 도움이 될 것이다.

하지만 증권사 리포트가 가끔 나오는 작은 종목의 경우는 최근 리포트의 개수와 매수 추천의 빈도 추세를 보면서 투자에 활용할 수도 있다. 특히 최근까지 종목 분석 리포트가 거의 없다가 리포트가 자주 나오기 시작하는 종목이라면, 장기적인 상승 추세를 타게 된 경우일 수 있다.

그림에서 연도별 증권사 리포트 개수와 주가 변화를 살펴보자. 2012년까지 하락하던 주가는 2013년에 바닥을 보인 것처럼 보인다. 이 시기의 증권사 리포트는 예년에 비해 크게 줄어든 상태다. 심지어 2014년에는 증권사 리포트가 한 건도 나오지 않았다. 주가가 바닥일 때는 해당 기업에 대한 비관론도 그만큼 커진 상태다. 또한 하락 추세인 기업에 대한 분석을 섣불리 하려는 증권사도 없다.

그러나 2015년에 접어들면서 해당 기업이 바닥을 치고 상승한다는 인식이 많아질 때 즈음, 증권사들도 일제히 분석보고서를 내놓기 시작한다. **바로 이 시점, 그동안 증권사의 관심을 받지 못했다가, 어느 순간부터 많은 증권사의 분석 대상이 되는 종목을 살펴봐야 한다.**

종목 분석 리포트의 또 다른 활용은 내 관심 종목을 분석하기 위한 참고 자료로 보는 것이다. 먼저 스스로 투자 대상 종목을 선정하고, 이를 분석하는 가운데 증권사의 리포트를 참고하는 방식이다. 관심 종목의 리포트를 여러 개 읽다 보면 대부분 비슷한 내용으로 보인다. 하지만 애널리스트마다 각기 다른 분석 점을 찾아본다면, 내가 미처 발견하지 못했던 부분을 공부하고 투자에 활용할 수 있다.

주의해야 할 점은 증권사에서 어떤 종목에 대한 매수 추천 리포트가 나왔다고 해서 바로 매수하는 것은 위험할 수 있다. 왜냐하면 지금 이 순간에도 종목 리포트들이 쏟아져 나오고 있으며, 그중 상당수는 하락하고 있기 때문이다.

종목 분석 리포트란 최대한 긍정적인 관점에서 분석된 자료라는 것을 잊지 말자. 비록 목표 주가가 현재가보다 높을지라도 '종목 추천'이 아님을 이해해야 한다. 이런 생각을 갖고 종목의 '분석 용도'로만 활용한다면 아주 좋은 투자 자료가 될 것이다.

산업 분석 리포트를 통한 업종의 분위기 파악

산업 분석 리포트는 시장의 큰 흐름을 읽는 데 중요하다. 큰 흐름을 읽을 수 있다면 실패할 확률이 줄어든다. 어떤 업종의 분위기가 좋아진다고 하면 해당 업종의 종목에 분산투자할 경우 수익의 확률이 증가한다.

2018년 삼성전자의 주가가 크게 하락했던 원인은 세계 시장의 반도체 업황이 나빠졌기 때문이고, 2019년 말이 되면서 다시 삼성전자의 주가가 상승하게 된 것도 반도체 업황이 좋아질 것이라는 기대 때문이었다. 이것은 삼성전자의 주가만 상승하는 것이 아니라, SK하이닉스를 비롯하여 반도체 업종 내 대부분 종목들이 상승하게 되는 계기를 만들어준다. 그리고 이런 분석들이 바로 이곳, 산업 분석 리포트에 정리되어 있다.

그림은 2022년 2월 이후 반도체 업종에 대한 리포트들을 모아 본 내용이다. 2022년 반도체 관련 리포트를 살펴보면 업종 현황이 개선될 것이라는 이야기는 보이지 않는다. 그 대신 지정학적 리스크, 신냉전, 수요 부진과 같은 단어들이 보인다. 대략적인 산업의 분위기를 읽어보자.

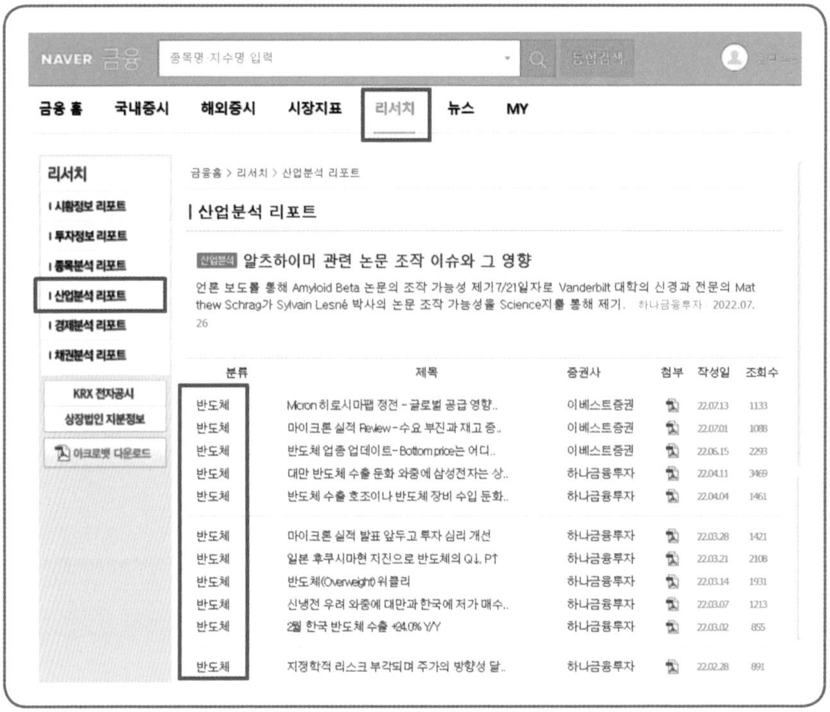

— 산업 분석 리포트에서 업종별 리포트를 따로 모아서 볼 수 있다.

이후 삼성전자의 주가는 어떻게 흘렀을까? 2022년 2월 이후 삼성전자 주가 흐름은 하락을 이어 갔다.

미국의 금리 인상과 인플레, 조만간 경기 침체가 올것이라는 뉴스가 계속 쏟아졌다. 이 때문에 기관과 외국인은 삼성전자를 비롯한 거의 모든 주식을 매도했다. 심지어는 동학개미들마저도 삼성전자를 팔고 떠났다는 뉴스가 나오던 시기다.

그러니 자신이 투자하려는 종목이 있다면 먼저 해당 업종에 대한 산업 분석 리포트에서부터 시작하는 것이 좋다. 업종 경기가 좋지 않다면 제아무리 좋은 기업일지라도 주가의 하락을 피할 수 없다.

산업 분석 리포트와 연계하여 주가의 흐름을 읽자.

반대로 업종 경기가 좋아질 것이라는 분석이 많아진다면 장기적으로 좋은 흐름이 될 가능성도 높아질 것이다.

경제 분석 리포트를 통한 경제의 큰 흐름 이해

경제 분석 리포트에서는 각종 경제 지표에 대한 분석이 정리되어 있다. 초보투자자라면 이곳의 리포트를 정확히 이해하고 투자에 활용하기에 힘들 수

경제 분석 리포트는 경기 전반에 대한 내용을 다룬다.

있다. 그래도 여러 리포트를 자주 접하다보면 경제 전반이 돌아가는 상태를 이해하는 데 도움이 된다.

앞서 살펴본 산업 분석 리포트가 업종별 경기에 대한 분석이었다면, 경제 분석 리포트는 전체 경기에 대한 내용을 다룬다. 예를 들어 OECD 경기 선행 지수를 분석하면서 현재 시점의 경기가 완만한 상승 국면에 접어들었다는 것을 이야기하기도 하고, 해외 경제 지표를 통해 우리나라의 수출 증감을 짐작할 수도 있다.

유럽의 워런 버핏으로 불리는 앙드레 코스톨라니는《돈, 뜨겁게 사랑하고 차갑게 다루어라》를 썼다. 여기에서 코스톨라니의 달걀 이론이 나온다. 금리 저점에서 투자자들이 폭증할 때 주식을 높은 가격에 매도하고, 금리가 인상되어 투자자들이 경기 침체를 우려해 증시를 떠났을 때 저점에서 주식을 매수하라는 이야기다.

그런데 대체 언제가 금리의 최저점, 또는 최고점일까? 주식투자자들이 언제 가장 많이 몰리고, 또 언제 모두 떠난 상태일까? 이런 경제의 큰 흐름을 읽기 위해서 네이버 증권의 경제 분석 리포트가 도움이 된다.

경제 분석 리포트는 여러 가지 경제 지표를 기반으로 분석된 경제 흐름의 방향을 알려줄 뿐이다. 따라서 하루하루의 주가 변동만을 따라다니는 투자자라면 조금 지루하고 난해할 수 있다. 그러나 큰 투자수익을 위해서라면 증시의 대세 상승기를 읽어야 한다. 단기투자자일지라도 경제의 흐름을 이해한다면 실패의 확률을 줄일 수 있을 것이다.

네이버 증권에서 쉽게 지나치기 쉬운 정보 중 하나였던 리서치! 어쩌면 '공짜'로 제공되고 있기에, 그 가치를 모르는 사람들이 많았는지도 모른다. 하지만 증권사에서 금융 공학을 전공한 엘리트들이 고민하며 분석한 내용이라는 것을 다시 한 번 생각해보자. 당연히 투자에 활용해보는 것이 더 좋으리라는 것은 두말할 나위 없다.

남들이 알지 못하는 정보를 나만 알게 된다면 어떨까? 증권사 리포트를 읽고 투자하는 투자자가 얼마나 있을지 생각해봤는가?

다시 앞으로 돌아가서 리포트별 조회 수를 살펴보라. 물론 각 증권사에 직접 접속하여 읽거나 다른 경로를 통해 읽을 수도 있다. 하지만 우리나라 주식투자 인구를 생각해보면 투자 정보의 활용도가 상당히 낮다는 것을 알 수 있다. 유명 경제 유튜버의 조회 수보다도 낮으니 말이다. **남들이 아직 많이 모르는 분석 정보를 내가 먼저 활용할 기회를 놓치지 말자.**

네이버 리서치 활용 방법

① 시황 정보 리포트를 통해 최근 주식시장 상황을 살펴볼 수 있다. 하나의 시황에 대해 증권사별 같은 이야기를 내는 경우가 많으니, 좋아하는 증권사를 한두 개 정도 정해두고 읽으면 된다.

② 투자 정보 리포트에서는 달러, 해외 증시, 부동산, 최근 뉴스와 관련한 시장의 여러 가지 투자에 대한 이야기를 보여준다.

③ 종목 분석 리포트는 개별 종목에 대한 증권사의 분석이다. 아무리 좋은 내용의 이야기가 있다고 하더라도, 어디까지나 종목에 대한 긍정적 분석일 뿐이며 절대로 종목 추천이 아님을 이해해야 한다.

④ 산업 분석 리포트에서는 업종별 산업 분석을 한다. 투자 대상 종목에 대한 업종 경기를 먼저 확인하는 데 유용하다.

⑤ 경제 분석 리포트를 통해 큰 흐름에서의 경제에 대한 이야기를 알 수 있다. 경제의 큰 흐름을 알아야 더 큰 투자수익이 가능하다.

• PART 5 •

가치투자자가 반드시 알아야 하는 것들

당신은 가치투자자인가?

사람들은 가치투자를 좋아한다. 어쩌면 가치투자라는 말을 더 좋아하는지도 모른다. 만일 누군가 추천해주는 종목이 가치투자에 적합한 종목이라면 왠지 더 믿음이 간다. 그렇다면 대체 가치투자란 무엇이기에 투자자의 심리에 안정을 주는 것일까?

가치투자란 기업의 가치를 분석하여 투자하는 것이다. 이때 기업의 내재가치는 기본적 분석을 통해 가능하다. 따라서 가치투자를 위해서는 기본적 분석을 알아야 한다. 가치투자는 현재 주가와 기업 가치를 비교한 다음, 주가가 기업의 가치보다 싸다면 매수 후 기다린다.

이것은 '주가는 가치에 수렴할 것'이라는 믿음에서 출발한다. 주가가 기업의 가치보다 낮게 형성되어 있다면, 언젠가는 제 가치로 수렴할 것이라는 생각이다.

가치투자를 하는 사람들은 투자 대상 주식의 가격이 나중에 얼마가 될지는 중요하지 않다. 이들은 애초에 주식을 매수하면서부터 기업의 가치보다 싸게 매수하려고 하기 때문이다. 그래서 일단 싸게 산 뒤, 주가가 본래의 가치까지 상승하게 되면 매도를 생각하며 수익을 거둔다.

가치투자를 하는 사람들의 생각이 이렇다보니, 그들은 주가 추세에는 큰 관심을 보이지 않는다. 가치투자자에게 중요한 것은 기업의 실적이다. 기업의 실적이 꾸준히 나아지기만 한다면, 주가가 아무리 요동치며 현재 계좌가 마이너스를 기록하더라도 기다린다. 기다리고 또 기다린다. 주가가 기업의 본래 가치에 상응하는 위치까지 올라올 때까지 말이다.

그러다보니 자연히 가치투자를 하는 사람들은 장기투자자가 될 수밖에 없다. 물론 가치투자일지라도 단기적으로 주가가 급등하여 짧은 기간에라도 기업 가치 이상으로 상승한다면 수익을 거둘 수도 있다. 하지만 대부분의 경우에는 상당히 긴 시간과 인내심을 필요로 하는 투자 방법이다.

주식투자 방법에 대해 이야기하다보면 차트 분석보다는 가치투자가 조금 더 고상해 보이기도 한다. 주식 관련 서적만 하더라도 제시 리버모어의 170페이지짜리 《주식투자의 법칙》보다는 벤저민 그레이엄의 700페이지짜리 《증권 분석》이나 《현명한 투자자》가 더 '있어' 보인다. 그래서 상당히 많은 독자가 이 700페이지짜리 두꺼운 양장본을 소장한다.

하지만 문제는 그저 '소장'한다는 데 있다. 과연 몇 장이나 읽어볼지는 미

지수다. 구슬이 서 말이라도 꿰어야 보배인데, 그냥 구슬 자루만 가져다 두고 가치투자자가 된 듯한 만족감을 느낀다. 사실 《현명한 투자자》는 700페이지라는 두께도 그렇지만, 초보투자자에게는 내용이 어려울 수 있다.

사례로 든 주식들도 50년 전 미국의 주식이다보니 눈에 잘 안 들어온다. 그렇기에 쉬운 기본서로 어느 정도 주식투자의 기본기를 다진 후에, 다음 단계로 성장하기 위해 읽는 것이 좋을 것이다.

왜 가치투자에 대해 설명하다가 《현명한 투자자》를 이야기했을까? 가치투자를 처음으로 체계화한 사람이 바로 벤저민 그레이엄이기 때문이다. 증권분석의 아버지라고 불리는 그레이엄은 대학에서 투자에 대한 강의도 했고, 투자회사를 통해 큰 성과를 내기도 했다. 자신의 이론에 근거하여 실질적인 투자 증거를 보여줬다.

그래서 그가 직접 밝힌 투자 방법을 따라 하기 위해 가치투자자들은 《증권분석》과 《현명한 투자자》를 읽는다.

벤저민 그레이엄의 투자 원칙은 세 가지로 요약된다.

① 투자를 사업하듯이 하라.

② 시장의 변덕스러운 급락에 속지 말고 믿음을 지켜라.

③ 주식의 매수는 충분히 낮은 가격에서 해라.

결국 주식을 싸게 사서 믿음을 갖고 보유해야 한다. 여기에서 주식이 충분히 낮은 가격이라는 것은 어떻게 알 수 있을까? 그리고 벤저민 그레이엄의 《현명한 투자자》에 나온 투자 방법대로 하면 투자에 성공할 수 있을까?

이 부분에 대해서는 조금 깊이 생각해볼 필요가 있다. 모건 하우절은 《돈의 심리학》에서 《현명한 투자자》에 대해 이렇게 평가한다.

"실제로 효과 있는 공식은 별로 없다."

벤저민 그레이엄은 순자산보다 낮은 가격에 거래되는 주식을 매수하라고

| 코스피와 코스닥 시가총액 상위 종목의 PBR 현황 |

시총 순위	코스피			코스닥		
	종목	주가	PBR	종목	주가	PBR
1	삼성전자	61,800	1.37	에코프로비엠	117,200	19.57
2	LG에너지솔루션	393,500	5.00	셀트리온헬스케어	71,300	5.45
3	SK하이닉스	100,000	1.09	엘앤에프	226,900	8.18
4	삼성바이오로직스	841,000	13.03	HLB	40,950	10.18
5	삼성전자우	56,100	1.24	카카오게임즈	49,650	1.95
6	현대차	196,000	0.67	펄어비스	51,100	4.28
7	NAVER	246,000	1.60	셀트리온제약	84,000	9.50
8	LG화학	565,000	1.45	알테오젠	67,200	18.05
9	삼성SDI	556,000	2.45	천보	231,100	7.29
10	기아	80,800	0.93	스튜디오드래곤	75,300	3.30
11	카카오	71,900	2.77	에코프로	91,400	1.92
12	셀트리온	189,500	6.99	CJ ENM	100,000	0.58
13	삼성물산	117,500	0.69	씨젠	41,600	1.74
14	현대모비스	227,000	0.58	리노공업	131,200	4.85
15	POSCO홀딩스	236,500	0.35	JYP Ent.	55,200	7.21
16	KB금융	47,700	0.39	위메이드	57,300	3.38
17	신한지주	35,650	0.40	솔브레인	235,800	2.74
18	SK이노베이션	182,500	0.84	동진쎄미켐	35,350	3.08
19	SK	219,500	0.56	에스티팜	90,500	5.41
20	LG전자	94,300	0.90	휴젤	133,200	2.07

네이버 증권

한다. 그러나 이렇게 거래되는 주식은 이제 거의 없다. PBR이 1.5가 넘어가는 주식을 피하라고도 했다. 하지만 이런 주식은 은행과 보험 관련 주를 제외하고는 거의 없다.

2022년 7월 기준 코스피와 코스닥 시가총액 상위 종목들을 살펴봤다. 2022년 상반기에 걸쳐 기관과 외국인은 주식을 대량 매도했다. 이로 인해 표와 같이 코스피 시가총액 상위 종목들은 PBR이 1.5 이하까지 주가가 하락한 경우가 제법 생겼다. 전 세계적인 금리 인상과 경기 침체에 대한 우려 때문일까? 벤저민 그레이엄이 말했던 저평가 종목들이 제법 등장했다.

하지만 코스닥의 경우는 다르다. CJ ENM을 제외하고는 아직도 PBR이 높은 상황이다. 벤저민 그레이엄의 충고를 그대로 따른다면 우리나라 코스닥 종목에 투자해서는 안 된다.

그러면 코스닥의 대부분 종목을 버려야 하는 것일까? 그레이엄의 책을 두고 많은 투자자는 1972년 판에 실린 투자의 공식은 이제 모두 구닥다리라는 비판을 한다. 이것은 실제로 《현명한 투자자》에 주석을 달았던 제이슨 츠바이크마저도 인정한 부분이다.

"1972년 판은 1965년 판의 투자 공식을 대체하기 위해 쓴 책이고, 1965년 판은 1954년 판을 대체하려고 쓴 것입니다."

벤저민 그레이엄은 1972년 판을 마지막으로 썼고, 1976년에 죽었다. 그레이엄이 직접 쓴 마지막 개정판이 출간된 지 50년이 지났다. 그레이엄은 죽기 전 어떤 인터뷰에서 이렇게 말했다.

"우리 책이 출판되었던 40년 전이었다면 가치가 있었습니다. 하지만 이후 상황이 많이 변했어요."

무슨 상황이 바뀌었을까? 모든 정보가 공개되었다. 지금 이 책을 읽고 있는 여러분도 네이버 증권을 통해 갖가지 투자 정보를 얻을 수 있다. 50년 전에는 상상도 못할 일이다. 또한 산업의 구조와 성장 산업도 바뀌었다. 시가총액 상위 종목을 보면 50년 전의 종목들과는 완전히 딴판이다. 모든 상황이 변한 것이다.

그러면 가치투자에 대한 책, 《현명한 투자자》는 이제 쓸모없어진 것일까? 절대로 아니다. 이 책에는 경제 상황을 어떻게 읽고 어떻게 적용할지에 대한 기본적인 철학이 담겨 있다. 그러니 조금 두껍고 어려울지라도 투자의 지혜를 얻기 위해서 한 번쯤 읽었으면 한다. 그리고 바뀐 세상에 적응할 수 있는 투자 방법은 스스로 찾아야 한다.

가치투자에 대해 이야기하자면 워런 버핏도 함께 거론된다. 그는 벤저민 그레이엄에게 주식을 직접 배운 뒤, 현재까지 주식투자를 통해 세계에서 손가락에 꼽는 부자가 되었다. 물론 비판도 있다. 워런 버핏이 부자가 된 것은 단지 버크셔 해서웨이라는 보험회사의 대표이기 때문이며, 그가 직접 자신의 매매법을 정리하여 출판한 책이 없기 때문이다.

워런 버핏에 대한 책들은 모두 그가 정기 주주총회 등에서 언급한 투자 방법이나 철학 등을 정리한 것이다. 그래도 현재 세계적으로 주식투자를 통해 이름을 가장 널리 알리고 있는 사람인 것은 부정할 수 없다.

워런 버핏의 투자 방법을 대략 네 가지로 정리된다.

① **"자신이 잘 아는 회사에 투자하라."** 그는 투자 위험을 줄이기 위해 잘 모르는 회사들에 분산투자하는 것보다는 잘 아는 회사에 집중해서 투자하는 것이 낫다고 한다.

필자의 개인적인 견해는 이러한 원칙은 그가 철저한 가치투자자이기 때문에 가능하다고 생각한다. 다만 자신만의 투자 원칙과 분석 능력이 없는 개인투자자가 섣불리 따라 하기에는 어려울 수 있다.

②**"좋은 회사에 투자하라."** 몇 글자 안 되는 원칙이지만 정말 많은 의미가 담겨 있다고 생각한다. 좋은 회사란 무엇인가? 이 질문에 답할 수 있는 사람이 과연 몇이나 될까? 경쟁력 있고, 매출과 이익이 매년 증가하며, 이런 것들이 앞으로도 꾸준히 증가할 것으로 예상되는 회사일까?

이런 회사를 찾기 위해 우리는 기업의 보고서와 재무제표를 분석할 수 있어야 한다. 그래서 가치투자에 대한 책은 재무제표에 대한 설명이 대부분인 경우가 많다. 하지만 좋은 회사를 단지 재무제표만으로 단정 짓는 것도 힘들긴 마찬가지다.

③**"훌륭한 경영자가 있는 회사에 투자하라."** 그는 경영자의 능력에 따라 기업의 가치가 변화한다고 생각했다. 여러분은 투자 종목 가운데 경영자의 자질을 보며 투자하고 있는가?

사실 개인투자자가 경영자의 자질을 모두 알기는 쉽지 않다. 일부 대기업 총수들을 제외하고는 한국인의 특성상 사생활을 모두 감추고 살기 때문이다. 그렇기 때문에 뉴스에서는 훌륭한 경영자에 대한 이야기보다는 경영자의 사고나 범죄 등에 대해서만 찾을 수 있을 뿐이다. 이런 정보라도 활용할 수 있다면 도움이 된다.

④**"주식의 가격이 회사의 가치보다 낮은 회사에 투자하라."** 좋은 회사를 찾았다면 이 회사의 주가가 가치보다 낮아질 때를 기다려 매수하라는 것이다.

가치투자를 이야기하자면 자주 등장하는 두 사람이 벤저민 그레이엄과 워런 버핏이다. 하지만 일반 개인이 이런 거장의 매매법을 그대로 따라 하기엔 힘든 면이 많다. 우선 정말로 투자만을 위한 여유 자금으로만 주식을 사야 한다. 저평가 종목에 대한 투자라면 5년이고 10년이고 기다리면서 수익이 날 때까지 기다려야 할 때도 있기 때문이다. 종목의 가치가 유지되고 있다면, 주가의 변동이 조금 흔들린다고 해도 주식에 투자된 돈은 절대로 찾지 말고 또 참을 수 있어야 한다.

그러나 일반 개인이 10년 이상이라는 기간 동안 그렇게 철저하게 돈을 구분하여 운용하면서 손실이 난 계좌를 보며 참아내기란 쉽지 않다. 살면서 갑자기 급한 일이나 목돈이 필요한 경우가 얼마나 많은가? 10년 이상 보유해야 수익이 발생하는 연금이나 보험의 해약률을 보면, 10년이라는 기간 동안 돈이 묶인다는 것이 얼마나 고통스러운 것인지 이해가 될 것이다. 그래서 가치투자를 위해서는 심리적으로 커다란 인내가 필요하다.

부동산과는 달리 주식의 경우에는 실시간으로 정확한 수익과 손실이 '딱' 계좌에 표시된다. 어제는 얼마가 올랐고, 오늘은 얼마나 내렸는지 바로바로 확인이 가능하다. 매매도 바로 되기 때문에 순간순간 매도의 유혹을 느낀다. 그리고 무엇보다 주식의 변동 폭은 부동산보다도 훨씬 크다. 그러다보니 주식에서 손실이 나기 시작하면 마음이 흔들리고 고통이 시작된다.

손실이 커지면 커질수록 고통도 커지게 되고, 더 떨어지기 전에 팔고 싶은 마음이 강해진다. 당장 내년에 전셋값을 올려 주거나 더 큰 집으로 이사를 가야 하는데, 점점 줄어드는 잔고를 보면서 버틸 수 있는 개인투자자가 과연 몇이나 될까?

그렇기 때문에 개인투자자가 가치투자만으로 재산을 증식하는 것은 힘들 수 있다. 그럼에도 불구하고 지금까지 출판된 주식 책 중에서 기본적 분석과 가치투자에 대한 책이 가장 많다. 기본적 분석을 제대로 하려면 기업의 재무상태에 대해 이해해야 한다. 그리고 해당 업종의 분위기와 그중에서 그 기업이 차지하는 위치 등도 분석하고, 향후에도 계속 좋은 회사로 남아 있을 수 있는지도 예측해야 한다.

이렇게 생소한 분야에 대해 새로이 공부해야 한다고 생각하면 어떤 독자는 지레 포기할지도 모르겠다. 하지만 걱정하지 마시라. 이 책에서는 네이버를 통해 누구나 간단히 살펴볼 수 있는 방법만을 설명하고 있기 때문이다. **주식 투자에서 손실에 대한 위험이 가장 적은 방법은 가치투자다. 그리고 이것을 위해서는 반드시 기업의 가치를 먼저 파악해야 한다.**

그렇다면 어떻게 기업의 가치를 평가할 수 있을까? 가치투자에 대한 가장 큰 어려움이 바로 기업의 가치를 평가하는 것이다. 기본적 분석에 대해서 어떤 책에서는 재무제표에 나와 있는 숫자들을 공식에 대입하여, 간단히 기업의 가치를 계산할 수 있다고 알려주기도 한다.

그러나 회사의 가치를 재무제표 숫자들만으로 공식에 대입하여 1원 단위까지 계산하는 것은 한계가 있다고 비판하는 가치투자자도 있다. 예를 들면 회사의 가치는 유형적 자산과 무형적 자산이 있는데, 바로 이 무형적 자산에 대한 가치를 정확하게 분석하기 어려울 때가 많기 때문이다.

그리고 전년도, 혹은 지난 분기 기업 결산 결과를 토대로 현재 가치를 분석하는 것도 문제가 있다. 주가는 미래의 기대감이나 다음 분기 전망에 따라 먼저 움직이기 때문이다. 그래서 필자의 경우, 기본적 분석은 '이 정도면 좋은 기업이 아닐까?' 하는 정도로만 생각하는 편이다. 투자에 대한 견해는 투자자마다 모두 다를 수 있으므로, 여러분도 다양한 이론을 접해보고 자신에게 맞는 방법을 찾아보길 바란다.

기업의 가치를 분석하는 데 가장 큰 도움이 되는 것은 분기별로 발행되는 기업의 보고서다. 보고서는 금융감독원의 전자공시시스템인 다트DART에 나와 있다. 다트에서는 보고서뿐만 아니라 주가에 영향을 주는 각종 공시도 함께 공시된다. 주식투자에 성공하기 위해서는 누군가 가공해둔 정보를 찾아 헤매기보다는 자신이 직접 다트의 공시를 통해 기업의 정보를 분석했으면 한다. 이런 행동이 익숙해지다 보면 일반 개인투자자들보다는 조금이라도 빨리 정보를 얻을 수 있기 때문이다. 그리고 속칭 '지라시'와 같은 허위 정보에도 속지 않을 수 있다.

모든 증권 관련 뉴스의 출처는 다트에 올라와 있는 공시가 기본이다. 이곳에 공시되지 않는 루머는 세력의 '장난질'이며, 작전의 '마케팅'인 경우가 많다. 그러나 개인투자자가 다트에 올라와 있는 모든 공시와 보고서를 읽고 이해하기에는 너무 벅차다. 내용도 방대할뿐더러 어렵기 때문이다. 그렇다고 다트의 공시와 보고서들을 완전히 무시할 수만은 없다.

그래서 대부분의 투자자는 완벽한 가치 분석보다는 몇 가지 자신만의 중요 체크 포인트를 두고, 이것을 위주로 가치투자를 위한 판단을 한다. 물론 이런 분석만으로는 벤저민 그레이엄이나 워런 버핏의 가치투자를 따라갈 수 없을 것이다. 하지만 당연한 것 아닌가? 필자는 물론 여러분도 절대로 워런 버핏이 될 수 없음을 말이다. 지금 여러분은 세계 최고의 주식 부자가 되기보다는 이전보다는 더 나은 투자수익률을 원할 것이다.

투자 목표나 이유야 어쨌든 보고서는 반드시 봤으면 한다. 자신의 관심 종목이 있고 투자를 생각하고 있다면, 적어도 해당 기업의 보고서를 간단하게라도 보는 것과 아예 안 보는 것에는 큰 차이가 있기 때문이다. 주식을 매수함으로써 회사의 일부를 보유하고 싶은데, 이 회사가 제대로 된 것인지는 최소한 알고 사야 하지 않겠는가?

내가 투자하고자 하는 회사가 어떤 회사고, 무엇으로 돈을 벌며, 돈은 잘 버는지 등을 알게 된다면 심리적으로도 안정이 될 것이다. 보고서는 네이버의 전자

공시를 통해 간편하게 볼 수 있다.

분기보고서는 3월, 9월에 나온다. 그리고 6월에는 반기보고서를 내고, 12월에는 연간 보고서를 공시한다. 따라서 최근의 보고서를 찾아보면 반기보고서일 때도 있고, 분기보고서나 연간보고서일 수도 있다.

다트에서 최근 보고서를 클릭하면 그림과 같은 내용이 나온다. 이곳의 모든 내용을 하나하나 읽어보면 자신이 투자하고 있는 회사에 대해 이해할 수 있는 계기가 될 것이다. 회사를 이해하다보면 투자해도 좋을 것 같은 주식도 있을 것이고, 투자하기에 위험해 보이는 종목도 있다.

네이버 증권의 전자공시를 통해 간편하게 다트의 자료를 볼 수 있다.

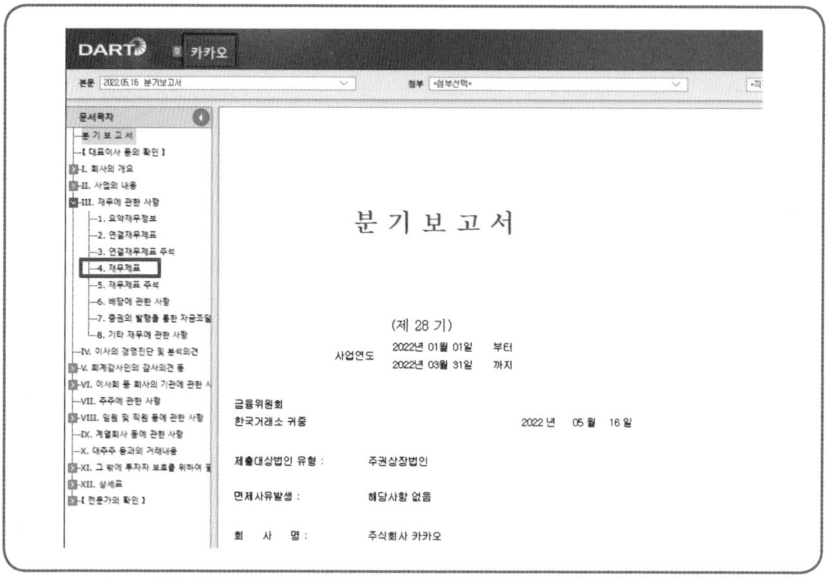

보고서에는 기업 분석에 도움이 되는 내용이 많이 담겨 있다.

이 책에서는 방대한 분량의 기본적 분석을 모두 다루기는 힘들다. 그래서 바쁜 투자자들이 간단히 재무제표를 이해할 수 있도록 설명하고자 한다. 중요한 것은 투자에 있어서 기본적 분석과 더불어 기술적, 심리적 분석까지 병행한다는 전제하에 간단하게 분석하는 것이다. 만일 자신이 가치투자자의 성향이라면 '가치투자', '기본적 분석', '재무제표'를 설명하는 책을 통해 조금 더 깊이 있는 공부를 해야 한다.

재무제표는 다트를 접속해야만 볼 수 있는 것은 아니다. 네이버에서도 다트에 연결된 정보와 이를 정리해둔 정보를 제공하고 있으니 참고하면 된다. 그렇다면 이제부터 네이버를 통해 꼭 필요한 최소한의 기본적 분석은 어떻게 해야 하는지 차근차근 살펴보자.

가치투자를 위하여

① 주가가 기업의 가치보다 낮다면 매수하고, 주가가 기업의 가치만큼 올라올 때까지 기다린다.

② 가치투자를 위해 기업의 가치를 분석하는 것은 기본적 분석이다.

③ 기본적 분석을 위해서는 다트에 공시된 보고서를 비롯하여 각종 뉴스와 재료를 분석해야 한다.

④ 기본적 분석은 보고서의 재무제표를 이해하는 것에서 출발한다.

⑤ 가치투자는 단순히 가치보다 싼 주식을 매수하고 기다리면 되는 문제가 아니다. 개인투자자가 가치투자 방법만으로 수익을 내기 위해서는 커다란 인내심과 기업 분석력이 필요하다.

용어 정리

- **가치투자** : 기업의 내재 가치를 분석하여 저평가된 시점에 투자하는 방식이다.
- **재무제표** : 기업의 경영에 따른 재무 상태를 파악하기 위해 회계 원칙에 따라 정리된 재무보고서다.
- **유형적 자산** : 물리적 형태가 있는 자산토지, 건물, 기계설비 등이다.
- **무형적 자산** : 형태가 없는 자산영업권, 소유권, 사업권, 재산권 등이다.
- **전자공시시스템DART** : 인터넷을 통해 상장법인 등이 제출한 재무 상태 및 주요 경영 정보 등 각종 공시 자료를, 이용자가 쉽고 편리하게 조회할 수 있도록 운영하는 온라인 시스템이다.
- **사업보고서** : 회사가 매 사업 연도 말에 그 사업 연도의 재무 상태 및 재무제표와 경영 성과 등의 내용을 기재하여 주주, 증권관리위원회, 증권거래소 등에 제출하는 보고서다.

가치투자를 위한 네이버 재무 분석 활용법

재무제표는 세 가지 중요한 보고서가 있다. 바로 포괄손익계산서, 재무상태표, 현금흐름표다.

네이버 증권에서는 전자공시를 들어가지 않아도 그림처럼 '재무 분석'에서 세 가지 보고서의 내용을 알려준다.

— 네이버 증권에서 종목 분석 → 재무 분석을 보면 포괄손익계산서, 재무상태표, 현금흐름표를 볼 수 있다.

| 포괄손익계산서에서는 총포괄손익을 보자 |

포괄손익계산서는 회사가 일정 기간 얼마의 상품을 팔아서, 어느 정도의 이익을 냈는지를 정리한 것이다. 따라서 포괄손익계산서에서는 얼마나 돈을 많이 벌었는지를 이해하면 된다.

연결 포괄손익계산서

제 28 기 1분기 2022.01.01 부터 2022.03.31 까지

제 27 기 1분기 2021.01.01 부터 2021.03.31 까지

(단위 : 원)

	제 28 기 1분기		제 27 기 1분기	
	3개월	누적	3개월	누적
영업수익	1,651,703,234,827	1,651,703,234,827	1,257,964,569,486	1,257,964,569,486
영업비용	1,493,047,398,145	1,493,047,398,145	1,100,419,829,440	1,100,419,829,440
영업이익(손실)	158,655,836,682	158,655,836,682	157,544,740,046	157,544,740,046
기타수익	1,665,286,761,831	1,665,286,761,831	54,439,875,479	54,439,875,479
기타비용	48,351,069,692	48,351,069,692	6,603,820,710	6,603,820,710
금융수익	68,475,993,347	68,475,993,347	47,881,334,421	47,881,334,421
이자수익	18,732,221,689	18,732,221,689	4,920,028,660	4,920,028,660
기타금융수익	49,743,771,658	49,743,771,658	42,961,305,761	42,961,305,761
금융비용	94,687,127,094	94,687,127,094	69,689,411,933	69,689,411,933
지분법이익	45,425,011,051	45,425,011,051	150,939,315,103	150,939,315,103
지분법손실	35,210,671,913	35,210,671,913	15,808,979,808	15,808,979,808
법인세비용차감전순이익(손실)	1,759,594,734,212	1,759,594,734,212	318,703,052,598	318,703,052,598
법인세비용	437,461,108,955	437,461,108,955	78,829,279,711	78,829,279,711
당기순이익(손실)	1,322,133,625,257	1,322,133,625,257	239,873,772,887	239,873,772,887
당기순이익(손실)의 귀속				
지배기업 소유주지분	1,303,136,500,472	1,303,136,500,472	224,536,277,834	224,536,277,834
비지배지분	18,997,124,785	18,997,124,785	15,337,495,053	15,337,495,053
기타포괄손익	(156,374,156,527)	(156,374,156,527)	61,010,455,118	61,010,455,118
후속적으로 당기손익으로 재분류될 수 없는 항목				
순확정급여부채의 재측정요소	121,357,025	121,357,025	(62,500,283)	(62,500,283)
기타포괄손익-공정가치 측정 지분상품 평가손익	(126,438,527,972)	(126,438,527,972)	70,591,042,376	70,591,042,376
지분법자본변동	(32,741,282,114)	(32,741,282,114)		
재평가잉여금			(303,493,708)	(303,493,708)
후속적으로 당기손익으로 재분류될 수 있는 항목				
지분법자본변동	437,406,075	437,406,075	(2,817,567,088)	(2,817,567,088)
해외사업환산이익	2,246,890,459	2,246,890,459	(6,397,026,179)	(6,397,026,179)
총포괄손익	1,165,759,468,730	1,165,759,468,730	300,884,228,005	300,884,228,005
총 포괄손익의 귀속				
지배기업 소유주지분	1,218,746,920,037	1,218,746,920,037	284,565,438,730	284,565,438,730
비지배지분	(52,987,451,307)	(52,987,451,307)	16,318,789,275	16,318,789,275
주당이익				
기본주당이익(손실)(단위 : 원)	3,003	3,003	521	521
희석주당이익(손실)(단위 : 원)	2,942	2,942	515	515

전자공시시스템(다트)에서 연결 포괄손익계산서를 보면 총포괄손익을 알 수 있다.

* 단위: 억원, %, %p, 배, 천주, 분기:순액기준

항목	2021/03 (IFRS연결)	2021/06 (IFRS연결)	2021/09 (IFRS연결)	2021/12 (IFRS연결)	2022/03 (IFRS연결)	전분기대비 (QoQ)
매출액(수익)	12,579.6	13,522.0	17,407.8	17,857.3	16,517.0	-7.5
*내수						
*수출						
매출원가						
매출총이익	12,579.6	13,522.0	17,407.8	17,857.3	16,517.0	-7.5
판매비와관리비	11,004.2	11,895.9	15,726.0	16,791.4	14,930.5	-11.1
영업이익	1,575.4	1,626.1	1,681.7	1,065.9	1,586.6	48.9
*기타영업손익						
영업이익(발표기준)	1,575.4	1,626.1	1,681.7	1,065.9	1,586.6	48.9
*[구K-IFRS]영업이익						
금융수익	478.8	182.7	439.4	677.3	684.8	1.1
금융원가	696.9	646.7	904.1	905.5	946.9	4.6
기타영업외손익	478.4	468.1	7,788.8	4,526.5	16,169.4	257.2
종속기업,공동지배기업및관…	1,351.3	1,866.6	1,712.3	170.8	102.1	-40.2
법인세비용차감전계속사업…	3,187.0	3,496.8	10,718.2	5,534.9	17,595.9	217.9
법인세비용	788.3	337.6	2,055.4	3,294.2	4,374.6	32.8
종속회사매수일전순손익						
처분된종속회사순손익						
계속사업이익	2,398.7	3,159.2	8,662.8	2,240.8	13,221.3	490.0
중단사업이익						
*중단사업법인세효과						
당기순이익	2,398.7	3,159.2	8,662.8	2,240.8	13,221.3	490.0
기타포괄이익	610.1	2,893.2	1,562.9	-748.2	-1,563.7	-109.0
총포괄이익	3,008.8	6,052.5	10,225.7	1,492.5	11,657.6	681.0
*주당계속사업이익		722	1,801			
*주당순이익		722	1,801			
*희석주당계속사업이익		705	1,757			
*희석주당순이익		705	1,757			
*(지배주주지분)주당계속사…		722	1,801			
*(지배주주지분)주당순이익		722	1,801			
*(지배주주지분)희석주당계…		705	1,757			
*(지배주주지분)희석주당순…		705	1,757			

* 비율간 전년대비는 [당기]-[전년도] 로 계산되는 %p 정보입니다
* 해당 화면의 재무실적 업데이트는 주석내용 반영 및 검수작업으로 보고서 발표일 이후 약 일주일 정도 소요되며 기업에 따라 달라질 수 있습니다.

네이버 증권에서 제공하는 카카오의 연결 포괄손익계산서.

회사가 물건을 팔면 매출액을 바로 알 수 있다. 이때 물건을 만드는 데 필요한 원가가 있으므로 매출액에서 원가를 먼저 뺀다. 그다음 판매나 관리를 하는 데 필요한 비용도 뺀다. 그리고 세금을 비롯한 몇 가지 지출을 빼고 남은 순이익이 바로 '포괄손익'이 된다.

회사가 물건을 많이 팔아 매출액이 커진다면 좋을 것이다. 하지만 원자재의 가격 변동, 판매비 증가, 세금 폭탄 같은 상황이 발생하면 의외로 얼마 남는 것이 없을 때도 있다. 회사의 이런 상황을 이해하기 위해 포괄손익은 얼마고, 매년 어떻게 변동하는지에 관심을 두면 된다.

그림은 전자공시시스템다트과 네이버 증권에서 찾은 카카오의 포괄손익계산서다. 여기에서 네이버 증권은 '연결 재무제표'의 내용이라는 것도 확인해야 한다다트에서 제공된 개별 재무제표 내용과 네이버 증권의 내용이 왜 다르냐는 질문을 많이 받았다. 연결 재무제표는 지배, 종속 관계에 있는 2개 이상의 회사를 하나로 간주하여 재무제표를 종합하여 작성한 것으로 개별 재무제표와는 결과가 다르니 유의하자.

각 항목에 대한 데이터는 다트에서 제공하는 재무제표와 동일하다. 다만 회사별로 제출하는 양식이 약간씩 다르다. 그런 이유로 다트에서 보는 재무제표와 네이버 증권은 조금 다를 수 있다.

그래도 '총포괄손익' 항목네이버 증권에서는 '총포괄이익'을 찾아보면 된다. 흑자는 내고 있는지, 그리고 해마다 증가하고 있는지를 보자. 매년 총포괄손익에서 수익이 증가하고 있다면 성장성을 유지하고 있는 것으로 생각할 수 있다. **흑자는 투자 대상 종목의 최소한 기준이 된다.**

| 재무상태표에서는 부채와 자본을 보자 |

재무상태표는 특정 시점을 기준으로 회사의 부채와 자본, 즉 자산이 얼마나 되는지 알려준다. 이를테면 어떤 회사가 자기자본 50억 원에, 은행 대출 50억 원을 받아서 사업을 하고 있다고 생각해보자. 그러면 재무상태표에서 자산은 100억 원이 된다. 그중에서 자본 50억 원, 부채 50억 원으로 표기될 것이다. 자산은 부채와 자본을 더한 것이기 때문이다.

카카오의 재무상태표를 그림으로 살펴보자. 실제 재무상태표는 너무 길고 잡다한 항목들이 많이 나오기 때문에 지금부터는 간략하게 필요한 부분만 잘라서 설명한다.

자산총계는 부채와 자본을 더한 값이며, 유동자산과 비유동자산의 합이기도 하다. 따라서 재무상태표에 나온 자산, 자본, 부채, 유동자산, 비유동자산에 대해 이해해야 한다. 만일 매년 자산총계의 값이 증가하는 기업이라면 회사의 규모가 커지는 기업으로 생각할 수 있다. 이때 자산은 회사가 돈을 많이 벌어도 증가하지만, 부채를 많이 발생시켜도 증가한다. 따라서 부채비율도 함께 생각해야 한다.

* 단위 : 억원, %, 배, 천주 * 분기 : 순액기준

항목	2017/12 (IFRS연결)	2018/12 (IFRS연결)	2019/12 (IFRS연결)	2020/12 (IFRS연결)	2021/12 (IFRS연결)	전년대비 (YoY)
자산총계	63,494.3	79,595.4	87,372.6	119,539.7	227,795.6	90.6
유동자산	19,931.0	28,589.5	28,296.9	44,629.2	81,021.9	81.5
재고자산	215.6	358.4	494.5	458.1	918.1	100.4

재무상태표에서 자산총계, 유동자산, 재고자산의 상태.

자산을 유동성 측면에서 생각해보자. 유동자산은 보통 1년 이내 현금화를 할 수 있는 자산이다. 이것은 일반적으로 자산총계에 대비하여 많을수록 좋다빨리 현금화할 수 있으면 좋으니까. 그림에서 자산총계는 21년 12월 기준 22조 7,795억 원이다. 이중 유동자산은 8조 1,000억 원이다. 그러면 나머지는 자연스럽게 비유동자산, 그러니까 빨리 현금화하기 힘든 자산으로 구성된 것이다.

유동자산과 비유동자산의 비율이 얼마나 되어야 좋은지는 종목, 업종, 산업 환경, 경제 상황 등 여러 가지 변수에 따라 달라지기 때문에 딱 잘라 말하기 힘들다. 다만 전년과 비교하여 올해의 상황이 더 나아졌는지를 비교하면 주가의 흐름을 이해하는 데 도움이 된다. 참고로 카카오의 유동자산은 2020년에 4조 원대에서 2021년에는 8조 원대로 늘어난 것을 확인할 수 있다.

한편 유동자산의 내용 중에는 재고자산이 있다. 재고자산은 회계 조작의 대상이 되기도 한다. 특히 적자가 심한 작은 기업이라면 재고자산을 유심히 살펴야 한다. 따라서 유동자산 중에서 재고자산의 증가가 급격하게 발생했다면 다트를 통해 세부적으로 분석할 필요가 있다. 카카오의 재고자산을 보면 2020년에 458억 원에서 2021년에는 918억 원으로 재고가 많이 늘어난 것이 확인된다.

그리고 자산 중에서 비유동자산은 빨리 현금화하기 어려운 자산이다. 비유동자산은 유형자산, 무형자산 등으로 구성되어 있다. 유형자산은 영업활동에 사용할 목적으로 보유하는 건물, 토지, 공장, 차량 등 형태가 있는 자산이다.

여기에서 유형자산에 속해 있는 토지와 부동산이 뜻밖의 금맥을 찾아낼 수 있는 힌트가 될 수 있다. 이 부분은 네이버 증권에서는 찾기 힘들고, 다트에

* 단위 : 억원, %, 배, 천주 * 분기 : 순액기준

항목	2017/12 (IFRS연결)	2018/12 (IFRS연결)	2019/12 (IFRS연결)	2020/12 (IFRS연결)	2021/12 (IFRS연결)	전년대비 (YoY)
비유동자산	43,563.3	51,005.9	59,075.6	69,874.0	137,119.9	96.2
유형자산	2,710.4	3,148.1	3,498.2	4,306.7	5,549.2	28.9
무형자산	36,895.8	38,652.6	35,484.2	33,515.5	63,477.9	89.4
비유동생물자산						
투자부동산			28.4		1,013.0	
투자자산	3,725.5	8,160.6	16,277.3	25,983.9	48,490.2	86.6

비유동자산에는 유형자산과 무형자산 등이 있다.

공시된 보고서를 전체적으로 읽어보면서 회사의 상황을 이해해야 알 수 있다. 예를 들면 회사가 영업활동을 위해 보유하고 있는 본사 건물, 공장 부지의 가격이 급등한 경우에 회사의 재산이 그만큼 많이 증가할 것이다.

하지만 회사의 입장에서는 굳이 급등한 부동산 가격을 재무상태표에 올려서 반영하지 않을 수도 있다. 이때 여러분이 이런 것을 먼저 발견하여 투자한다면 향후에 부동산에 대한 적절한 재평가가 이뤄질 때, 주가의 상승을 기대할 수도 있을 것이다.

무형자산은 영업권, 특허권처럼 형태가 없는 자산이다. 카카오와 같은 서비스업은 이런 무형자산의 가치가 더 클 것이다. 그림에서 카카오의 유형자산은 5,549억 원인 데 반해 무형자산은 6조 3,477억 원이나 된다. 정부 기관, 금융 서비스의 알림톡, 카카오 인증 서비스 등 대한민국의 거의 모든 사람들이 사용하고 있기 때문에 무형자산의 가치는 엄청날 것이다.

하지만 2022년 10월 15일 카카오톡은 접속 오류 사태를 일으키면서 이용자들에게 큰 불편을 안겼다. 이런 것이 향후 무형자산의 크기에 어떤 영향을 미칠지 살펴보는 것도 재미있는 포인트다.

* 단위 : 억원, %, 배, 천주 * 분기 : 순액기준

항목	2017/12 (IFRS연결)	2018/12 (IFRS연결)	2019/12 (IFRS연결)	2020/12 (IFRS연결)	2021/12 (IFRS연결)	전년대비 (YoY)
자산총계	63,494.3	79,595.4	87,372.6	119,539.7	227,795.6	90.6
부채총계	18,865.1	23,323.8	29,971.4	45,262.4	91,895.9	103.0
유동부채	10,408.6	19,093.1	21,337.6	26,275.5	52,461.2	99.7
*순부채	-7,158.7	-15,425.3	-14,215.7	-27,556.6	-32,676.6	-18.6
*CAPEX	751.6	972.0	1,063.6	1,831.5	2,162.2	18.1
자본총계	44,629.2	56,271.6	57,401.2	74,277.3	135,899.7	83.0

자산은 부채와 자본으로 나누어 생각할 수 있다.

이번에는 자산을 부채와 자본으로 생각해보자. 부채는 기업이 갚아야 할 빚이다. 자산이 증가할 때 부채가 과도하게 증가한다면 기업의 안정성이 나빠질 수 있다.

필자의 경우, 부채비율은 자본총계 대비하여 100%를 기준으로 삼는다. 만일 부채비율이 100%가 넘는다면, 즉 부채가 자본보다 더 많아질 경우 회사가 조금만 어려워져도 부도의 위험에 처할 수 있다. 모든 자본을 다 투입해도 빚을 갚을 수 없기 때문이다. 그래서 부채비율은 100% 이내에 있어야 안정적이다.

그렇다고 부채가 전혀 없는 기업이라면 성장성에 문제가 생길 수도 있다. 회사의 성장을 원하는 기업의 대표라면 자본이 늘어나는 것과 함께 부채도 늘리면서 회사의 규모나 수익을 키울 것이다.

그런데 벌어들이는 돈으로 대출을 갚으며 회사가 커질 기회를 저버리고, 현상 유지만 하려는 경우가 있다. 따라서 필자는 부채비율이 100% 아래에서 자본의 증가와 함께 부채도 증가하면서, 부채비율이 어느 정도 일정하게 유지하는 종목을 선호한다.

• 단위 : 억원, %, 배, 천주 • 분기 : 순액기준

항목	2017/12 (IFRS연결)	2018/12 (IFRS연결)	2019/12 (IFRS연결)	2020/12 (IFRS연결)	2021/12 (IFRS연결)	전년대비 (YoY)
자본금	340.0	417.4	431.6	443.0	446.4	0.8
신종자본증권						
자본잉여금	36,035.9	46,475.4	50,432.0	58,331.0	77,812.5	33.4
기타자본	-60.3	14.9	72.4	186.2	770.7	314.0
기타포괄이익누계액	-49.7	-73.3	-163.9	865.8	3,718.2	329.5
이익잉여금	4,025.4	4,534.0	1,481.5	3,163.2	17,096.0	440.5
•(지배)당기순이익	1,086.0	478.9	-3,010.0	1,556.2	13,921.5	794.6

— 기업에 이익잉여금이 많을수록 좋다.

자본은 자산에서 부채를 뺀 금액이다자산 = 자본 + 부채. 자본은 일반적으로 회사가 주식을 팔아 조달한다. 이러한 자본은 자본금, 자본잉여금, 자본조정, 기타 포괄손익누계액, 이익잉여금 등으로 구성된다.

이중에서 중요하게 봐야 할 항목은 이익잉여금이다. 이익잉여금은 회사에서 돈을 벌어서 지출할 곳에 모두 지출한 다음, 회사에 모아 둔 현금이다.

이익잉여금이 중요한 이유는 배당과 무상증자를 이익잉여금으로 하기 때문이다. 주식회사에 현금을 모아 두게 되더라도 이 돈은 회사 마음대로 몰래 쓸 수는 없다. 따라서 모아 둔 현금을 사용하기 위해서는 배당이나 무상증자와 같은 방법을 통해야 한다. 이때 주주들도 함께 이익을 나눠 가질 수 있게 된다. 그러므로 이익잉여금이 많을수록 향후 배당이나 무상증자를 통한 주가 상승을 기대할 수 있다.

물론 이익잉여금이 많다고 하여 무조건 배당이나 무상증자를 하는 것은 아니다. 그리고 배당이나 무상증자를 한다고 해도 주가가 크게 상승하지 못하는 경우도 있다. 하지만 일반적으로는 배당을 크게 늘리거나 무상증자를 발

표하면 주가 상승을 이끄는 경우가 많다.

이익잉여금은 얼마나 많아야 좋은 것일까? 일반적인 경우, 이익잉여금은 자본총계 대비 50% 이상인 기업을 주로 살펴본다. 그러나 성장하는 기업은 더 많은 돈을 벌기 위해 끊임없이 재투자를 통한 사업 확장을 한다. 그래서 이익잉여금이 별로 없는 경우가 많다.

그림에서 카카오의 이익잉여금을 보자. 2019년은 투자 등의 이유로 이익잉여금이 크게 줄어들었다. 이런 투자가 있어야 향후 더 큰 성장을 기대할 수 있다. 이후 2021년까지 증가한 이익잉여금을 보면 돈을 얼마나 많이 벌었는지를 알 수 있다.

따라서 성장주의 경우라면 이익잉여금과 신사업의 투자도 함께 고려하여 생각해야 한다. 성장주는 이익잉여금을 통한 배당이나 무상증자보다는 기업의 성장을 통한 주가 상승을 더 기대하기 때문이다. 그리고 사업의 위기나 경제위기가 닥쳐온다면 이익잉여금을 통해 버틸 수 있다. 따라서 자본 항목에서는 이익잉여금도 참고했으면 좋겠다.

| 현금흐름표에서는 세 가지 현금흐름을 보자 |

현금흐름표는 일정 기간 회사의 현금흐름을 알려준다. 현금흐름표를 보면 돈이 어디에서 나와서 어디에 썼는지를 알 수 있다. 앞서 살펴본 재무상태표나 포괄손익계산서 등은 특정 시점을 기준으로, 그 당시의 상태만을 알려준다. 그런데 기업 운영에 대해 이해하려면 특정 시점의 상태뿐만 아니라, 전체적인 현금흐름을 파악하는 것도 중요하다. 현금흐름이 제대로 이뤄지지

* 단위 : 억원, %, 배, 천주 * 분기 : 순액기준

항목	2017/12 (IFRS연결)	2018/12 (IFRS연결)	2019/12 (IFRS연결)	2020/12 (IFRS연결)	2021/12 (IFRS연결)	전년대비 (YoY)
영업활동으로인한현금흐름	3,719.3	4,914.7	7,526.7	9,711.0	13,065.7	34.5
당기순이익						
법인세비용차감전계속사업…	1,533.0	1,306.7	-2,342.6	4,142.7	22,936.9	453.7
현금유출이없는비용등가산	2,705.4	2,695.8	8,042.7	9,625.0	17,793.9	84.9
투자활동으로인한현금흐름	-3,546.7	-12,607.2	-4,141.9	-12,607.0	-33,410.1	-165.0
투자활동현금유입액	505.6	552.9	8,272.7	4,162.3	12,554.1	201.6
투자활동현금유출액	4,052.3	13,160.2	12,414.6	16,769.3	45,964.2	174.1
재무활동으로인한현금흐름	4,676.1	8,905.2	3,222.0	13,053.6	44,411.7	240.2
재무활동현금유입액	11,415.2	13,083.7	8,310.0	14,767.3	51,826.0	250.9
재무활동현금유출액	6,579.1	4,043.8	4,985.5	1,581.0	6,726.9	325.5

네이버 증권에서 카카오의 현금흐름표다. 영업활동으로 매년 버는 돈이 증가하고, 매년 투자를 크게 늘려 가고 있으며, 재무활동으로 외부에서 돈을 가져오고 있음을 알 수 있다.

않는다면 문제가 발생할 수도 있기 때문이다.

이를테면 포괄손익계산서에서 순이익을 계산할 때는 흑자로 계산될 수도 있다. 그러나 당장 이자나 빚을 갚을 현금흐름이 부족하다면 자칫 흑자 도산을 할 수도 있다.

현금흐름표에서는 영업활동 현금흐름, 투자활동 현금흐름, 재무활동 현금흐름의 세 가지 상태를 살펴봐야 한다.

영업활동 현금흐름은 영업활동으로 돈을 얼마나 벌었는지를 알려준다. 영업활동이란 투자활동이나 재무활동에 속하지 않는 모든 거래다. 일반적으로 제품의 생산, 상품 및 용역의 구입, 판매활동 등이 여기에 속한다. 만일 영업활동으로 돈을 벌었다면 플러스(+)가 될 것이다.

카카오의 현금흐름표를 보면 매년 영업활동으로 벌어들이는 돈이 많이 늘어나고 있음을 알 수 있다. 일반적으로 영업활동 현금흐름은 플러스로 늘어

나는 것이 좋다.

투자활동 현금흐름은 벌어들인 돈으로 재투자를 얼마나 했는지를 알려주는 항목이다. 벌어들인 돈을 다시 투자하는 데 썼다면 마이너스(–) 값을 갖게 된다. 현금흐름표에서 기업에 돈이 들어오면 플러스, 기업에서 돈이 빠져나가면 마이너스로 표시된다.

즉 투자활동 현금흐름의 항목이 마이너스라면 어딘가에 투자하느라 회사에서 돈이 빠져나간 것이다. 투자는 좋은 것이다. 일반적으로 재무 항목에서 마이너스는 안 좋은 경우가 많다. 하지만 투자활동 현금흐름과 같이 마이너스가 찍혀야 좋은 경우도 있다.

그런데 투자활동 현금흐름에서 돈이 들어와 플러스가 되는 경우도 있다. 이것은 투자 자산을 매각했거나 설비투자, 공장 기계, 영업권 등을 매각했을 때 발생한다. 경우에 따라서는 좋은 경우도 있고 나쁜 경우도 있으니 세부 공시를 잘 살펴봐야 한다. 일반적으로 투자활동 현금흐름은 마이너스가 되어야 활발한 투자활동을 한다고 볼 수 있다.

끝으로 재무활동 현금흐름을 봐야 한다. **재무활동이란 회사가 영업이나 투자를 위해 외부에서 돈을 마련해오거나 빚을 갚는 것을 말한다.** 즉 기업이 자금을 조달하는 과정으로써 유상증자, 무상증자, 배당금 지급, 신규 대출, 대출 상환 등으로 현금이 움직인 것이다. 이것도 역시 회사로 돈이 들어오면 플러스, 돈이 나가면 마이너스다.

일반적으로 재무활동 현금흐름은 마이너스라면 부채의 상환인 경우가 많고, 플러스라면 외부에서 대출받아와 회사에 돈이 늘어난 경우가 많다.

가치투자를 위한 재무제표 읽는 방법

① 재무제표는 포괄손익계산서, 재무상태표, 현금흐름표 세 가지 항목이 있다. 모든 항목을 하나하나 분석하는 것이 좋지만, 최소한 몇 가지라도 이해한다면 투자에 도움이 될 것이다.

② 포괄손익계산서에서는 총포괄손익을 보면서 매년 성장하는 기업인지, 흑자 기업인지를 판단한다.

③ 재무상태표에서는 자산에 대해 설명한다. 자산은 부채와 자본으로 이뤄져 있다.

가. 매년 자산이 증가한다면 회사의 규모나 보유 자금이 매년 커지고 있는 것을 의미한다.

나. 자산을 유동성 측면에서 생각해보면 유동자산과 비유동자산으로 나뉜다.

다. 비유동자산에서 부동산은 중요하다. 여기에 숨은 정보는 다트를 심층 분석하면서 찾아보자.

라. 부채는 자본 대비 100% 이내일 때 안정적이다.

마. 자본에서는 이익잉여금이 자본 대비 50% 이상인지, 성장주의 경우에는 최소 30% 이상인지를 살펴보자.

④ 현금흐름표에서는 영업활동, 투자활동, 재무활동을 통해 현금이 얼마나 들어오고 나가는지 확인하면서 기업의 성장성이나 안정성을 판단해보자.

용어 정리

- **포괄손익** : 한 회계 기간 동안 손익 거래로 발생하는 모든 손익이다.
- **자산** : 자산 = 부채 + 자본 = 유동자산 + 비유동자산
- **이익잉여금** : 회사에서 돈을 벌어서 지출할 곳에 모두 지출한 다음, 회사에 모아둔 현금이다.

가치투자를 위한 펀더멘털의 이해

펀더멘털이란 일반적으로는 경제 상태를 표현하는 데 있어 기초적인 자료가 되는 지표를 말한다. **주식에서는 재무제표에 나온 수치들을 계산하여, 기업의 재무구조나 실적 등을 이해할 수 있다.**

주식에 조금이라도 관심이 있다면 'PER'이나 'PBR' 정도는 들어봤을 것이다. 재무제표의 숫자를 있는 그대로 이해할 수도 있지만, 투자를 위해 이해하기 쉬운 정보로 가공한다면 한눈에 전체 흐름을 판단할 수 있다.

예를 들면 대기업의 매출과 이익은 당연히 중소기업보다 큰 경우가 많다. 하지만 많은 돈을 투자해서 이익을 조금 남기는 대기업보다는 적은 돈일지라도 알차게 이익을 거두고 계속 성장해가는 회사가 주가 상승률 측면에서는 더 좋을 수도 있다. 이런 경우, 회사마다 다른 재무 숫자들은 간단히 비율로 계산해보면 또 다른 의미를 찾을 수 있다.

펀더멘털의 자료에 해당하는 EPS, PER, BPS, PBR 등은 네이버 증권의 종목별 자료 여기저기서 볼 수 있다. 그런데 같은 종목에 대한 자료인데도 값이 모두 제각각이어서 대체 어떤 자료를 참고해야 할지 난감할 때가 있다. 더욱 확실한 투자를 위해서 엑셀 프로그램을 이용하여 현재 시점의 정확한 재무비율을 직접 계산하는 투자자도 있다.

하지만 상당히 번거로운 작업이다. 그냥 네이버에서 제공하는 자료만으로도 충분하다. 물론 이때는 오늘의 주가 변동에 따라 펀더멘털의 수치도 약간씩 변할 수 있다는 것을 감안해야 한다.

펀더멘털 지표는 그림과 같이 다양하다. 모든 비율을 다 이해하고 분석할

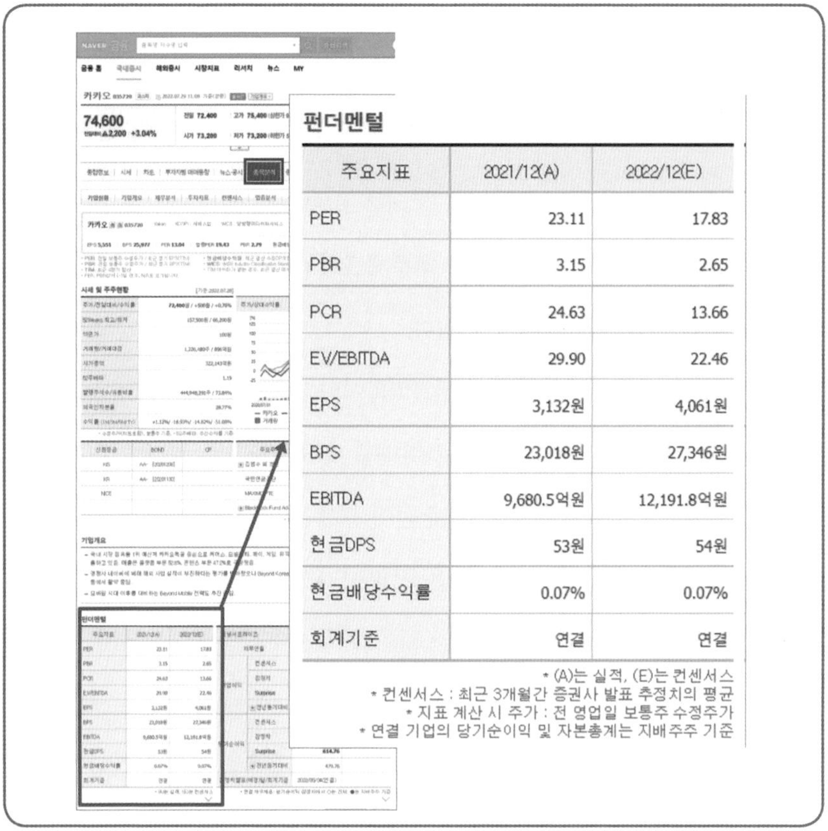

펀더멘털

주요지표	2021/12(A)	2022/12(E)
PER	23.11	17.83
PBR	3.15	2.65
PCR	24.63	13.66
EV/EBITDA	29.90	22.46
EPS	3,132원	4,061원
BPS	23,018원	27,346원
EBITDA	9,680.5억원	12,191.8억원
현금DPS	53원	54원
현금배당수익률	0.07%	0.07%
회계기준	연결	연결

* (A)는 실적, (E)는 컨센서스
* 컨센서스 : 최근 3개월간 증권사 발표 추정치의 평균
* 지표 계산 시 주가 : 전 영업일 보통주 수정주가
* 연결 기업의 당기순이익 및 자본총계는 지배주주 기준

종목 분석에서 펀더멘털 항목을 보면 여러 가지 자료가 정리되어 있다.

수 있다면 투자에 큰 도움이 되는 것은 사실이다. 하지만 네이버를 통해 몇 가지 지표만 간단히 이해할 수 있어도 투자하기에 충분하다.

따라서 이번 챕터에서는 EPS, PER, BPS, PBR, PCR, PSR, EV/EBITDA를 중심으로 설명하려고 한다.

| EPS Earning Per Share, 주당 순이익 |

$$\text{주당 순이익} = \frac{\text{당기순이익}}{\text{발행주식 총수}}$$

재무제표의 포괄손익계산서를 보면 당기순이익이 나온다. 재무제표가 아니더라도 당기순이익은 쉽게 찾아볼 수 있다. 이 당기순이익을 발행주식 수상장주식 수로 나눠주면 주식 한 주당 순이익이 얼마인지, 쉽게 숫자로 알 수 있게 된다.

이를테면 회사의 순이익이 1,000만 원일 때 발행주식 총수가 1,000주라면 1주당 순이익은 1만 원이 된다. 그래서 규모나 순이익이 다른 회사를 비교한다면 당연히 주당 순이익이 클수록 돈을 잘 버는 좋은 회사라고 생각할 수 있다.

카카오의 EPS는 5,551원으로써 74,400원짜리 주식 1주는 일 년에 5,551원을 벌어들이고 있는 것이다.

하지만 실제 주식투자를 위해서는 주당 순이익보다는 주가수익비율PER을 더 많이 사용한다.

| PER Price Earning Ratio, 주가수익비율 **|**

$$\text{주가수익비율} = \frac{\text{주가}}{\text{주당 순이익}}$$

주당 순이익EPS은 1주당 돈을 얼마나 버는지 알 수 있다. 그러나 주식투자에 활용하려면 주가와 연관 지어 생각해봐야 한다. 만일 주당 순이익이 높은 회사일지라도 주가가 엄청나게 급등했다면 투자하기에 부담스러울 것이다. 주당 순이익이 100원 늘어났는데 주가가 100,000원이 늘어났다면? 기업 성장에 비해 주가가 고평가되었다고 생각할 것이다.

따라서 주가를 주당 순이익으로 나눈 주가수익비율PER이 등장하게 되었다. 이것은 돈을 잘 버는 회사면서 아직 주가가 많이 안 오른 회사를 찾기 위함이다. 기업 경영으로 돈을 잘 버는 좋은 회사지만 아직 주가가 크게 오르지 않은 상태, 바로 이런 것을 두고 '저평가'라고 한다.

PER을 판단할 때는 업종마다 다른 기준을 적용할 수도 있고, 전체 기준을 적용할 수도 있다. 업종마다 평균 PER이 다르지만, **일반적으로 필자의 경우에는 PER 저평가의 기준을 10 이하로 본다. PER이 10이라는 것은 주가가 주당 순이익의 10배라는 의미고, 이 주식을 매수했다면 10년이 지났을 때 본전이 된다는 뜻이다.**

그러나 반드시 모든 종목을 'PER≤10'이라는 기준으로 획일화하여 생각할 수는 없다. 카카오의 PER을 살펴보면 13.04다. 이것은 업종 평균 PER 19.43보다는 저평가 상태로 볼 수도 있다. 그리고 수익 창출력과 비교해보면 본전이 되기까지 13.04년이나 걸리기 때문에 일반적인 기준에 따르더라도 저평가 수준에 도달했다고도 볼 수 있다.

하지만 카카오는 자회사를 별도로 상장시키고 계열사의 지분을 매각하면서 점점 카카오 본주의 가치가 낮아지는 중이다. 따라서 획일적인 PER의 기준을 생각하기보다는, 어떤 기준을 적용하여 분석할지 투자자마다 고민해볼 부분이다.

PER은 회사가 돈을 얼마나 잘 버는지에 대한 지표다. 그러다보니 PER은 주로 성장주에서 많이 본다. 자산에 대한 가치 평가보다는 매년 더 많은 돈을 벌면서 성장해가는 회사를 생각할 때, PER과 연관성이 있기 때문이다.

카카오의 PER은 13.04로써 업종 평균인 19.43보다 저평가되었다.

그렇다면 PER이 낮으면 무조건 좋은 주식일까? 이 부분에서는 조금 더 고민해볼 필요가 있다. 일반적으로 PER이 10 이하면 저평가되었다고 한다. 하지만 잘나가는 주식들은 PER이 10을 넘어 20 이상인 종목들도 많이 있다. 가치투자를 하는 사람들은 이런 주식은 고평가되었기 때문에 언젠가는 다시 하락할 것이라고 이야기한다.

하지만 바로 그 '언젠가는'이 함정이 될 수 있다. 만일 그 회사가 앞으로도 계속 돈을 잘 번다면 어떻게 될까? 실제로 성장주의 경우, 매출 성장성이 꺾이지 않는 한 주가는 계속 상승할 수밖에 없다. 왜냐하면 주가는 미래의 가치까지 반영하기 때문이다.

카카오 자회사 상장과 주가의 흐름.

네이버 증권

따라서 미래에 지금보다 더 큰 매출을 올릴 것으로 기대되는 회사의 주식이라면, 사람들은 PER 같은 지표와는 상관없이 미래의 수익에 대한 기대 심리까지 가격에 반영하여 매수할 것이다. 문제가 되는 것은 기업의 성장성은 언제까지고 지속될 수만은 없다는 것이다. 아무리 독점 기업이라 할지라도 시장은 한정되어 있기 때문에 매출과 수익이 계속 증가할 수는 없다.

잘나가는 상품이라면 유사 상품이 금세 나와 경쟁이 치열해지기도 하고, 시장에서 요구하는 만큼의 제품을 모두 판매해 버리고 난 후에는 당연히 성장성이 멈출 수밖에 없다. 또는 카카오나 LG화학처럼 돈 잘 버는 자회사를 별도로 상장시킬 수도 있다. 자회사의 상장과 주가의 변동에 대한 논란은 많이 있다. 그렇기 때문에 그림 자료를 참조하면서 각자 생각해보기 바란다.

자회사의 상장 논란과는 별개로, 기업의 성장이 지속되다가 성장세가 꺾인다면 주가의 하락이 시작된다. 일반적으로 성장주의 성장성이 멈추었을 경우, 주가는 반토막이 나 버린다. 그리고 초고속 성장주라면 $\frac{1}{4}$ 토막까지도 나는 경우가 있다. **중요한 것은 PER이 높아서 주가가 하락하는 것이 아니라는 것이다. 주가 상승의 원인이 되었던 성장성, 성장 기대감이 끝났기 때문에 주가는 하락한다.**

다만 매출과 수익의 증가가 언제까지 이어질지는 아무도 모른다. 따라서 성장성이 계속 유지되고 있는 상태라면, 비록 높은 수준의 PER일지라도 주가는 계속 상승하는 경우가 많다.

카카오의 주가 상승을 보면 PER이 200배가 넘을 때까지도 계속된 것을 알 수 있다. 이것은 주가의 고평가에 대한 우려보다는 지속적인 성장이 계속될 것이라는 투자자들의 판단이 더 크게 작용한 결과다. 물론 이후 성장성이 꺾일 것이라는 전망이 나오게 된 이후에는 차트에서 볼 수 있듯이 엄청난 하락

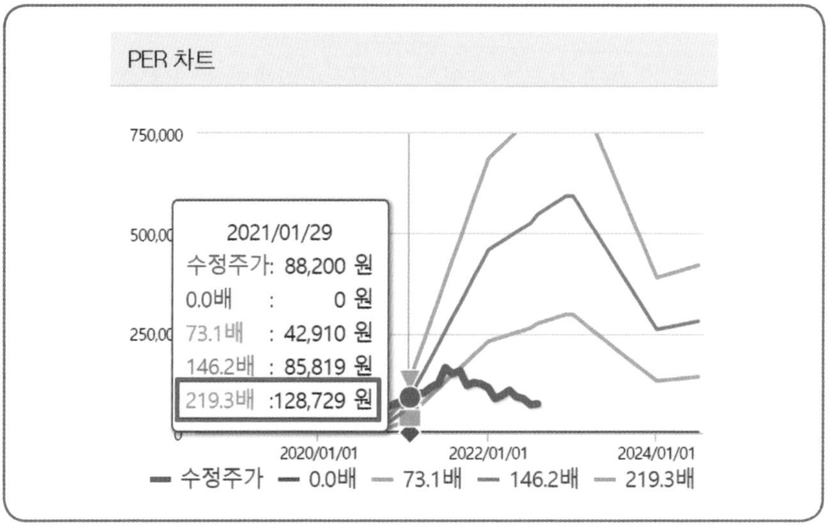

카카오의 PER 추세를 보면 200배가 넘을 때까지 주가가 계속 상승하던 시기가 있었다.

이 나올 수 있다는 것도 알아야 한다.

투자할 때 '흑자 기업의 PER이 10 이하라면 저평가이니 투자할 만하다'라는 생각에 사로잡혀 있으면, 생각보다 투자할 만한 종목을 찾기 힘들 때가 많다. 따라서 PER이 어떤 의미인지를 생각해보고, 자신의 관심 종목이 왜 그런 PER 값을 갖게 되었는지를 판단했으면 한다.

| BPS Book-value Per Share, 주당 순자산 |

$$주당\ 순자산 = \frac{순자산}{발행주식\ 총수}$$

주식을 사는 것은 회사의 일부를 산다고 생각할 수 있다. 만일 주식 1주를

카카오의 BPS는 25,977원이다. 카카오를 청산할 경우 주주는 1주당 25,977원을 받게 될 것이다.

사게 되면 회사의 지분을 얼마나 가질 수 있는 것일까?

이런 것을 계산하는 것이 바로 주당 순자산이다. 주당 순자산은 말 그대로 '주식 1주당 자산'이라는 의미기 때문이다. 순자산은 자본총계에서 무형자산, 이연자산, 사외유출금배당금 등을 빼고, 이연부채를 더하여 계산하기 때문에 조금 복잡하다.

그러나 일반적으로 자산이 급격하게 변동되는 경우는 드물기 때문에, 그림처럼 그냥 네이버에서 제공하는 BPS 자료를 참고해도 무방하다.

여러 회사를 비교할 때, 주가가 비슷하다면 당연히 주당 순자산이 큰 회사가 좋을 것이다. 하지만 종목 분석을 하다보면 주가가 비슷한 종목끼리 비교하기보다는 주가가 다른 경우가 훨씬 많다. 그래서 주가의 영향까지 고려한 PBR이 더 많이 쓰인다.

| PBR Price Book-value Ratio, 주가순자산비율 |

$$\text{주가순자산비율} = \frac{\text{주가}}{\text{주당 순자산}}$$

앞서 살펴본 PER은 기업이 돈을 얼마나 잘 버는지 이해하기 위한 자료였다. 'PER=10'을 기준으로 이보다 낮을수록 기업의 수익성에 비해 주가가 저평가되었다고 했다. 이와는 달리 PBR은 기업이 보유하고 있는 자산의 가치에 대한 문제다. 즉 현재의 주가를 분석해볼 때, 회사가 보유하고 있는 자산에 비해 주가가 싼지 비싼지를 평가하는 자료다.

만일 PBR이 1이라면 주가와 1주당 순자산이 같게 된다. 이런 경우에는 기업을 청산하더라도 주식 현재가 시세가 자산 청산 가치와 같기 때문에 최소한 본전은 건질 수 있다.

— 카카오의 PBR은 2.79이며 이것은 카카오의 주가가 자산 가치에 비해 2.79배나 높다는(고평가) 뜻이다.

네이버 증권

만일 PBR이 2라면 현재 주가는 주당 순자산 가치의 2배만큼 올랐다는 뜻이다. 그리고 PBR이 0.5라면 현재 주가는 주당 순자산 가치의 절반밖에 되지 않는 낮은 가격이라는 뜻이다. 그렇기 때문에 가치투자와 저평가된 주식을 찾고 있다면 PBR이 1 이하인 종목을 찾는 것이 좋다. 이것은 기업을 처분한다고 할 때, 주주가 배당받을 수 있는 자산의 가치가 현재 주가보다 더 커지는 것을 의미한다.

따라서 PBR은 재무 내용 면에서 주가를 판단하는 척도다. 물론 가치투자의 대상이 되는 기업이 망할 리는 없을 것이다. 그렇기 때문에 주가가 저평가되었는지 판단하는 지표로 생각하면 된다. 그리고 그 기준은 일반적으로 1이다.

| PER과 PBR의 심층 이해 |

가치투자에 대하여 생각해보자. 워런 버핏은 꾸준히 흑자를 내는 기업이라는 전제하에, 기업의 가치보다 주가가 낮은 경우라면 매수한다. 이것을 간단히 생각해보면 기업의 청산 가치의 기준이 되는 'PBR≤1'인 종목을 고르거나 'PER≤10'인 종목을 고르면 된다.

그러나 'PBR 1'에 너무 집착하기보다는 PBR을 좀 더 폭넓게 이해했으면 한다. 이를 위해 먼저 PBR을 판단하는 데 근간이 되는 '자산'에 대해 생각해보자.

자산에는 유형자산뿐만 아니라 무형자산도 있다. 무형자산이란 영업권이나 통신사업권 등을 생각하면 된다. 우리나라는 SK텔레콤, KT, LG유플러스 세 개의 통신회사가 장악하고 있다. 알뜰통신사가 있다고는 하지만 그들 역시 세 개의 통신사로부터 회선을 임대할 뿐이다. 외국 통신사업자는 우리나라에서 사업을 할 수 없다. 이뿐만이 아니라 협력회사, 납품회사 같은 것도 영업권의 사례로 생각해볼 수 있다.

삼성전자에 부품을 납품할 때는 삼성전자에서 요구하는 조건들이 있을 것이다. 그 조건을 만족하기 위해서 중소기업에서는 어느 정도 투자를 통해 삼성전자와 협력업체가 되려고 노력할 것이고, 소수의 선택받은 기업만이 그 행운을 누린다. 쉽게 말하면 권리금이라 보면 된다.

이러한 무형자산이 정확한 금액까지 산출되어 PBR의 계산에 반영되었다고 볼 수 있을까? 상당히 힘든 이야기다. PBR은 우량주와 자산에 대한 이야기다. 따라서 회사를 청산했을 때의 가치보다도 낮다면, 적자회사나 매출 감소의 상황이 아닌 이상 저평가로 생각해도 좋다.

여기에서 남들은 모르지만 나만 아는 것을 발견할 수 있는 포인트가 있다. 바로 위에서 설명했던 자산에 대한 이해다. 자산에는 무형자산과 부동산 등이 모두 포함된다.

그러나 기업 입장에서는 자산을 일부러 크게 부풀리기 꺼리는 기업도 있다. 딱 필요한 만큼의 자산 평가만을 통해 세금을 내려고 할 수도 있다. **무형자산이나 부동산 등은 자산의 가치 평가가 정확하게 이뤄지지 않는 경우가 있다. 여기에 투자의 비밀이 숨어 있을 때가 있다.**

신세계의 경우를 살펴보자. 신세계는 1997년에 미국 스타벅스 본사와 라이선스를 체결함으로써 우리나라에 독점적인 지위를 갖게 되었다. 이후 지금까지 전국의 스타벅스는 계속 증가하게 되었는데, 그 성장성과 상징성은 엄청난 파급 효과를 불러일으켰다. 부동산의 입지가 좋은지 살펴보려면, 근처에 스타벅스가 있는지를 보면 알 정도가 되었으니 말이다.

PBR과 자산에서 무형자산에 대한 분석도 필요하다.

물론 스타벅스가 신세계에서 차지하는 비중이 크지 않을 수 있으며, 백화점 사업의 확장 등 여러 가지 요인이 있을 수 있다. 그래도 스타벅스의 도입 시기와 신세계 주가의 대세 상승 시기는 유사하게 시작된다. 신세계의 주가는 스타벅스 도입 당시 5천 원대에서 10년간 50만 원대까지 상승했다. 이렇게 기업이 보유하고 있는 무형자산 권리금이 자산에 영향을 미치기 때문에, PBR을 생각할 때는 이런 부분도 감안하여 이해하면 좋을 것이다.

이번에는 PBR과 PER을 함께 생각해보자. PBR을 통해 주식의 저평가를 판단할 경우, 코스피와 코스닥을 구분해야 할 때도 있다. 코스닥의 많은 종목은 자산이 많기보다는 돈을 잘 버는 종목이 많다. 즉 PBR이 높아서 다소 고평가된 것처럼 보이지만, PER에 비하면 돈을 잘 벌고 있기 때문에 저평가인 경우가 있다.

그리고 반대로 코스피의 경우에는 자산이 우량한 기업이 많기 때문에 PBR이 1 이하로 저평가되었지만, PER을 생각해보면 벌어들이는 수익에 비해 다소 고평가되어 있는 경우도 있다.

그래서 PER과 PBR을 함께 생각해야 한다. 이를테면 PER이 20이나 30 정도로 높을지라도, PBR이 1보다 작으면 저평가로 생각하면 된다. 이때는 PBR 저평가, 즉 자산이 저평가된 것이다. 따라서 흑자를 내며 돈을 잘 버는 종목들 가운데 PBR이 저평가인 종목을 다시 선별하여 투자 종목을 뽑아 볼 수 있다. 반대로 PBR이 2, 혹은 3정도로 높은 종목들 가운데 PER이 10보다 작은 종목을 찾으면서 투자 종목을 선별할 수도 있다.

이렇게 PER과 PBR을 함께 생각해야 하는 이유는 PBR은 우량주의 기준이 되

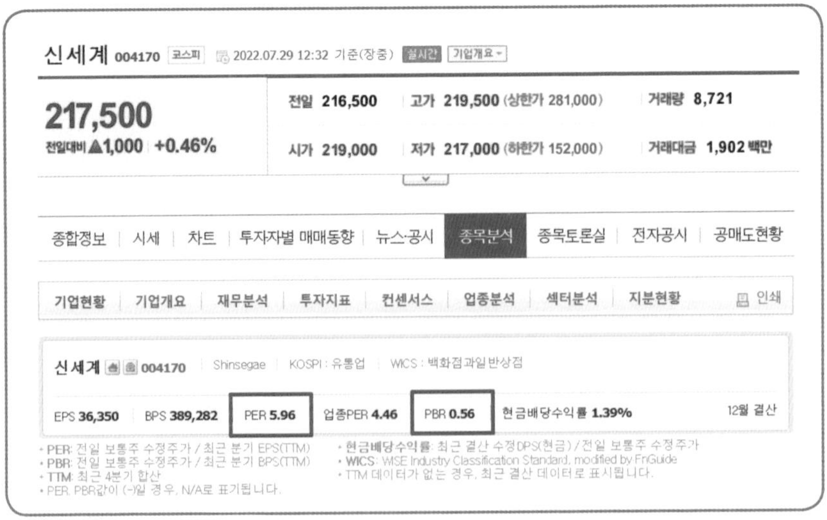

— 신세계의 경우 PER은 5.96으로써 10보다 낮으므로 저평가, PBR 역시 0.56으로써 1보다 낮으니 저평가로 볼 수 있다. 다만 최근 10년간 횡보 중인 주가의 흐름과는 별개로 생각해볼 문제다.

고, PER은 성장주의 기준이 되기 때문이다. PBR 저평가는 자산이 우량하다는 뜻이고, PER 저평가는 주가에 비해 주당 순이익이 좋다는 의미다.

중요한 것은 PER과 PBR이 둘 다 모두 저평가인 종목을 찾기는 힘들다는 것이다. 물론 이 조건을 충족하는 종목들도 있다. 하지만 이런 종목은 기업에 뭔가 문제가 있던지, 아니면 그 정도 평가가 해당 기업의 적정 주가인 경우다. 그림에서 신세계를 보면 PER이 5.96, PBR이 0.56이다. 모두 저평가 수준이다. 그럼 바로 투자해도 될까?

신세계의 주가는 2012년 이후 20만 원대에서 횡보 중이다. 모든 정보가 공개된 오늘날, 좋은 기업의 주가가 저평가되어 있는 경우는 드물다.

우량주 저평가만을 생각한다면 최소한의 성장성, PER 10~20 정도의 주식 가운데에서 PBR을 고려하여 종목을 찾아야 한다. 그리고 성장주를 찾는다면 최소한의 재무 건전성, PBR 1~2 정도의 주식 가운데에서 PER이 저평가된 종목을 찾으면 된다. 물론 여기에서 PER과 PBR의 기준이 되는 값은 사람마다 판단하는 기준이 달라질 수 있으니, 여러분도 자신만의 기준을 찾아보기 바란다.

네이버 증권에서 PER과 PBR을 찾다보면 종목 분석의 기업 현황에서 밴드 차트를 볼 수 있다. 이것은 현재의 주가가 PER과 PBR 밴드에서 어떤 흐름을 보여주고 있는지 알 수 있는 자료다.

예를 들어 네이버와 카카오의 PER과 PBR 밴드 차트를 보자. 먼저 네이버의 주가는 PER이 3.8배와 52.7배의 밴드 사이에서 움직이고 있다. 특히 최근 주가의 흐름을 보면 고평가에서 다시 저평가 수준의 방향으로 이동 중인 것을 알 수 있다.

네이버의 PBR 밴드 차트를 보면 5.9배에서 움직이던 주가가 1.3배를 향해

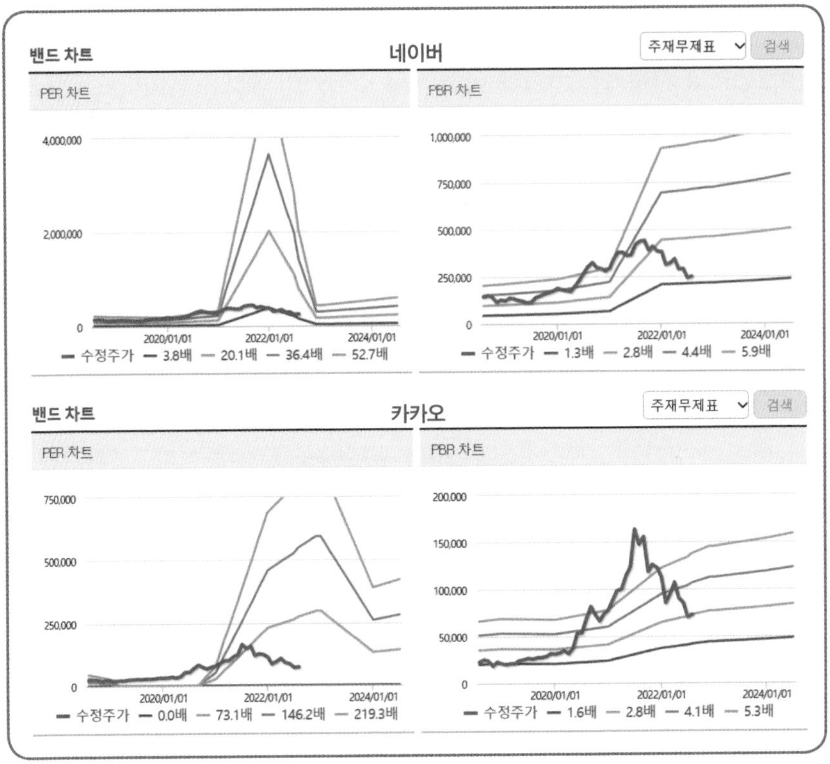

네이버와 카카오의 PER, PBR 밴드 차트.

조금 내려간 것을 볼 수 있다. 이것은 자산 가치에 대비해 주가가 저평가 방향으로 조금 떨어지고 있다는 것을 말한다.

해당 기업의 주가 평가는 적당히 고평가에서 저평가로, 다시 저평가에서 고평가의 밴드 사이를 움직이고 있다. 밴드 차트는 현재 주가가 밴드의 상단 고평가 수준인지, 밴드의 하단 저평가 수준인지를 확인하기 좋은 수단이다.

카카오의 밴드 차트를 보자. PER 밴드를 보면 카카오의 주가는 0배에서 급격하게 219배의 밴드를 타고 올라간 것을 알 수 있다. 이것은 수익성에 비해 주가가 급격하게 상승했음을 나타낸다. 즉 수익성에 비해 고평가되고 있는 것이다. 이후 주가는 급격히 하락하며 다시 낮은 밴드대로 들어왔다. 주가가 본래의 가치를 찾아가고 있는 것이다.

PBR 밴드 차트를 보면 PBR 1.6배에서 움직이던 주가는 PBR 5.3배 이상으로 급등했었다. 현재 주가는 PBR 2.8배의 밴드에서 계속 하락 추세다. 이렇게 밴드 차트를 보면서 현재 주가의 흐름이 저평가로 흘러가고 있는지, 아니면 고평가 상태로 주가가 상승 중인지를 확인할 수 있다.

PER, PBR을 분석하기 이전에 반드시 염두에 둬야 할 것이 있다. 적자 기업은 투자 대상 종목에서 제외한다는 것이다. 너무 PER나 PBR의 수치에만 집착하다보면 자칫 적자 기업임에도 저평가되었다고 생각하고 투자를 결정할 수도 있다. 하지만 기업의 수익성이 줄어들거나 적자로 흘러갈 경우에는 주가도 떨어질 것이고, 그러다보면 당연히 저평가로 오인될 수도 있다.

만일 PBR이 0.5밖에 안 되는 회사가 있다고 하여 무조건 자산이 저평가되었다고 보면 위험할 수 있다. 적자 기업일 경우 PER은 표시가 N/A로 나타나기 때문에 쉽게 거를 수 있다. **적자 기업을 투자 대상에서 배제하는 것, 이것이 필자가 갖고 있는 최소한의 가치투자에 대한 기준이다.**

| PCR Price per Cash Ratio, 주가현금비율 |

$$\text{주가현금비율} = \frac{\text{주가}}{\text{주당 현금흐름}}$$

현금흐름을 통해 주식의 저평가 상태를 알 수는 없을까? 우선 재무제표에서 현금흐름표를 살펴봤다. 현금흐름은 조작의 가능성이 적기 때문에 기업의 현 상황을 잘 알 수 있는 지표다. 경제위기 같은 상황 속에서도 현금흐름이 양호하다면 흑자 도산 같은 어처구니없는 일이 발생할 가능성이 적다.

따라서 기업의 현금흐름을 중요하게 생각하는 투자자들이 많다. **PCR은 PER과 비슷한 지표이지만, 주당 순이익보다는 주당 현금흐름을 더 중요하게 생각하는 투자자들이 선호하는 지표다.**

주가현금비율은 주가를 주당 현금흐름으로 나눠준 값이다. 그리고 주당 현금흐름은 현금흐름을 발행주식 수로 나눠준 값이다. 현금흐름은 많을수록 좋으므로 주당 현금흐름 역시 높을수록 좋다. 만일 주당 현금흐름이 높은 데도 불구하고 아직 주가가 낮은 상태에 머물러 있다면?

현금흐름이 좋은 주식의 가격이 낮은 상태이니, 저평가된 주식으로 생각할 수 있을 것이다. 유사한 업종의 종목들과 상대적으로 비교해보면 된다.

| PSR Price per Sales Ratio, 주가매출비율 |

$$\text{주가매출비율} = \frac{\text{주가}}{\text{주당 매출액}}$$

주가매출비율은 주가를 주당 매출액으로 나눠준 값이다. 이 지표는 켄 피셔가 1984년에 쓴 《슈퍼 스톡스》에서 중요성을 강조했던 지표다. 앞서 살펴본 PER에서 순이익이나 PBR에서 자기자본은 재무제표를 통해 기업에 유리하게 작성되는 경우가 있을 수 있다.

하지만 PCR에서 현금흐름은 이런 데이터의 조작 위험을 어느 정도 줄일 수 있는 지표였고, 지금 살펴볼 PSR은 상대적으로 조작하기 가장 힘든 지표다. 매출액이기 때문에 그동안 팔렸던 매출을 그대로 드러낼 수밖에 없기 때문이다.

PSR은 낮을수록 저평가된 기업이다. 주당 매출액이 높다면 좋은 기업일 텐데, 이런 기업의 주가가 낮다면 저평가되었다는 뜻으로 이해할 수 있다. 여기에서 PSR의 값이 작다는 기준이 모호할 수 있다. 이것은 같은 업종 내의 종목 간 비교를 통해 주가가 덜 오른 종목을 추려낼 수도 있고 또는 전년도, 전 분기와 비교하여 기업의 사업 성과 추세를 비교할 수도 있다.

실제로 PSR이 낮은 기업들을 검색하여 포트폴리오를 만든 후, 이런 기업에만 투자해도 괜찮은 수익률을 거둘 수 있다.

| EV / EBITDA Enterprise Value / Earning Before Interest, Tax, Depreciation and Amortization |

$$\frac{EV}{EBITDA} = \text{EV를 EBITDA로 나눈 값}$$

이것은 그냥 이름이 계산식이 되어 버린다. 먼저 EV는 기업 가치를 말한다. 기업 가치는 시가총액 + 총부채 − 현금 및 현금성자산으로 계산한다. 하지만 일일이 계산할 필요는 없고 그냥 기업을 인수할 때, 필요한 금액이라는 정도만 이해하면 된다.

EBITDA는 에비타라고도 한다. 이것은 세금을 내기 전 순이익 + 이자 비용 + 감가상각비인데, 이 역시 계산식을 외울 필요는 없다. 그냥 1년간 벌어들인 수익에서 세금을 내기 전의 돈이라고 생각하면 된다. 여기에서 '벌어들인 돈'이 중요하다.

'기업 가치'EV를 '벌어들인 돈'EBITDA으로 나눈다는 것의 의미는 무엇일까? 기업을 인수한 다음에 그 기업이 벌어들인 돈을 차곡차곡 모아서, 인수할 때 사용한 현금을 회수하려면 얼마의 기간이 걸리겠는가에 대한 해답이다.

예를 들면 100억 원의 기업 가치를 지닌 회사를 인수했다고 해보자. 이 기업은 1년에 50억 원을 벌어들인다. 그러면 100억 원 ÷ 50억 원 = 2가 되어, 이 기업의 EV / EBITDA = 2가 된다. 즉 매수한 기업으로 사업하면서 2년간 돈을 모으면, 기업 인수 시 들였던 돈을 모두 회수할 수 있다는 이야기다. 따라서 EV / EBITDA는 작을수록 좋다. 이 값이 작다면 더 짧은 기간에 투자금을 회수할 수 있기 때문이다.

* 단위 : 억원, %, %p, 배　* 분기 : 순액기준

항목	2017/12 (IFRS연결)	2018/12 (IFRS연결)	2019/12 (IFRS연결)	2020/12 (IFRS연결)	2021/12 (IFRS연결)	전년대비 (YoY)
EPS	320	123	-717	355	3,132	782
BPS	11,867	12,979	12,746	14,647	23,018	57
CPS	1,098	1,258	1,793	2,217	2,940	33
SPS	5,820	6,189	7,313	9,490	13,807	45
PER	85.50	168.01	N/A	219.25	35.92	-83.62
PBR	2.31	1.59	2.41	5.32	4.89	-8.11
PCR	24.97	16.37	17.12	35.14	38.27	8.91
PSR	4.71	3.33	4.20	8.21	8.15	-0.74
보통주수정주가(기말)<당기>	27,400	20,600	30,700	77,900	112,500	
SPS<당기>	5,820	6,189	7,313	9,490	13,807	
EV/EBITDA	29.09	33.88	27.75	43.87	48.43	10.39
DPS	30	25	25	30	53	77
현금배당수익률	0.11	0.12	0.08	0.04	0.05	0.01
현금배당성향(%)	9.25	20.99	-3.46	8.29	1.65	-6.64

네이버 증권의 종목별 정보에서 '종목 분석 → 투자 지표'의 맨 아래를 보면 EPS에서 현금배당 성향까지의 정보를 제공하고 있다.

지금까지 살펴본 PBR이나 PER 같은 지표는 네이버 증권 여기저기에서 볼 수 있다. 이때 각 지표의 기준이 최근 결산 기준인지, 최근 4개 분기가 기준인지를 이해하고 활용해야 한다.

그러나 PCR, PSR, EV / EBITDA 같은 지표는 잘 찾아볼 수 없다. 이런 지표는 '종목 분석 → 투자 지표'의 맨 아래에서 찾아볼 수 있다. 여기에는 PBR, PER, PCR, PSR, EV / EBITDA 이외에도 더 다양한 정보를 제공하고 있으니 투자자별로 중요하게 생각하는 지표를 참고할 수 있을 것이다. 이런 데이터는 투자 대상 종목이 저평가인지, 고평가인지 분석하는 데 도움이 된다. 뿐만 아니라 새로운 투자 대상 종목을 찾을 때도 활용할 수 있다.

사실 이런 투자 방법은 증권사별 HTS를 활용하면 간단하게 다양한 지표별 순위를 뽑아낼 수 있다. 그러나 네이버 증권만을 통해 하기에는 조금 까다롭고 복잡하다.

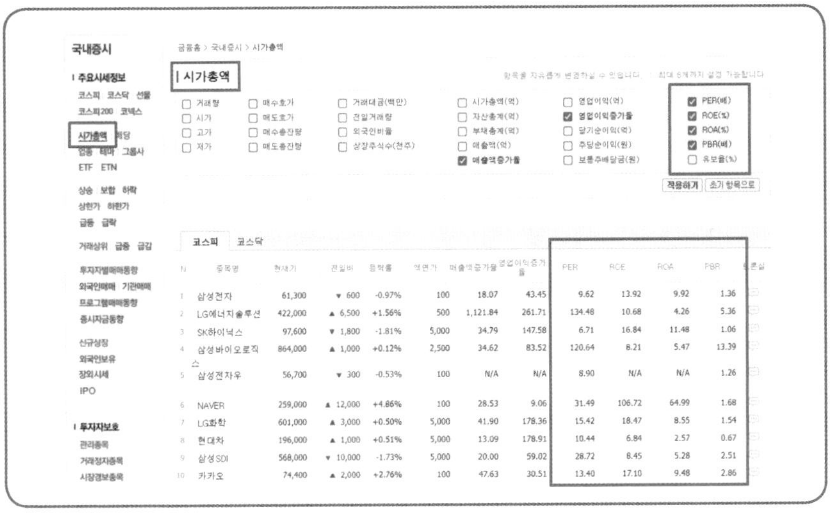

네이버 증권에서 지표를 통해 종목을 검색하려면 다소 많은 작업이 필요하다.

먼저 각각의 지표에서 괜찮은 값을 갖는 종목들을 검색한다. 안타깝게도 네이버 증권에서는 PER, PBR, ROE, ROA 정도만 제공하고 있다. 네이버 증권의 시가총액별 종목에서 PER, PBR 등 원하는 지표 항목을 체크한다. 그다음 종목에 대한 지표들을 모두 복사한다. 이것을 엑셀 프로그램에 붙여 넣는다. 이후 함수나 내림차순, 오름차순 등을 활용하여 원하는 종목의 순서대로 정렬한다. 그다음 각각의 항목에 점수를 매긴 후 상위 30~50종목 정도에 똑같이 분산투자를 한다.

조금 더 전문화된 트레이딩 시스템을 통해 이런 식으로 종목을 검색하여 꾸준한 수익을 거두는 퀀트투자자들이 많이 있다.

가치투자를 위한 펀더멘털의 이해

① PER은 1주당 돈을 얼마나 버는지를 설명한다.

가. PER은 업종 PER과 비교하여 이보다 낮거나, 10보다 낮다면 저평가로 본다.

나. PER은 성장성과 관련된 지표로써 자산은 적더라도 돈을 잘 버는데 주가가 아직 안 올랐다면 PER이 낮아진다.

② PBR은 주가가 기업의 순자산에 비해 얼마나 평가되고 있는지를 설명한다.

가. PBR도 업종 PBR을 비교하여 이보다 낮거나, 1보다 낮다면 저평가된 것으로 본다.

나. PBR은 안정성과 관련된 지표로써 기업에 돈이 계속 쌓여 가는데 주가가 아직 덜 올랐다면 PBR이 낮아진다.

③ PER과 PBR이 동시에 저평가인 종목은 검색하기가 힘들며, 차선책으로 둘 중 하나의 지표라도 저평가된 종목을 찾을 수 있어야 한다.

④ 네이버 밴드 차트를 통해 PER과 PBR의 평가 추세를 확인함으로써 가치투자에 활용할 수 있다.

⑤ PCR과 PSR을 통해서도 저평가된 종목을 분석할 수 있다. 이 지표들은 현금 흐름과 매출에 대한 지표로써, PER이나 PBR에 비해 상대적으로 조작의 위험성이 적다는 장점이 있다.

⑥ EV / EBITDA는 기업 가치를 기업이 1년간 '벌어들인 돈'으로 나눠준 값으로써, 이 기업을 인수할 때 몇 년이면 기업의 수익으로 만회할 수 있는지에 대한 지표다. 회수의 기간은 짧을수록 좋은 것이기 때문에 이 값 역시 짧을수록 좋다.

⑦ 종목 분석의 기본적인 전제는 반드시 흑자 기업이어야 한다는 사실을 잊지 않는다.

용어 정리

- 펀더멘털 : 재무제표에 나온 수치들을 계산하여 기업의 재무구조나 실적 등을 이해할 수 있는 지표다.
- EPS : 주당 순이익, 주식 1주당 순이익이다. 클수록 좋다.
- PER : 주가수익비율, 주가를 1주당 순이익 EPS으로 나눈 값이다. 낮을수록 저평가다.
- BPS : 주당 순자산, 주식 1주당 갖게 되는 회사 자산의 지분이다. 일반적으로 클수록 좋다.
- PBR : 주가순자산비율, 주식 1주당 순자산의 비율이다. 일반적으로 낮을수록 저평가다.
- PCR : 주가현금비율, 현재 주가를 주당 현금흐름으로 나눠준 값이다. 일반적으로 낮을수록 저평가 가능성이 크다.
- PSR : 주가매출비율, 현재 주가를 주당 매출액으로 나눠준 값이다. 일반적으로 낮을수록 저평가다.
- EV / EBITDA : 기업 가치를 해당 기업이 1년 동안 벌어들인 돈으로 나눈 값이다. 작을수록 좋다.

투자 분석, 4가지 방법

가치투자는 저평가된 우량주와 성장주에 투자하는 것이다. 이를 위해 재무제표를 있는 그대로 활용해도 되고, 이를 살짝 가공한 펀더멘털 지표를 통해 주식의 상태를 이해하기도 한다. 그리고 네이버 증권에서 제공하고 있는 투자 분석 자료를 활용하는 방법도 있다.

그림처럼 종목별 정보에서 '종목 분석 → 투자 지표 → 투자 분석'을 보면 '수익성, 성장성, 안정성, 활동성'에 대해 분석한 자료가 있다.

네이버에서는 이 자료들을 차트 형태로 보여주고 있어서 연도별 증감 추이

— 네이버 증권에서 종목 분석 → 투자 지표를 보면, 투자 분석 자료를 제공하고 있다.

를 보기에 편하다. 여기에 나오는 지표는 모두 자세히 이해하고 있으면 좋겠지만 최소한 클수록 좋은 것인지, 아니면 작을수록 좋은 것인지 정도만이라도 이해하자.

| 수익성 정보 |

수익성에 대한 자료는 수익성 지표와 투자수익률을 알려준다. 수익성 지표는 얼마나 돈을 잘 버는지에 대한 정보다. 매출액, 영업이익률, 순이익률을 차트로 보여준다.

카카오의 수익성 지표를 살펴보자. 수익성 지표에서 매출액은 차트의 좌측의 값을 읽으면 된다. 카카오의 매출액은 2017년 1조 9,723억 원에서 해마다 증가하여 2021년에는 6조 1,366억 원으로 증가했다. 매출액의 증가만

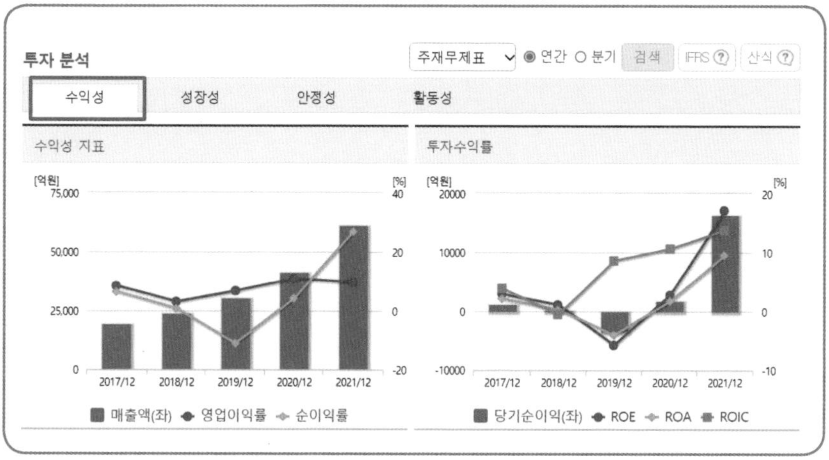

수익성 정보에서는 수익성 지표와 투자수익률을 알 수 있다.

으로도 회사가 계속 성장하고 있다는 것을 한눈에 알 수 있다.

영업이익률은 영업이익을 매출액으로 나눈 값으로 우측의 %값을 읽으면 된다. 영업이익률은 매년 10% 정도를 안정적으로 유지하고 있다.

순이익률은 당기순이익을 매출액으로 나눈 값이다. 카카오의 순이익률은 2019년 -11%로 크게 줄었다. 그러나 2020년 순이익률은 4.17%였고, 2021년에는 26.82%까지 증가했다. 이것을 통해 대규모 투자 이후 순이익률이 지속해서 증가하고 있음을 알 수 있다.

오른쪽 투자수익률은 기업이 사업을 진행하면서 벌어들인 돈에서, 모든 비용과 세금까지 차감하고 남은 최종 경영 성과다. 카카오의 당기순이익을 보면 2019년 -3,419억 원에서 2021년에는 1조 6,461억 원까지 큰 폭으로 증가했다. 이와 같은 순이익 증가는 고스란히 주가에 반영되어 주가의 큰 상승을 이끌었다.

카카오의 수익성 지표를 보면 2019년에만 크게 줄어든 것이 확인된다. 만일 이런 상황이 또 발생한다면 다트에서 보고서를 찾아 꼼꼼하게 읽고 분석할 필요가 있다.

투자수익률에서 ROE는 자기자본수익률ROE, Return On Equity이다. 이것은 순이익을 자본으로 나눠준 값이다. 만일 자산이 100억 원인 회사가 순이익을 10억 원을 냈다고 할 때 자산 100억 원 중 자본 50억 원, 부채 50억 원이라면 ROE = 순이익 10억 원 ÷ 자본 50억 원 × 100 = 20%가 된다. 카카오 기업의 ROE는 2019년 -5.81%에서 증가하기 시작하여 2021년에는 17.1%까지 늘어났다.

ROA는 총자산이익률ROA, Return On Asset이다. 이것은 순이익을 자산부채 + 자본으로 나눠준 값으로써 높을수록 좋은 회사다. ROA 역시 2019년 이후부터 많이 증가하고 있는 것으로 보아 카카오의 이익률이 증가하고 있음을 알 수 있다.

ROIC는 투하자본수익률ROIC, Return On Invested Capital로써 높을수록 좋은 회사다. 이것은 영업이익을 세금을 내기 전 투하자본영업활동만을 위해 사업에 사용한 자본으로 나눈 값이다. ROE에서는 전체 자기자본으로 나눴지만, ROIC에서는 오직 영업활동에 투자한 자본만으로 나눠준 것이기 때문에, 얼마나 영업활동을 잘했는지를 알려주는 지표다.

쉽게 설명하면 친구 하나가 10억 원을 투자해서 5억 원을 벌었다고 자랑했다. 이때 친구가 벌인 사업의 ROIC는 50%다. 카카오의 ROIC를 보면 2018년 이후부터 해마다 증가하고 있는 것을 볼 수 있다. 특히 2021년의 ROIC는 13.77%까지 증가했다.

수익성 분석은 기업의 수익성이 해마다 증가하는지, 감소하는지, 아니면 유지되고 있는지를 판단할 수 있다. 수익성이 해마다 증가한다면 성장주로 볼 수도 있다. 그러나 수익성이 감소한다면 상품이 잘 안 팔리거나 팔더라도 수익을 못내는 상황으로 변화했기 때문에, 기업의 사정이 어려워졌다고 생각할 수 있다.

카카오는 수익성이 2019년 이후 계속 증가했음을 알 수 있다. 기업의 수익성 증가는 주가에 영향을 준다. 그래서 카카오의 주가는 2019년 이후 2021년까지 10배 가까운 상승이 나타났던 것이다.

참고로 투자 분석에서 지표의 오른쪽 상단을 보면 '산식'이 있다. 여기를 클릭하면 그림과 같이 각각의 지표가 어떻게 계산되어 나온 것인지 알 수 있다.

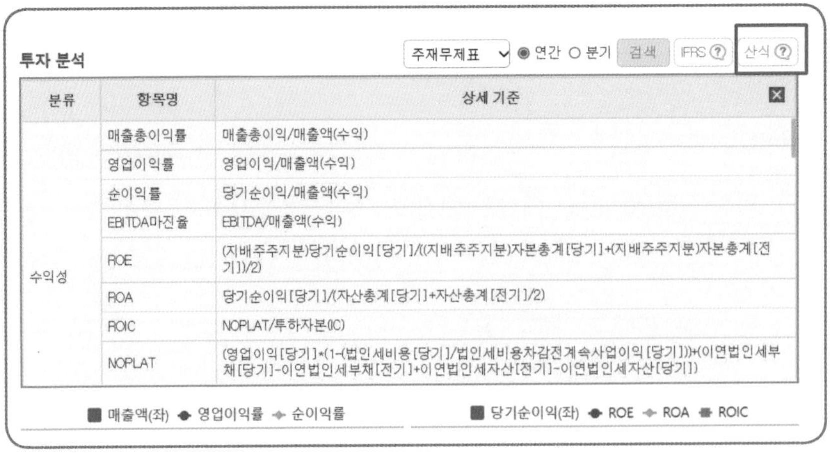

분류	항목명	상세 기준
수익성	매출총이익률	매출총이익/매출액(수익)
	영업이익률	영업이익/매출액(수익)
	순이익률	당기순이익/매출액(수익)
	EBITDA마진율	EBITDA/매출액(수익)
	ROE	(지배주주지분)당기순이익[당기]/((지배주주지분)자본총계[당기]+(지배주주지분)자본총계[전기])/2)
	ROA	당기순이익[당기]/(자산총계[당기]+자산총계[전기]/2)
	ROIC	NOPLAT/투하자본(IC)
	NOPLAT	(영업이익[당기]*(1-(법인세비용[당기]/법인세비용차감전계속사업이익[당기]))+(이연법인세부채[당기]-이연법인세부채[전기]+이연법인세자산[전기]-이연법인세자산[당기])

오른쪽 위에 있는 산식을 클릭하면 각각의 지표가 어떻게 계산되는지 알 수 있다.

| 성장성 정보 |

성장성 정보는 성장주를 판단하기에 적당한 정보다. 이것은 기업의 매출액이나 자산이 해마다 어떻게 움직이는지를 판단하여 성장성을 판단하게 된다. 따라서 성장성 정보들은 클수록 성장주로 볼 수 있다.

그림에서 카카오의 매출액 증가율을 보자. 2019년 매출액 증가율은 27%였지만, 2021년에는 47%까지 증가했다. 주의할 것은 매출액 증가에 대한 비율이라는 것이다.

매출액 증가율이 증가 없이 일정하게 유지되고 있다고 하여 성장성이 멈춘 것이 아니다. 만일 매년 10%씩 매출이 일정하게 성장하고 있다면 매출액증가율의 차트는 수평으로 일정하게 유지되는 것처럼 보일 것이다. **매출액 증가율이 플러스라면 크기가 크든 작든 매출액은 이전보다 증가한 것이고, 이것은**

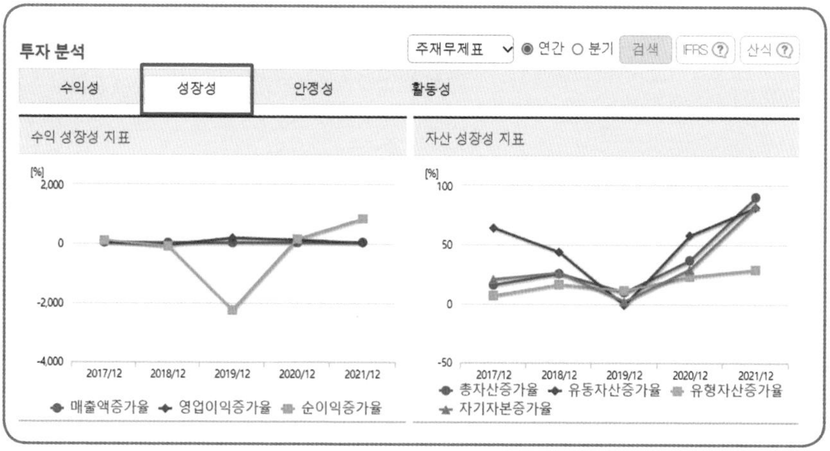

성장성 정보에서는 수익 성장성 지표와 자산 성장성 지표를 분석한다.

성장주로 볼 수 있다.

영업이익증가율을 보자. 영업이익증가율은 거의 변화가 없는 것처럼 보인다. 2019년의 순이익증가율이 너무 크게 변했기 때문이다. 이럴 때는 다른 지표들을 지우고 빨간색 선인 영업이익증가율만을 표시하여 보면 된다.

카카오의 영업이익증가율을 보면 2019년 이후로 183%에서 30%까지 줄어들고 있다. 물론 영업이익증가율도 높은 것이 좋다. 그리고 증가율이 해마다 계속 증가하는 것이 좋다. 하지만 카카오처럼 덩치가 점점 더 커지다 보면 증가율 자체가 많이 늘어나기는 어려울 수 있다. 그래도 영업이익증가율이 플러스(+)를 유지한다면 아직은 성장성이 있다는 뜻이다.

만일 2022년 이후 영업이익증가율이 마이너스(–)가 된다면 주가의 하락 가능성이 있으니 주의깊게 살펴봐야 한다.

수익 성장성 지표에서 순이익증가율은 2019년에 -2,251%에서 2021년 849%로 증가했다. 순이익의 증가를 봐도 카카오가 얼마나 크게 성장했는지

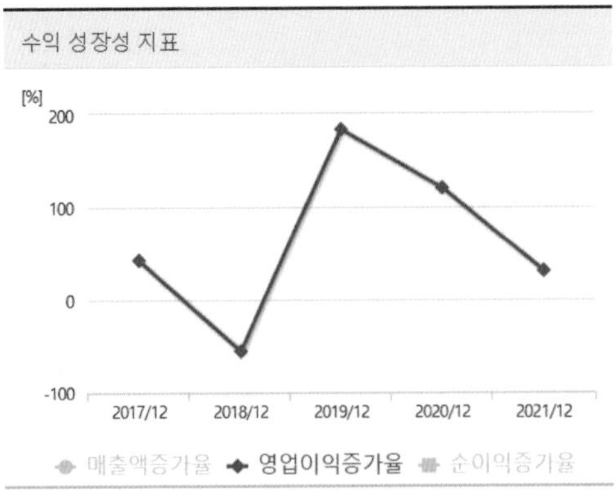

카카오의 영업이익증가율은 2019년 이후 줄어들고 있으나, 아직은 플러스권에서 증가하고 있다.

알 수 있다.

순이익증가율은 돈을 해마다 얼마나 많이 벌어들이는지에 대한 이야기라면, 자산 성장성 지표는 자산이 매년 얼마나 증가하는지에 대한 문제다. 여기에서 중요한 것은 자산은 자본과 부채로 이뤄졌기 때문에, 자산증가율이 플러스라고 해서 무조건 좋은 것은 아닐 때도 있다. 기업의 부채가 해마다 증가할 수도 있기 때문이다.

총자산증가율은 일반적으로 높을수록 좋은 회사다. 물론 세부적으로는 부채도 함께 살펴봐야 한다. 자산 성장성 지표에서 카카오의 총자산증가율은 2019년 이후부터 매년 증가한다. 이것은 카카오의 자산이 매년 점점 더 많이 증가하는 것으로 이해할 수 있다.

총자산이 늘어난 원인이 부채 때문인지, 자본이 증가해서인지는 자기자본증가율을 보면 된다. 카카오는 총자산이 증가하는 것과 같이 자기자본증가율도 함께 증가하는 것을 보아, 부채가 아니라 자본이 증가하고 있음을 알 수 있다.

유동자산이란 보통 1년 이내 현금화를 할 수 있는 자산으로 보면 된다. 유동자산이 많을수록 불황 속에서도 버틸 수 있는 체력이 될 수 있다. 따라서 유동자산은 많을수록 좋다. 카카오의 경우 유동자산증가율이 2019년 이후부터 꾸준히 증가하고 있는 것으로 보아, 안정적인 회사임을 알 수 있다.

카카오는 유형자산 또한 2019년 이후 증가하고 있다. 유형자산이란 물리적 형태가 있는 자산으로써 토지, 건물, 장비 등을 말한다. 세부 항목은 다트에 공시된 보고서를 통해 살펴봐야 한다. 일단은 유형자산도 계속 증가하고 있다는 것이 중요하다.

| 안정성 정보 |

안정성 지표는 회사가 재무적으로 좋은 회사인지를 알려준다. 안정성 분석을 통해 망할 위험이 적은 회사를 찾을 수 있다. 기업의 안정성이 높다면 2008년 미국발 금융위기 같은 상황이 다시 발생하더라도 위험을 극복할 수 있기 때문이다.

안정성비율은 부채비율, 유동비율, 당좌비율, 유보율 등 다양하다. 그러나 **네이버 증권에서는 안정성에 대한 분석 자료로써 부채와 관련된 비율을 주로 제공하고 있다.**

그림은 카카오의 안정성에 대한 투자 분석 자료다. 먼저 부채비율은 부채총계를 자본총계로 나눈 값이다. 이 비율은 결국 부채가 얼마나 많은가에 대한 정보다. 부채가 적을수록 안정성이 높은 회사로 볼 수 있다. 특히 부채비

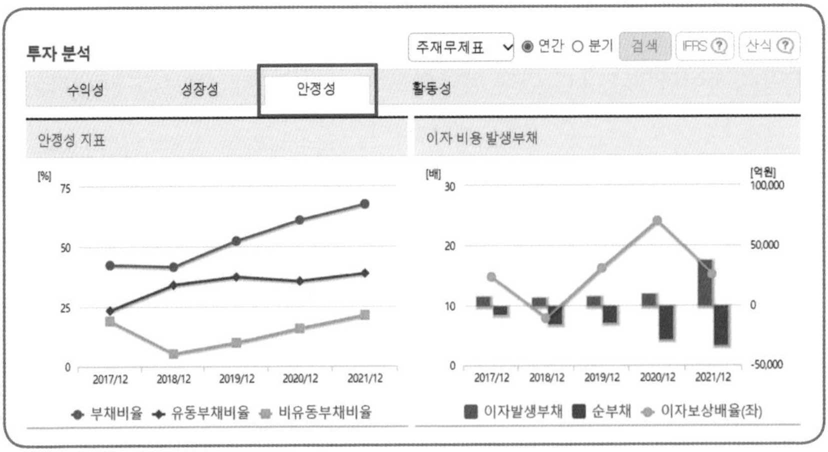

안전성 정보에서는 안정성 지표와 이자 비용 발생부채에 대한 분석 자료를 제공한다.

율이 100% 이상이라면 자본총계보다 부채가 더 많다는 뜻이다. 이런 회사는 작은 위기가 닥치더라도 큰 어려움을 겪을 확률이 높다.

유동부채비율은 유동부채를 자본총계로 나눈 값이다. 유동부채는 1년 이내 혹은 단기에 갚아야 할 부채를 말한다. 이런 단기부채가 자기자본에 대비하여 얼마나 많이 있는지에 대한 비율이다. 당연히 이 비율이 높으면 안정성에 문제가 될 것이다. 단기부채는 기업이 1년에 한 번씩 대출 만기 연장을 위해 은행을 찾아야 하는데, 만일 은행이 만기 연장을 해주지 않는다면 기업은 큰 위험에 빠질 수 있다.

비유동부채비율은 비유동부채를 자본총계로 나눈 값이다. 비유동부채는 1년 이후 장기간 대출한 부채다. 비유동부채의 예로는 사채社債 같은 것이 있다. 사채는 '회사채'라고도 하는데, 이런 사채 중에서 주식 수를 증가시켜 악영향을 주는 전환사채나 신주인수권부사채 등이 있다. 이런 것은 주식 수를 증가시키기 때문에 당연히 주식 1주당 가치는 떨어지게 되므로 주가에 악영향을 주게 된다. 따라서 비유동부채비율 역시 낮을수록 좋다.

그림에서 오른쪽 지표인 이자발생부채는 이자가 발생하는 부채를 말한다. 카카오의 이자발생부채는 2020년까지 일정하게 유지되다가 2021년에 많이 증가했다. 부채가 많이 증가하면서 문제가 생긴 것이 아닐까?

카카오의 부채비율이 늘어나고는 있으나 우리는 앞에서 부채비율이 100% 이내에서 유지되고 있는 것을 확인했다. 그리고 순이익증가율, 총자산증가율을 통해 기업이 얼마나 크게 확장되고 있는지도 확인했다. 그렇기 때문에 이 정도 부채는 문제되지 않는다.

순부채는 이자발생부채에서 '단기 매매 금융자산, 당기손익인식 금융자산, 단기 금융상품, 단기 매도 가능 금융자산, 단기 만기 보유 금융자산, 현금 및 현금성자산'을 모두 빼고 난 후의 부채다. 간단히 말해 '부채 - 자산'이다. 카카오의 순부채는 계속 마이너스로 커지고 있다. 즉 부채보다 자산자본이 더 많아지고 있다는 뜻이다.

끝으로 이자보상배율은 영업이익을 이자 비용으로 나눠준 값이다. 영업이익은 높을수록 좋고, 이자 비용은 작을수록 좋다. 따라서 이자보상배율은 높을수록 안정성이 나아지고 있는 것이다. 그림에서 카카오는 2021년 이자보상배율이 꺾였다. 이것은 영업이익의 증가보다 이자 비용이 다소 많이 증가했다는 것을 뜻한다. 그래도 여전히 이자보상배율이 15배 이상을 유지하고 있어서 안정적인 상태로 볼 수 있다.

그런데 만일 2022년 실적에서도 이자보상배율이 더 하락한다면 기업의 안정성을 다시 점검해볼 필요가 생긴다. 영업이익과 이자 비용의 추세를 통해 안정성이 떨어지는 상황으로도 볼 수 있기 때문이다.

| 활동성 정보 |

활동성이란 기업이 얼마나 경영을 잘하고 있는지 확인할 수 있는 지표다. 활동성 지표에는 '회전율'이란 단어가 자주 나온다. 회전율이 높을수록 더 많은 이익이 생긴다. 공장의 기계를 쉬지 않고 회전시킬수록 생산이 늘어나는 것처럼, 자산이나 재고 역시 회전율이 높아야 수익이 높아지는 것이다.

그림은 카카오의 활동성에 대한 자료다. 총자산회전율은 매출액을 총자산으로 나눈 값이다. 이 값은 높을수록 좋다. 활동성 지표의 다른 항목들재고자산회전율, 매입채무회전율의 값이 크기 때문에, 상대적으로 변화량이 작은 총자산회전율은 거의 변화가 없는 것처럼 보인다. 이럴 땐 마우스의 커서를 가져가 보면 개별 값이 보인다.

각각을 클릭하면 카카오의 총자산회전율은 0.35 내외의 값을 가진다. 이것은 이를테면 자산 규모가 100억 원인 회사가 35억 원 정도의 매출을 올리

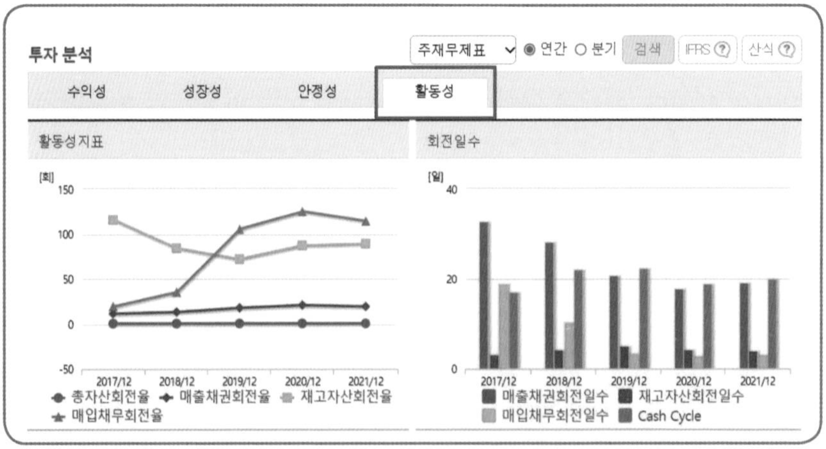

활동성 정보에서는 활동성 지표와 회전일 수에 대한 정보가 많다.

고 있는 것으로 생각하면 된다.

매출채권회전율은 매출액을 매출채권으로 나눈 값이다. 매출채권은 매출에 대한 돈을 나중에 받기로 한 채권을 말한다. 이런 채권은 적을수록 좋을 것이다. 따라서 매출채권회전율은 높을수록 좋은 회사다. 카카오의 매출채권회전율은 20 전후의 값을 가진다. 이것은 이를테면 1년 매출액이 100억 원인 회사가 매출액 중에서 매출채권은 5억 원 정도만 받은 것으로 생각하면 쉽다매출채권회전율 20 = 매출액 100억 원 ÷ 매출채권 5억 원.

재고자산회전율은 매출액을 재고자산으로 나눈 값이다. 재고자산은 쌓아둘수록 보관료 등 비용이 발생하므로 낮을수록 좋다. 따라서 재고자산회전율 역시 높을수록 좋은 회사다. 카카오의 재고자산회전율은 85회 정도 된다. 만일 전년 대비 매출액이 늘었던지, 재고가 줄었을 경우 재고자산회전율이 높아질 것이다.

우측의 회전일 수는 채권과 같이 아직 받지 못한 돈을 얼마 후에 받았는지에 대한 기간을 나타낸다. 이것은 좌측의 회전율과 반대의 개념으로써 회전율은 높을수록 좋지만, 회전일 수는 짧을수록 좋다. 즉 돈을 빨리 받는 것이 기업의 입장에서 활동성을 높이는 역량이 될 것이다.

카카오의 매출채권회전일 수는 보통 32일에서 19일로 계속 줄어들고 있다. 자금의 회수가 빨라지고 있는 것이다. 그리고 재고자산회전일 수는 4일 내외로 짧다. 이 부분은 기업 경영을 잘하고 있는지에 대해 전년과 비교하거나, 동일 업종 내 다른 기업과 비교하면서 활동성을 파악할 수 있다.

투자 분석에서 네 가지 지표의 활용 방법

① 수익성 정보를 통해 돈을 얼마나 잘 버는지를 알 수 있다.

② 성장성 정보를 통해 기업이 매년 성장하는 기업인지 알 수 있다.

③ 안정성 정보를 통해 기업의 부채를 파악하여 망할 위험이 있는 회사인지 알 수 있다.

④ 활동성 정보를 통해 기업이 얼마나 경영을 잘하고 있는지를 알 수 있다.

⑤ 네이버에서 제공하는 이런 지표들을 통해 가치투자를 위해 필요한 기업의 각종 상태를 파악할 수 있다.

용어 정리

- 당기순이익 : 기업의 총수익에서 세금을 포함한 모든 비용을 빼고 남은 금액이다.
- ROE : 자기자본수익률, 순이익을 자본으로 나눈 값이다. 높을수록 좋다.
- ROA : 총자산이익률, 순이익을 자산부채+자본으로 나눈 값이다. 높을수록 좋다.
- ROIC : 투하자본수익률, 영업이익을 세금을 내기 전 투하자본영업활동만을 위해 사업에 사용한 자본으로 나눈 값이다. 높을수록 좋다.
- 유동자산 : 보통 1년 이내 현금화를 할 수 있는 자산이다.
- 부채비율 : 부채총계를 자본총계로 나눈 값이다. 100% 이하로 낮을수록 부채가 적은 회사, 100% 이상일 경우에는 위험하다.

미래 가치를 고려한
네이버 증권의 추정 PER투자법

우리는 지금까지 가치투자를 위해 반드시 알아야 하는 것들을 살펴봤다. 특히 네이버 증권을 활용한 펀더멘털, 재무 분석, 투자 지표를 중심으로 가치투자에 어떻게 활용할지를 알아봤다.

그런데 가치투자에서 문제는 이미 지난 시점의 가치와 현재의 주가를 비교한다는 것이다. 기업에서 결산보고서를 내는 것은 한 분기 이전의 자료다. 주식의 현재 가격은 미래 가치까지 포함한 상황이다. 이런 엇박자가 개인투자자들이 가치투자로 성공하지 못하는 주요한 원인 중 하나일 것이다.

이 때문에 그저 괜찮아 보이는 주식을 매수하고는 수년간 기다린다. 운이 좋으면 수익이고, 갑자기 꺾여 버린 기업의 실적이 나오면 또 기다린다. 엄밀한 의미에서 이런 건 가치투자라고 할 수 없다.

현재 주가에 반영된 기업의 가치, 앞으로 기대되는 기업의 가치를 분석할 수 있어야 한다. 그러나 지금까지 살펴본 기업 가치의 분석 방법은 이미 지나 버린 기업의 가치이기 때문에 한계가 있다.

그래서 에셋플러스 자산운용의 강방천 회장은 그의 책 《강방천의 관점》을 통해 K-PER이라는 개념을 소개했다. 기업의 미래 가치를 분석하여 미래의 시가총액을 전망하기 위함이다. 이 방식은 '이익의 지속성, 변동성, 확장 가능성, 예측 가능성'이라는 네 가지 측면에서 비즈니스 모델을 분석한다.

하지만 여기에도 문제는 존재한다. 강방천 회장은 책을 통해 "미래 예상되는 기업의 프리미엄을 제대로 구하려면 기본적인 소양과 상당한 노력이 필요하다. (중략) 미래에 대한 통찰이 필요하다. 산업에 대한 이해와 이익의 질을 깊게 들여다볼 수 있는 실력과 노력도 필요하다."라고 밝히고 있다. 연습하면 누군들 못하겠냐마는 일반인들로서 기업의 미래 가치를 정확히 분석하기란 결코 쉬운 일이 아니다.

그래서 네이버 증권을 통해 간단히 할 수 있는 미래 가치를 고려한 가치투자 방법을 소개한다. 초보 개인투자자들은 모르지만, 이미 가치투자를 오랫동안 해왔던 투자자라면 알고 있는 방법일 것이다.

개인투자자들이 가치투자를 하는 데 가장 문제가 되는 것은 기업의 미래 가치를 정확하게 분석하기 힘들다는 것이다. 우리가 흔히 사용하는 지표와 재무 분석 결과들은 이미 지나 버린 과거의 자료이기 때문이다. 하지만 **네이버 증권에서는 기업의 미래 가치에 대한 자료도 제공하고 있다. 이것이 바로 네이버 증권에서 제공하는 추정 PER 자료다.**

추정 PER이란 올해 예상되는 EPS주당 순이익의 평균값을 토대로 계산한 PER이다.

$$\text{추정 PER} = \frac{\text{현재가}}{\text{추정 EPS}}$$

추정 EPS는 최소 3곳 이상의 증권사에서 발표한 평균값이다. 만일 추정 EPS를 발표한 증권사가 3곳이 안 된다면 추정 PER이 표시되지 않는다. 증권사에서 미래에 예상되는 EPS를 추정한 것이 의미가 있을까?

당연히 전문성을 가진 사람들이 전망한 수치이니 어느 정도 신뢰를 가질만하다. 그리고 한두 군데의 증권사가 아니다. 최소 3곳 이상의 증권사에서 발표한 수치의 평균값이다. 물론 결과의 피드백 이후 반복적인 수정 과정은 없

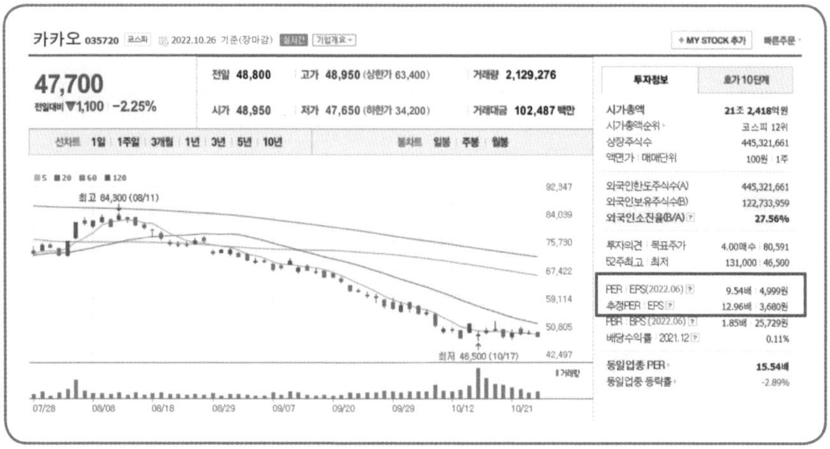

현재 PER은 9.54배고 미래의 추정 PER은 12.96배다. 주가가 현재가로 유지될 경우 카카오의 실적은 줄어들 것으로 전망되기 때문에, 지금보다 더 고평가가 될 것이다.

지만, 그래도 여러 증권사의 추정 EPS는 어느 정도 델파이 기법여러 전문가의 의견을 되풀이해 모으고, 교환하고, 발전시켜 미래를 예측하는 방법과도 유사한 결과가 나올 수 있을 것이다.

추정 PER은 네이버 증권의 종목 첫 화면 오른쪽에 나온다. 만일 추정 PER이 표시되지 않는 종목이라면 증권사에서 분석의 필요성이 별로 없는 기업, 즉 기업의 규모가 너무 작거나 별 볼 일 없는 기업일 가능성이 크다.

그림에서 카카오의 추정 PER은 12.96배다. 이것은 카카오의 현재 주가 47,700원을 추정 EPS인 3,680원으로 나누어 준 값이다책을 쓸 당시의 올해 카카오가 벌어들일 것이라고 전망한 증권사의 주당 순이익의 평균은 3,680원이다. 추정 PER 12.96배, 현재의 PER은 9.54배다. 추정 PER과 현재 PER은 갭이 존재한다. 이것을 어떻게 이해해야 할까?

만일 주가가 똑같이 유지된다고 가정해보자. 현재의 PER인 9.54배는 지난 분기까지의 실적EPS, 주당 순이익 4,999원 대비 현재가 47,700원에 계산된 값이다.

현재 PER 9.54배 = 현재가 47,700원 ÷ 지난 분기까지의 EPS 4,999원

추정 PER 12.96배는 올해 예상되는 실적추정 EPS, 추정 주당 순이익 3,680원 대비 현재가 47,700원으로 계산한 값이다.

추정 PER 12.96배 = 현재가 47,700원 ÷ 올해 추정 EPS 3,680원

올해는 주당 순이익이 4,999원에서 3,680원으로 줄어들 것으로 전망된다. 기업의 가치가 낮아지고 있다는 것이다.

물론 카카오는 얼마 전까지만 해도 PER이 200배가 넘어가던 때가 있었다. 하지만 그것은 카카오의 추정 EPS가 계속 증가한다는 상황에서 이야기다. 만일 미래 예상되는 주당 순이익이 줄어든다면? 주가는 투자자들의 광기에 의해 더욱 급격하게 낮아질 것이다. 이것이 2021년 여름부터 시작된 카카오의 하락에 대한 이유 가운데 하나다.

카카오의 주가는 계속 하락 중이다. 하지만 언젠가는 주당 순이익EPS이 다시 늘기 시작하는 시점이 반드시 올 것이다. 그 반등의 시점은 언제가 될까? 추정 EPS가 현재의 EPS보다 높아지는 시점이다. 아마도 증권사 등 기관에서는 이런 값을 발표하기 이전에, 개인투자자들보다 먼저 주식을 매집할 것이지만 말이다.

S-Oil을 보자. S-Oil의 현재 PER은 5.63배, 추정 PER은 3.48배다. 주가

S-Oil은 지난 분기까지 발표된 실적보다 올해 예상되는 실적이 더 좋을 것이라는 전망이다.

가 현재가로 계속 횡보할 경우 올해 연말까지 실적과 비교하면 주가는 저평가 상태로 빠질 것이라는 전망이다.

주당 순이익EPS을 보자. 현재 EPS 16,334원에서 올해 추정 EPS 26,420원으로 증가할 것이라는 전망이다. 지난 4개 분기의 평균보다 올해 돈을 더 많이 벌 것이라고, 증권사 전문가들의 공통적인 의견을 낸 것이다.

현재 PER 5.63배 = 현재가 91,900원 ÷ 지난 분기까지의 EPS 16,334원

추정 PER 3.48배 = 현재가 91,900원 ÷ 추정 EPS 26,420원

기업의 가치는 지금보다 더 높아질 것으로 전망된다. 그런데 의외로 아직 주가가 크게 상승하지는 못했다. 오히려 91,900원은 최근 1년 주가를 살펴

볼 때 바닥권에 해당한다. 가치투자의 대상 종목 조건에 부합하는 상황이다.

그러면 무조건 S-Oil에 투자하면 수익이 날까? 미래 주가의 정확한 예측은 그 누구도 할 수 없다. 단지 합리적인 분석 방법에 의한 합리적인 결론만을 얻을 수 있을 뿐이다. 그리고 그 '합리적'이라는 것마저도 나만의 생각일 뿐, 다른 투자자들까지 어떻게 생각할지는 미지수다.

특히 지금까지 살펴본 추정 PER 분석 방법은 단지 개별 종목에 대한 가치만을 상정한 것이다. 그런데 주가라는 것은 너무 많은 요소의 영향을 받는다. 갑작스러운 대외 경기의 변화, 경기 침체의 장기화, 금리 변동 문제 등 주가에 영향을 미치는 요소는 너무나도 많다.

그렇다고 추정 PER 분석 방법이 완전히 틀린 것도 아니다. 오히려 가치투자를 위해 개별 종목에 대한 가치의 변화 방향을 알 수 있다는 데 있어서 상당히 유용한 투자법이다. 다만 추정 PER 분석 방법, 즉 종목의 개별적인 가치만을 분석해서 주가의 상승을 기대하기에는 다소 무리가 있다. 그렇기에 다양한 투자 분석 방법을 적용해보면서, 모든 분석에서 공통으로 알려주는 종목을 찾는 것이 더 좋을 것이다.

《돈의 심리학》에서 모건 하우절은 이렇게 말했다.

"자산에 합리적인 가격이 있다는 생각은 막대한 손해를 끼치고 있는 개념이다."

서로 다른 목표와 시간 계획을 갖고 있는 상황에서 개별 종목의 적정한 주가를 파악하는 것은 힘들다는 뜻이다. 지금까지 사례로 들었던 카카오의 주가는 얼마여야 할까?

30년을 내다보는 투자자라면 카카오가 하는 사업들의 전망과 더불어, 30년간의 예상 현금흐름까지 분석할 수 있어야 한다.

1년 정도 투자할 사람이라면 현재 카카오의 매출이 어디서 나오고 있으며, 각각의 사업에서 올해 전망추정치을 살펴봐야 한다.

데이트레이더나 하루하루의 주가에 크게 흔들리는 사람이라면 적정 주가의 분석은 필요 없다. 하루에도 몇 %씩 왔다갔다하는 변동 속에서 몇 백 원만 수익이 나도 충분하기 때문이다.

이렇게 서로 다른 투자의 개념 속에서 자신은 어떤 투자자인지부터 생각해보자. 장기투자를 생각한다면 장기투자에 걸맞은 투자 분석 방법부터 공부해야 한다. 아무런 분석도 없이 그럴듯한 종목을 매수한 다음 30년간 보유할 것인가?

그것은 비록 장기로 보유한다고 하더라도 투자가 아니라 도박에 불과하다. **로또 복권 번호 1, 2, 3, 4, 5, 6을 30년간 매주 찍으면서 "나는 숫자 1, 2, 3, 4, 5, 6에 투자한 거야."라는 것과 무엇이 다르겠는가.**

• PART 6 •

매매 시점을 알려주는 차트 분석

네이버 차트 활용하기

네이버 차트는 HTS를 활용하기 힘든 사람들에게 유용하다. 물론 네이버 차트가 HTS보다는 제한 사항이 많다. 하지만 HTS를 설치하기 힘든 곳의 컴퓨터, HTS를 활용하기 힘들어하는 초보투자자라면 네이버 증권의 차트 기능으로도 충분하다.

지금부터 네이버 증권에서 제공하는 차트 활용 방법에 대해 살펴보자. 차트 분석은 이 책 한 권만으로도 충분하다고 자부한다. 네이버 증권의 차트를 기본으로 설명하지만, 지금부터 설명하는 내용은 차트의 기초에서 활용까지 모든 내용을 포함하고 있기 때문이다. 특히 기술적 분석차트 분석을 통해 종목 분석을 하려는 투자자라면 이번 PART를 반드시 숙독했으면 좋겠다.

그림은 네이버 증권에서 제공하는 차트다. 차트에서 **①번 박스는 일봉, 주봉, 월봉으로 바꿀 수 있는 탭이다.** 차트를 짧은 기간 자세히 보고 싶거나, 혹은 긴 기간 동안의 추세를 살펴보고 싶을 때 일봉, 주봉, 월봉으로 기간을 달리하여 살펴볼 수 있다.

HTS에서는 한 화면에 볼 수 있는 기간을 자유자재로 조절할 수 있다. 그래서 차트를 분석할 때 일봉 차트만으로도 충분하다. 그러나 네이버 차트는 한 화면에서 제공하는 일봉 차트의 기간이 최대 2년밖에 되지 않는다. 그러다

네이버 증권에서 제공하는 차트 기능들.

보니 더 긴 기간의 차트를 보고 싶을 때 일봉 차트만으로는 제한이 있다. 특히 지지선이나 저항선과 같은 심리적 분석의 경우가 그렇다. 그래서 네이버 차트에서는 일봉 차트와 더불어 주봉, 월봉 차트를 사용해야 한다.

②번 박스는 공시, 보조지표, 도구 버튼이다. '공시' 버튼을 누르면 차트에 지난 공시의 시점과 공시 제목이 표시된다. 차트의 흐름에 큰 변화가 생긴 시점의 공시 정도는 찾아봐야, 주가 흐름을 이해하는 데 도움이 된다.

예를 들어 2021년 9월 7일, 2022년 1월 4일, 2022년 4월 5일, 2022년 6월 7일은 주가가 크게 하락했다. 이 시기에 공통으로 나왔던 공시는 카카오 추가 상장이다. 카카오 기업의 가치는 그대로인데 주식의 수가 늘어난 것이다. 이

공시를 주가의 큰 변곡점과 함께 살펴보면 주가 흐름의 힌트를 발견할 수 있다.

때문에 기존 카카오 주식의 가치가 낮아지면서 주가가 하락에 영향을 줬다.

다시 차트 기능들을 나타내는 그림으로 돌아가보자. ②번 박스의 '보조지표' 버튼을 누르면 여러 가지 보조지표가 나온다. 보조지표의 종류는 엄청나게 많다. 이 책에서는 초보투자자가 사용하기에 이해하기 쉽고 분석의 성과가 좋은 '이동평균선, 매물대 차트매물 분석도, 그물망 차트그물 차트, MACD, 스토캐스틱 슬로우Slow STC, RSI, OBV'에 대해 설명한다.

②번 박스의 '도구'를 누르면 **오른쪽에 ⑤번의 그리기 기능이 활성화된다.** 추세선을 그릴 수 있는 도구다. 예전보다 추세선을 더 깔끔하게 그릴 수 있도록 네이버 증권의 차트가 개선되었다. 추세선을 그리고 분석하는 방법에 대해서는 뒤에서 자세히 다룬다.

③번 박스는 차트의 형태를 바꾸는 기능이다. 우리가 흔히 보는 차트는 캔들 차트다. 이 버튼을 누르면 차트의 모양을 바 차트, 삼선전환도 등으로 바꿔 볼 수 있다. 이 책에서 설명하는 모든 내용은 캔들 차트를 중심으로 설명한다. 그리고 삼선전환도를 통한 주가의 큰 흐름을 잡는 법도 공개한다.

④번 박스는 차트의 기간을 조절할 수 있는 도구다. '+'를 누르면 한 화면에 보이는 기간이 줄어들면서 차트가 확대된다. 반대로 '–'를 누르면 더 긴 기간의 전체적인 차트를 볼 수 있다. 마우스의 스크롤 휠을 올리고 내려도 같은 기능을 할 수 있다.

차트에서 제공하는 여러 가지 지표들을 이해하게 된다면 주가 추세와 흐름을 판단할 수 있다. 이를 위해 차트 기능들이 제공하는 도구를 활용할 수 있어야 한다.

캔들 차트와 갭 상승에서 읽는 상승 신호

주식의 현재가는 어떻게 정해지게 되는가? 그것은 '수요-공급' 세력 간에 벌어지는 싸움의 결과다. 기업의 현재 가치뿐만 아니라 모든 요소들이 힘을 발휘한 결과다. 그 결과를 보기 좋게 정리한 것이 바로 차트다. 매일 변화하는 현재가종가를 기록하다보면 수요, 공급의 세력들이 어떻게 움직이는지를 알 수 있게 된다.

기본적 분석은 '어떤 종목을 살까?'에 대한 답을 줄 수 있다. 기술적 분석은 '언제 살까?'에 대한 해답이다.

투자금이 적을수록 '언제'는 매우 중요한 요소다. 아무리 좋은 종목이더라도 언제 오를지 모른다면 개미투자자들의 인내심을 벗어나 버린다. 좋은 종목일지라도 오랜 기간 손실을 참고 버티다가 결국 손절한다. 문제는 손절하자마자 주가가 반등한다. 잘못된 투자로 두 번 상처받는다. 따라서 좋은 종목을 고르는 것 못지않게 언제 사야 할지의 문제는 개미투자자들에게는 정말 중요하다.

기술적 분석은 '차트에 담긴 이야기'를 읽는 것이다. 차트는 캔들의 나열로 이뤄져 있다. 하루하루의 주가 움직임은 모두 캔들 차트로 기록된다. 하루 중에도 주가는 올랐다가 떨어지며 위 꼬리를 만들고, 하락했다가 반등하면서 아래 꼬리를 만들기도 한다. 어떤 날은 거래량이 많아졌다가 또 다른 날은 거래량이 줄어든다. 갭 상승이나 갭 하락, 그리고 장대양봉과 장대음봉들은 수많은 투자자들의 생각이 하나로 모이면서 나타난 결과다.

이렇게 매일 기록된 캔들 차트가 모이고 모여서 이동평균선을 만들고, 각종 보조지표로 표현된다. 그렇기 때문에 차트 분석은 캔들 차트에서 시작된다. 캔들 차트를 읽고 분석할 줄 모르면서 바로 이동평균선을 이해할 수는 없다. 마치 알파벳도 모르면서 바로 토익 시험을 보려는 것과 같다. 따라서 이번 PART에서는 캔들 차트를 살펴보고자 한다.

캔들에 대한 각각의 의미와 이름은 차트에 대해 이야기하는 수많은 책에서 다루고 있다. 캔들에 대해 설명하고 있는 책들은 어떤 책을 봐도 상관없다. 이런 책들은 사실 외국 서적을 그대로 베낀 것이거나, 베낀 책을 또 베낀 것이기 때문에 내용은 거의 동일하다. 대부분 캔들의 모양과 이에 대한 설명을 장황하게 나열식으로 설명하고 있다.

하지만 캔들의 이름도 생소할뿐더러 각각의 모양에 대해 길게 설명하고 있는 모습을 보다보면 이내 지쳐 버린다. 그래도 돈을 벌기 위한 집념을 갖고 겨우겨우 캔들 각각의 이름과 내용을 읽어보지만, 여전히 머릿속에 남아 있는 것은 별로 없을 것이다.

당연하다. 하지만 이제는 걱정 말기 바란다. 어떠한 캔들의 변화일지라도 캔들 세 개만 제대로 읽을 수 있으면 된다. 그렇게 하면 여타의 책에서 수십 장에 걸쳐 지루하게 설명하고 있는 캔들에 대해서도 단번에 이해할 수 있다.

각각의 캔들 모양의 이름을 외우고, 어떤 의미를 지니고 있는지는 중요하지 않다. 똑같은 모양의 캔들일지라도 주가의 위치에 따라서 모두 다른 의미로 해석될 수 있기 때문이다. 그래서 어떠한 경우에서도 거의 공통으로 적용되는 법칙과도 같은 분석 방법이 필요하다. 지금부터 설명하는 것은 카페 〈알렉스강의 주식이야기〉에서 무료 E-Book으로 공유하고 있는 '봉 3개 매매법'의 내용이다 캔들 차트는 봉 차트라고도 한다.

| 봉 3개 매매법을 통한 매수 시점 |

그림은 최근 캔들봉 3개를 통해 매수 시점을 알 수 있는 세 가지 경우다.

① 최근 캔들 세 개를 봤을 때, 최근 음봉의 50%를 치고 올라오는 양봉이 발생하면 매수한다.
② 최근 캔들 세 개를 봤을 때, 음봉이 두 개 연속으로 나왔다면 최근 음봉 두 개의 길이를 더한다. 그리고 이를 50%를 치고 올라오는 양봉이 나오면 매수한다.
③ 최근 캔들 세 개를 봤을 때, 음봉과 양봉이 나온 뒤에 오늘의 양봉이 갭 상승했다면 매수한다갭 상승 양봉일지라도 최근 음봉의 50% 이상 캔들이 올라와 있어야 한다.

캔들이 만들어내는 여러 가지 신호 중에는 갭 상승이란 것이 있다. 갭 상승이란 오늘의 저가가 어제의 고가보다 높게 시작한 것을 말한다. 즉 어제와 오늘의 캔들에서 갭이 발생하면서 상승한 종목이다. 이런 상승은 매수세가 아주 강할 때 발생한다. 최소한 최근 음봉의 50%를 치고 올라오는 양봉이 나와 줘야 매수세가 강해졌다고 볼 수 있다. 그런데 갭 상승은 최근 양봉의 100%를 뛰어넘는 반등인 것이다.

매수세가 강하다는 것은 어떻게 이해해야 할까? 오늘의 시초가가 어제의 종가보다 더 높은 가격일지라도 사고 싶어 하는 사람들이 많다는 뜻이다. 투자자들의 심리와 관련된 요소다. 다소 비싸게 주식을 사더라도 향후 더 오를 것이라고 기대하는 사람들이 많다. 더 오른다는 기대가 있기 때문에 주가가 조금 떨어져도 성급하게 팔지 않는다. 그리고 주가가 오를 때까지 기다릴 수 있는 믿음의 원동력이 된다.

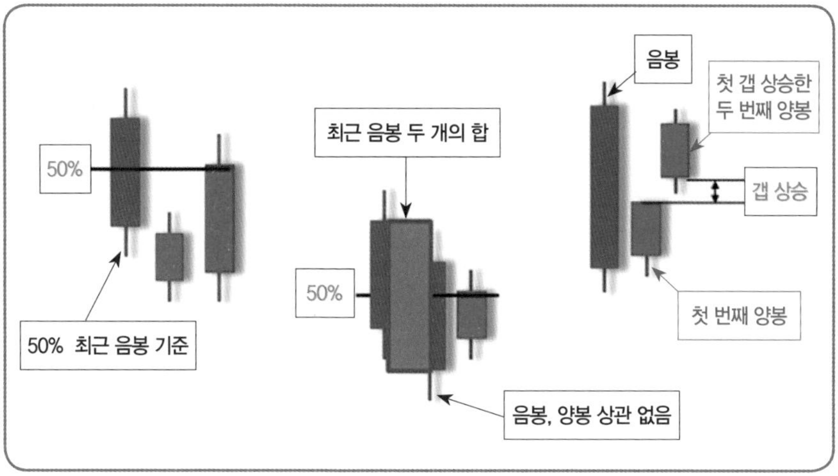

캔들 분석을 통한 매수 시점.

다만 갭 상승에서 무조건 주가가 계속 오르는 것은 아니다. 하락 추세의 중간에 반짝 나온 기술적 반등일 수도 있고, 이미 오를 대로 오른 주가의 마지막 상승일 수도 있다. 그렇기 때문에 투자할 만한 갭 상승을 잘 살펴야 한다.

그러면 갭 상승은 언제 투자해야 하는가? 주가의 저점 구간에서 발생하는 첫 번째 갭 상승은 향후 주가의 상승을 견인하는 경우가 많다. 물론 갭 상승 하나만으로 완전한 상승을 기대하기는 힘들다. 단순히 지표 하나, 봉 차트 하나만으로 전체 국면을 판단하기에는 무리가 있다. 그래서 다른 분석을 병행해야 한다. **여러 가지 지표들이 공통으로 상승을 이야기하는 경우에서야 비로소 투자를 결심해야 한다.**

결론적으로 캔들 분석을 통해 매수 시기를 잡기 위해서는 최근 음봉 50% 이상 치고 올라오는 양봉, 또는 갭 상승에서 매수한다. 다만 이것은 절대적인 법칙은 아니다. 여러 가지 분석이 함께 병행되어야 한다는 것도 잊지 말자.

| 봉 3개 매매법을 통한 매도 시점 |

캔들 분석은 매수 시기만 알 수 있는 것이 아니다. 매도 시기도 알 수 있다. 매도 시기 역시 세 가지 상황이 있다.

① 최근 캔들 세 개를 살펴봤을 때, 최근 양봉 기준으로 50% 아래로 뚫고 내려가면 매도한다. 이때 최근 양봉이 두 개라면 두 개의 길이를 더한 것으로 생각하면 된다.

② 최근 양봉을 100% 아래로 뚫고 하락하면 매도한다. 이는 첫 번째 상황과 비교해볼 때, 훨씬 강력한 매도 신호를 준다고 생각하면 된다. 사람에 따라서는 첫 번째 상황이 발생했더라도 조금 더 기다릴 수도 있다. 그러나 두 번째 상황이 발생한다면 매도를 생각하는 것이 좋을 때가 많다.

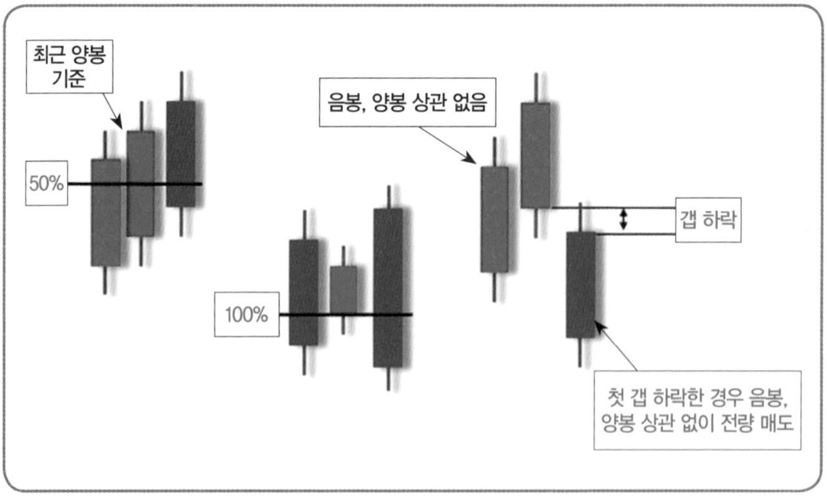

캔들 분석을 통한 매도 시점.

③ 갭 하락이 발생하면 매도한다. 하락 상황에서 갭은 오늘의 캔들 고점이 어제의 캔들 저점보다도 낮아서 갭이 발생한 경우다.

매도 방법을 정리하자면 최근 양봉 기준으로 50% 아래로 뚫는 음봉이 발생했을 때 음봉에서 매도하는 방법이다. 물론 캔들 분석을 통한 매도 역시 다른 여러 가지 분석과 함께 병행하여 생각해야 한다.

참고로 매수 측면에서 캔들 세 개를 분석하다보면 어떤 보조지표와 비슷한 시기에 매수 신호가 동시에 나오는 것을 확인할 수 있다. 바로 스토캐스틱 슬로우Stochastic Slow다. 스토캐스틱이란 주가 수준이 일정 기간의 가격 변동 속에서 과열되었거나 침체된 정도를 백분율로 나타낸 지표다. 스토캐스틱 슬로우5, 3, 3에서 골든크로스가 발생할 때를 보면, 캔들 세 개를 분석하여 매수 신호가 나올 때와 거의 일치한다.

따라서 스토캐스틱 슬로우 보조지표를 활용하는 투자자가 있다면, 매수 시점 분석에서는 이를 활용해도 된다. 스토캐스틱에 대해서는 뒤에서 자세히 설명하겠다.

지금까지 나온 캔들 차트 분석은 오직 단기적인 관점에서만 유효하다. 물론 캔들이 모두 단기적인 관점만을 제시하는 것은 아니다. 장대양봉과 같이 장기적인 우상향 패턴의 시작을 의미할 때도 있기 때문이다. 하지만 대부분의 캔들 분석은 기본적으로 단기투자에 적합한 분석이다.

그리고 또 중요한 것은 캔들의 패턴이 전체 주가의 흐름 중 어디에서 발생했는지도 함께 분석해야 한다. 차트 추세의 저점 구간인지, 중간 부근인지, 이미 많이 올라온 고점 부근인지에 따라 의미가 달라질 수 있다.

끝으로 거래량도 함께 살펴봐야 한다. 거래량이 많으면 많을수록 캔들 분

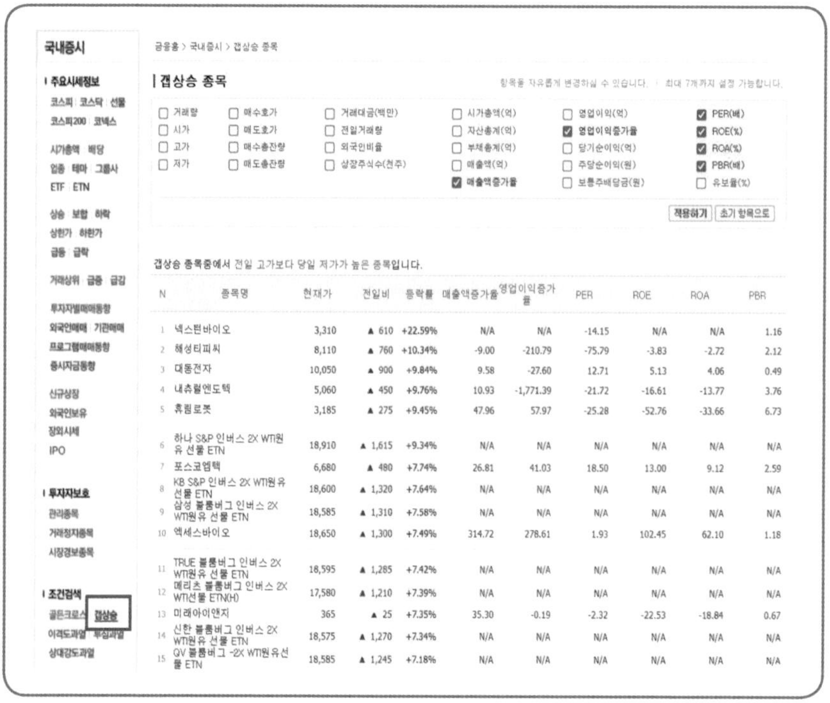

N	종목명	현재가	전일비	등락률	매출액증가율	영업이익증가율	PER	ROE	ROA	PBR
1	넥스턴바이오	3,310	▲ 610	+22.59%	N/A	N/A	-14.15	N/A	N/A	1.16
2	해성티피씨	8,110	▲ 760	+10.34%	-9.00	-210.79	-75.79	-3.83	-2.72	2.12
3	대동전자	10,050	▲ 900	+9.84%	9.58	-27.60	12.71	5.13	4.06	0.49
4	내츄럴엔도텍	5,060	▲ 450	+9.76%	10.93	-1,771.39	-21.72	-16.61	-13.77	3.76
5	휴림로봇	3,185	▲ 275	+9.45%	47.96	57.97	-25.28	-52.76	-33.66	6.73
6	하나 S&P 인버스 2X WTI원유 선물 ETN	18,910	▲ 1,615	+9.34%	N/A	N/A	N/A	N/A	N/A	N/A
7	포스코엠텍	6,680	▲ 480	+7.74%	26.81	41.03	18.50	13.00	9.12	2.59
8	KB S&P 인버스 2X WTI원유 선물 ETN	18,600	▲ 1,320	+7.64%	N/A	N/A	N/A	N/A	N/A	N/A
9	삼성 블룸버그 인버스 2X WTI원유 선물 ETN	18,585	▲ 1,310	+7.58%	N/A	N/A	N/A	N/A	N/A	N/A
10	엑세스바이오	18,650	▲ 1,300	+7.49%	314.72	278.61	1.93	102.45	62.10	1.18
11	TRUE 블룸버그 인버스 2X WTI원유 선물 ETN	18,595	▲ 1,285	+7.42%	N/A	N/A	N/A	N/A	N/A	N/A
12	메리츠 블룸버그 인버스 2X WTI선물 ETN(H)	17,580	▲ 1,210	+7.39%	N/A	N/A	N/A	N/A	N/A	N/A
13	미래아이앤지	365	▲ 25	+7.35%	35.30	-0.19	-2.32	-22.53	-18.84	0.67
14	신한 블룸버그 인버스 2X WTI원유 선물 ETN	18,575	▲ 1,270	+7.34%	N/A	N/A	N/A	N/A	N/A	N/A
15	QV 블룸버그 -2X WTI원유선물 ETN	18,585	▲ 1,245	+7.18%	N/A	N/A	N/A	N/A	N/A	N/A

네이버 증권 → 국내 증시의 아래 조건 검색을 보면 오늘 갭 상승한 종목의 정보를 제공한다.

석은 확률이 높아진다. 평소의 거래량들평균 거래량이 아님과 비교해볼 때, 거래량이 많이 늘어난다는 것은 투자자들의 심리가 모여든 결과라고 이해하면 된다.

지금까지 캔들 차트 분석과 갭에 대해 간단히 알아봤다. 특히 갭 상승이 나타날 경우 매수 시점인 경우가 많았다. 그렇다면 강력한 매수세, 투자자들의 심리가 모여든 갭 상승은 어떻게 찾을 수 있을까?

갭 상승이 갖는 중요성 때문인지, 네이버 증권에서는 갭 상승 종목들에 대한 정보를 제공해주고 있다. 여기에서 함께 볼 수 있는 지표는 매출액증가율, 영업이익증가율, PER, PBR 정도가 좋다. 혹시 개인적으로 중요하게 보는 지표가 있다면 추가해서 보면 된다. 이를 통해 오늘의 모든 갭 상승 종목 중에서 간단히 우량한 종목으로 압축할 수 있다.

주식투자 방법을 두 가지로 분류할 수 있다. 첫 번째는 좋은 종목을 선정한 다음에, 이 종목들을 매일 관찰하면서 기술적 분석에 따른 매매 신호를 찾는 방법이 있다. 두 번째는 오늘 기술적으로 매매 신호가 나온 종목들을 먼저 검색한다. 그다음 이들 중에서 우량주를 골라내는 방법이 있다.

지금부터 설명하는 것은 두 번째 방법이다. 갭 상승 정보에서 진짜로 투자해도 좋은 종목인지에 대해 여러 가지 추가 분석을 해야 한다.

첫째, 상승의 초기인가? 일단 오늘 너무 크게 급등한 종목은 추격 매수를 자제하는 편이 좋다. 당장 내일부터 하락하여 눌림목이 나올 가능성이 있기 때문이다. 그러니 이런 종목은 잘 살펴보다가 눌림목 이후 반등 시 시초가를 노리는 것이 좋다. 눌림목 매매법은 네이버 카페 〈알렉스강의 주식이야기〉에서 무료 E-Book으로 공유 중이다.

둘째, 성장하는 기업인가? 매출액증가율, 영업이익증가율 등을 보면서 기업이 성장하고 있는지를 살핀다. 증가율이 플러스가 나와야 성장성이 유지되고 있는 것이다. 전 분기 대비 매출액과 영업이익이 감소 추세에 있다면 장기적인 측면에서 주가는 하락할 수밖에 없다. 이런 종목은 갭 상승이 나왔다고 할지라도 반짝 상승으로 끝날 가능성이 크다.

셋째, 너무 고평가된 종목은 아닌가? PER, PBR을 보면서 너무 고평가된 것은 아닌지 살펴야 한다. 단순히 PER≤10, PBR≤1에 얽매일 필요는 없다. 이보다는 업종 내 평균치, 혹은 밴드 차트와 비교해보는 것이 좋다. PER에서 N/A로 표시된 종목은 적자 기업이다. 이런 적자 기업도 걸러내는 것이 좋다.

넷째, 거래량은 충분한가? 거래량이 10만 이상인지도 살펴본다. 이보다 거래량이 작은 종목은 호가창에 빈틈이 많다. 작은 거래에도 주가가 쉽게 출렁거린다. 어떤 이들은 이런 거래량이 작은 종목을 선호하기도 한다.

그러나 필자의 경우에는 거래량이 작은 종목을 제외한다. 왜냐하면 정작 매도를 결심할 때 제값을 받고 팔기 힘들 때가 있기 때문이다. 거래량은 오늘의 거래량뿐만 아니라, 지난 거래량들도 살펴보면서 매일 10만 건 이상의 거래량이 잡히는지도 살펴봐야 한다. 갭 상승으로 반짝 거래량이 하루만 증가했을지도 모르기 때문이다.

갭 상승 종목에 대한 투자의 사례를 살펴보자. 갭 상승 종목 정보를 보면 오늘 상승률이 높은 순으로 나온다. 투자자의 성향에 따라 다르겠지만, 하루만에 10%가 넘는 급등이 나온 종목은 따라 들어가기 부담스러운 면이 있다.

횡보 후 처음 나오는 갭 상승은 이후 상승 가능성이 생긴다.

네이버 증권

그래서 10% 아래에 있는 갭 상승 종목을 찾아본다. 특히 하락을 멈추고 횡보하다가 갭 상승한 종목, 장대양봉이 함께 나타난 종목이라면 투자하기에 좋은 경우가 있다.

카카오의 차트를 보자. 최근까지 주가는 하락 이후 한 달간 횡보했다. 그러다가 2분기 실적 발표가 나온 이후 6%가 넘는 갭 상승 양봉이 나왔다. 만일 오늘 발생한 갭 상승 종목을 아침 시초가에 매수했다면 좋은 타이밍이 될 수 있었을 것이다. 증시 개장과 동시에 종목 검색을 할 여유가 있다면 장 시작과 동시에 갭 상승한 종목들을 재빨리 분석한 다음 매수하는 방법도 있다. 다만 이 방법은 여러 가지 상황을 재빨리 분석할 수 있는 투자자만이 가능하겠다.

또한 아침 시초가에 갭 상승이라고 하여 오후에 긴 위 꼬리를 달고 하락할 수도 있다. 어떠한 경우에든 모두 적용되는 마법의 투자 공식은 없으니, 다양한 투자 방법으로 무장해야 한다.

갭 상승 종목을 늦게 확인해서 이미 많이 올라 버린 상태라면? 절대로 추격 매수를 하지 않았으면 한다. 급등 이후에는 많은 경우, 눌림목 구간이 존재한다. 이럴 땐 눌림목 이후 반등의 시기까지 기다려야 한다. 급등 시점에 추격 매수하게 되면 눌림목을 만드는 만큼의 하락 기간 동안 마음 고생한다.

눌림목도 없이 계속 상승하는 종목이었다면? 이런 종목은 너무 아까워하며 욕심부리지 말자. **자신만의 매매 원칙에 꼭 맞는 종목을, 꼭 맞는 시점에 매매하는 것이 투자 성공의 길이라고 생각한다. 조금 더 버는 것보다 잃지 않는 것이 더 중요하다.**

갭 상승과 캔들 차트 분석을 통한 네이버 활용 방법

① 네이버에서 갭 상승이 발생한 종목을 검색한다.

② 검색된 종목들의 재무 분석을 통해 성장주, 우량주로 압축한다.

③ 압축된 종목을 다시 네이버 차트에서 캔들 차트와 스토캐스틱 슬로우로 분석한다.

④ 봉 3개 분석법과 스토캐스틱 골든크로스에서 적절한 매수 타이밍을 잡는다.

용어 정리

- 갭 상승 : 전일의 종가보다 오늘의 시가가 더 높아서 캔들 사이의 갭을 만들며 상승하는 것을 말한다.
- 눌림목 : 급등했던 주가가 잠시 하락하는 구간이다.

이동평균선 골든크로스를 통해 금맥을 찾는 방법

캔들 차트를 이해했다면 이제는 이동평균선을 공부할 차례다. 이동평균선이란 기술적 지표 가운데 가장 널리 사용되는 알기 쉬운 지표다. 매일의 주가는 시시각각 변화하는 캔들 차트로 표현된다. 그런데 캔들만 나열되어 있다면, 이것을 보면서 전체적인 흐름을 한눈에 읽기에 불편하다. 하지만 이동평균선과 함께 보면 전체적인 주가 흐름을 큰 시각에서 쉽게 이해할 수 있다.

이동평균선은 종가의 평균을 연결한 선이다. 이를테면 20일 이동평균선의 경우, 지난 20일간 주가의 평균값을 차트에 점으로 표시하여 이 점들을 선으로 연결한다. 60일 이동평균선은 지난 60일 주가의 평균값들을 연결한 선이다. 이동평균선은 20일과 60일뿐만 아니라 5일, 10일, 120일 이동평균선도 주로 사용한다.

이동평균선을 활용한다면 주가의 흐름을 이해하기 쉽다. 하지만 어떤 이동평균선을 어떻게 활용하는지는 사람마다 다를 수 있다. 장기투자를 하는 사람이라면 장기 추세를 보여주는 120일선을 중요하게 생각한다. 단기투자를 하는 사람이라면 5일선이나 10일선을 좀 더 자주 본다. 이렇게 이동평균선은 투자 기간이 단기냐 중장기냐에 따라 중요도가 달라진다.

그러나 일반적인 경우에는 20일 이동평균선을 가장 많이 본다. 단기투자를 하는 사람이라면 10일 이동평균선이 20일 이동평균선을 상향 돌파하는 시기를 중시할 것이다. 중·장기투자자는 20일 이동평균선이 60일 이동평균선 상향 돌파를 눈여겨볼 것이다.

참고로 네이버에서는 20일 이동평균선이 60일 이동평균선을 상향 돌파하는 골든크로스를 알려준다. 이런 골든크로스를 매수 시점으로 활용하는 사람들이 많기 때문이다.

정배열과 골든크로스란 무엇일까? 이동평균선이 우상향 추세에 들어서게 되면 단기 이동평균선이 위에 있고, 장기 이동평균선이 아래에 있게 된다. 이것을 정배열이라 한다. 따라서 이동평균선이 정배열 상태에서 매수를 결심할 수 있다. 만일 보유 종목이라면 계속 보유하는 것이 좋은 경우가 많다.

이때 이동평균선이 정배열이 되는 첫 시점에 골든크로스가 발생한다. 단기 이동평균선이 장기 이동평균선을 아래에서 위로 뚫고 상향 돌파해야 비로소 정배열이 되기 때문이다. 따라서 골든크로스의 첫 시점을 매수 시점으로 삼는 투자자가 많다.

반대로 이동평균선이 하락 추세를 그리게 되면 장기 이동평균선이 위에 있고, 단기 이동평균선이 아래에 있는 역배열 상태가 된다. 이런 이동평균선 역배열 상태에서는 매수는 자제하고, 수익이 난 경우라면 매도 후에 다음 매수 시점을 노리는 것이 좋다. 이때 이동평균선이 역배열을 그리는 첫 번째 시점이 바로 데드크로스다. 데드크로스는 단기 이동평균선이 장기 이동평균선을 하락 돌파하는 경우다. 따라서 이 시점을 매도 시기로 삼는 투자자가 많다.

그러면 골든크로스에서 매수하고, 데드크로스에서 매도하면 되는 것일까? 모든 골든크로스가 매수 시점이고, 데드크로스가 매도 시점이라고 단정해서는 안 된다. 이동평균선의 흐름은 실제 캔들의 움직임보다 뒤에 나타나기 때문이다.

이를 이동평균선 분석이 갖는 제한 사항, '후행성'이라 한다. 먼저 주가캔들가 급격히 상승한다면 이미 많이 오른 상태에서 뒤늦게 골든크로스가 나타난다. 이런 상황에서는 골든크로스가 발생한 뒤에 바로 눌림목, 또는 이미 주가가 많이 올랐으니 차익 실현을 하는 매도세가 나올 수 있다.

반대로 데드크로스가 발생하기 전에 이미 주가가 큰 폭으로 하락할 때도 있다. 또는 데드크로스가 나온 뒤에 주가가 반등하며 상승할 수도 있다. 따라서 이동평균선의 골든크로스, 데드크로스만을 통해 매매 시점을 판단하기에는 타이밍이 늦은 경우가 많다.

그러면 이동평균선을 어떻게 이해해야 하는가? 이동평균선을 활용한 매매 시점을 조셉 그랜빌은 '그랜빌의 법칙'을 통해 설명했다. 이는 이동평균선과 주가캔들의 움직임을 비교하는 것이다. 20일 이동평균선과 60일 이동

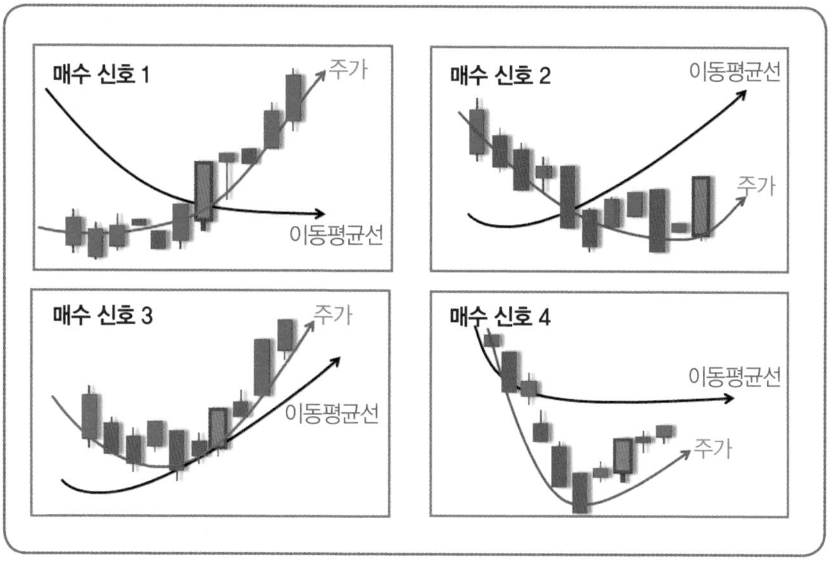

그랜빌의 법칙에서 알려주는 네 가지 매수 신호.

평균선을 비교하면, 그 결과는 당연히 후행성을 지닐 수밖에 없다. 그러나 **이동평균선**후행성**과 캔들**현재의 주가**을 비교 분석하면 후행성의 약점을 극복할 수 있다.**

그랜빌의 법칙에서 매수 시점은 다음과 같다.

매수 신호 1

이동평균선이 하락한 뒤, 더 이상 하락하지 않고 횡보한 이후보합권 상승 국면으로 진입하는 시점이다. 이 시점은 주가가 거래량을 동반하면서 이동평균선을 뚫고 위로 돌파한다. 이때 이동평균선을 위로 돌파하는 양봉에서 매수가 가능하다.

매수 신호 2

이동평균선이 상승 추세에서, 주가가 이동평균선 아래로 뚫고 하락했다가 다시 반등하는 양봉이 나왔다. 이럴 땐 시장 상황을 유심히 관찰하면서 매수해야 한다.

주가는 비록 하락했지만 이동평균선은 상승 추세이므로 주가의 하락을 조정 국면으로 판단할 수 있다. 특히 다시 주가가 반등을 시작하는 양봉에서 매수한다.

매수 신호 3

이동평균선이 상승 추세에 있지만, 주가가 하락하다가 이동평균선의 지지를 받고 다시 올라오는 양봉이 나왔다. 지지를 받고 상승을 시작하는 눌림목 자리 양봉에서 매수하면 된다.

매수 신호 4

주가가 이동평균선을 아래로 뚫고 급락하다가 다시 반등하며, 이동평균선에 접근하는 경우다. 주가는 이동평균선을 따라가는 경향이 있다. 그래서 이동평균선에 근접하는 방향으로 전환되는 시점이 단기 매수 신호다.

다만 이때는 반등하더라도 위에 있는 이동평균선의 저항을 뚫지 못하고 다시 하락하는 경우가 있다. 그러니 이런 경우까지 염두에 두면서 단기적인 관점에서 접근해야 한다.

그랜빌의 법칙에서 매도 시점은 다음과 같다.

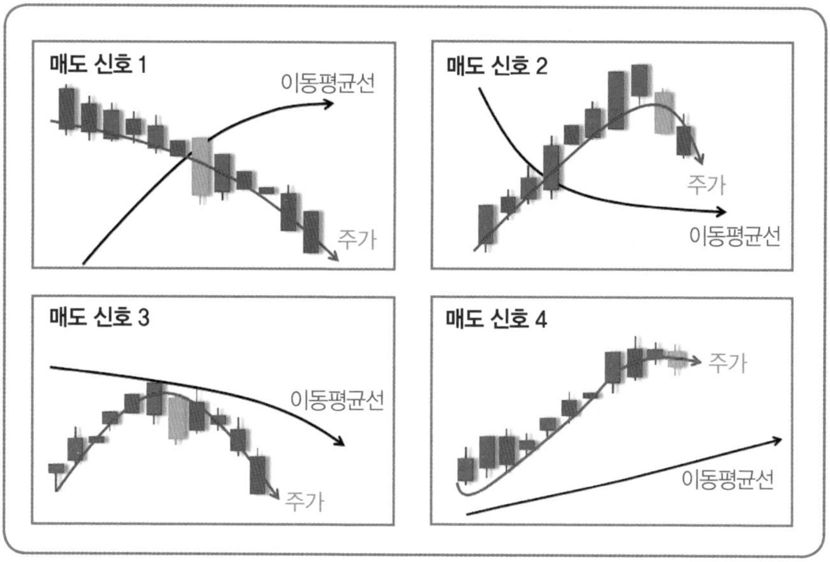

그랜빌의 법칙에서 알려주는 네 가지 매도 신호.

매도 신호 1

이동평균선이 상승하다가, 횡보 또는 하락으로 전환되는 국면이다. 이때 주가가 이동평균선 아래로 하향 돌파하는 경우라면 매도 신호로 보면 된다.

매도 신호 2

이동평균선이 하락 추세일 때, 주가가 일시적으로 이동평균선을 상향 돌파했을 경우다. 이때 주가가 계속 상승하지 못하고 다시 이동평균선 방향으로 하락을 시작하는 시점의 음봉이라면, 매수는 자제하고 매도 관점으로 접근하면 된다.

매도 신호 3

이동평균선이 하락하고 있을 때, 주가가 이동평균선을 상향 돌파하지 못하고 다시 음봉으로 하락하는 경우다. 이는 이동평균선이 저항선으로 작용하여 하락 추세가 계속될 것임을 암시하는 것으로써 매도 신호로 보면 된다.

매도 신호 4

이동평균선이 상승하는 경우일지라도 주가가 이동평균선과 큰 폭으로 이격되어 과도하게 상승한 경우다. 이때 주가는 다시 이동평균선 부근까지 하락할 가능성이 있다. 따라서 단기적인 매도 관점으로 접근할 수 있다.

이동평균선과 이를 설명해주는 그랜빌의 법칙까지 이해했다면, 이제는 네이버를 통해 어떻게 투자에 활용할 수 있는지를 살펴보자.

네이버의 국내 증시를 보면 그날의 골든크로스가 발생한 종목을 알려준다. 물론 네이버는 HTS만큼 여러 가지 조건 변화에 따른 정교한 검색이 제한된다. 네이버에서 알려주는 것은 20일 이동평균선이 60일 이동평균선을 골든크로스로 상향 돌파하는 종목 정도다. 그러나 이 정도 정보일지라도 HTS를 자주 사용하기 힘든 사람들에게는 고마울 따름이다.

네이버에서 제공하는 20일과 60일 이동평균선의 골든크로스는 아주 중요하다. 20일 이동평균선은 1개월간의 평균이다. 주식시장은 주말은 제외하고 열리므로 이 기간이 대략 20일이기 때문이다. 그리고 60일 이동평균선은 3개월간 주가의 평균이다.

60일 이동평균선이 숨은 의미는 무엇일까? 혹자는 60일 이동평균선을 '수급선'이라고 하며, 수급적인 요인이 크게 작용한다고 설명한다. 그러나 **주식에서 60일이라는 의미는 분기별로 발표되는 보고서가 나오는 시기라는 데 더 큰 의미가 있다고 생각한다.**

기업의 실적이 보고되면서 계속 돈을 잘 벌고 있는지, 못 벌고 있는지를 눈으로 확인할 수 있는 시기다. 분기별로 발표되는 보고서는 기본적 분석을 위한 기초 자료가 된다. 따라서 보고서를 통해, 기업의 가치가 어떻게 변화했는지 알 수 있다.

만일 기업의 가치가 예전보다 증가했다면 어떻게 될까? 당연히 주가는 상승할 것이다. 이런 것들은 그대로 차트에 반영될 것이며, **기업 가치와 연계하여 볼 수 있는 이동평균선이 바로 60일 이동평균선이다.**

국내 증시의 조건 검색에서 골든크로스를 클릭해보자. 그러면 오늘 골든크로스가 나온 종목들을 알려준다. 여기에서 함께 보이는 지표들은 최대 7개까지 추가하여 정렬할 수 있다.

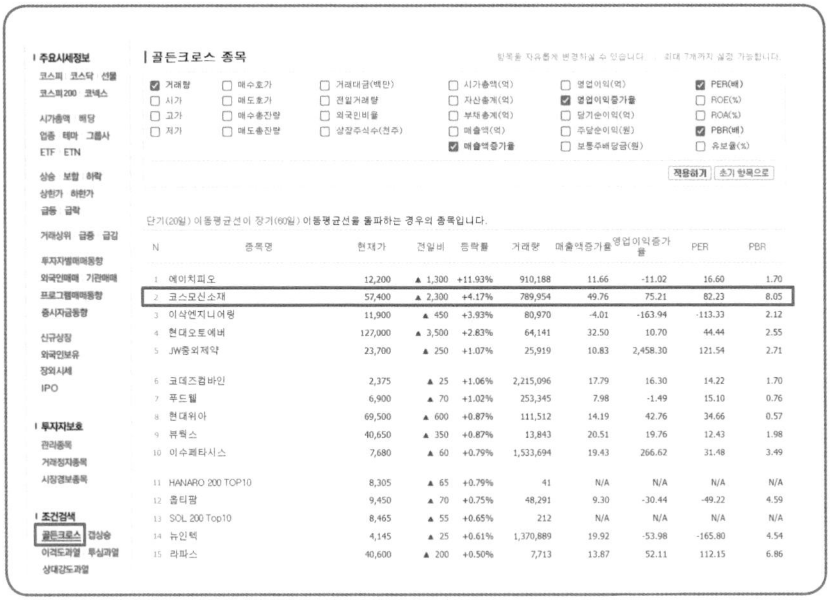

N	종목명	현재가	전일비	등락률	거래량	매출액증가율	영업이익증가율	PER	PBR
1	에이치피오	12,200	▲ 1,300	+11.93%	910,188	11.66	-11.02	16.60	1.70
2	코스모신소재	57,400	▲ 2,300	+4.17%	789,954	49.76	75.21	82.23	8.05
3	이삭엔지니어링	11,900	▲ 450	+3.93%	80,970	-4.01	-163.94	-113.33	2.12
4	현대오토에버	127,000	▲ 3,500	+2.83%	64,141	32.50	10.70	44.44	2.55
5	JW중외제약	23,700	▲ 250	+1.07%	25,919	10.83	2,458.30	121.54	2.71
6	코데즈컴바인	2,375	▲ 25	+1.06%	2,215,096	17.79	16.30	14.22	1.70
7	푸드웰	6,900	▲ 70	+1.02%	253,345	7.98	-1.49	15.10	0.76
8	현대위아	69,500	▲ 600	+0.87%	111,512	14.19	42.76	34.66	0.57
9	뷰웍스	40,650	▲ 350	+0.87%	13,843	20.51	19.76	12.43	1.98
10	이수페타시스	7,680	▲ 60	+0.79%	1,533,694	19.43	266.62	31.48	3.49
11	HANARO 200 TOP10	8,305	▲ 65	+0.79%	41	N/A	N/A	N/A	N/A
12	옵티팜	9,450	▲ 70	+0.75%	48,291	9.30	-30.44	-49.22	4.59
13	SOL 200 Top10	8,465	▲ 55	+0.65%	212	N/A	N/A	N/A	N/A
14	뉴인텍	4,145	▲ 25	+0.61%	1,370,889	19.92	-53.98	-165.80	4.54
15	라파스	40,600	▲ 200	+0.50%	7,713	13.87	52.11	112.15	6.86

네이버 증권 → 국내 증시의 조건 검색에서 골든크로스를 클릭하면, 오늘 골든크로스가 발생한 종목 정보를 볼 수 있다.

이 가운데 거래량, 매출액증가율, 영업이익증가율, PER, PBR 정도만 알아도 충분하다. 물론 최근 3년간의 지표들을 자세히 살펴봐야 하지만, 우선 대략적으로라도 이 지표들을 통해 흑자 기업과 저평가 우량주 정도를 알 수 있다.

그림에서 1번 에이치피오의 경우에는 오늘 11%가 넘는 급등이 나왔다. 하루 만에 이 정도의 급등이라면 눌림목 하락세가 우려된다. 그리고 영업이익 증가율 역시 감소세다.

그래서 2번 코스모신소재를 살펴봤다. 이 종목은 매출액과 영업이익 증가율이 상승 추세다. 문제는 PER이 너무 고평가라는 것이 문제다. 투자하지 말아야 할까?

앞에서 살펴봤던 내용을 복습해보자. 코스모신소재가 속한 업종 평균 PER은 9.94다. 그런데 코스모신소재의 PER은 78.97이다. 엄청난 고평가다.

하지만 오른쪽 정보에서 추정 PER을 보자. 전 분기까지의 주당 순이익EPS은 698원이다. 그리고 올해 예상되는 주당 순이익은 1,057원이다. 주당 순

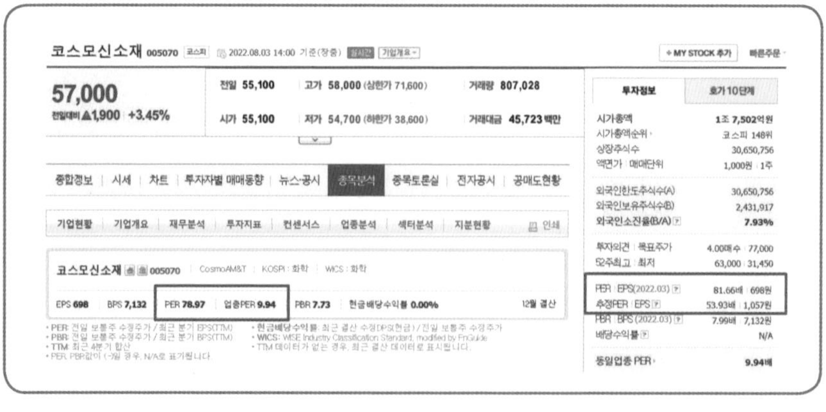

— 추정 PER을 보면, 올해 돈을 더 많이 벌 전망이다.

이익이 두 배로 늘어날 것으로 전망한다.

만일 주가가 현재가 57,000원이 유지된다면 연말 PER은 54배까지 낮아진다. 성장 전망이 크다면 투자자들은 더 먼 미래의 기대감까지 모두 끌어와서 현재 주가에 반영시킨다.

밴드 차트를 보자. 만일 현재 PER 수준이 계속 유지된다면 1년 후의 주가는 68,053~102,147원으로 전망된다. 물론 이것은 절대적인 것은 아니다. 주가가 더 낮아지면서 PER이 저평가 수준으로 낮아질 수 있다. 고평가 추세가 더 심각해지면서 주가가 더 크게 상승할지도 모른다. 다만 현재의 상황, 그러니까 기업이 계속 돈을 잘 벌고 이 종목에 대한 투자자의 관심이 계속 이어진다는 것을 가정한 결과다.

단순 예측이라고 하여 무조건 배척할 이유는 없다. 이런 자료들을 통해 여러 가지 상황을 가정해볼 수 있기 때문이다.

지금까지 코스모신소재가 돈을 잘 버는 기업, 앞으로도 돈을 더 많이 벌 것

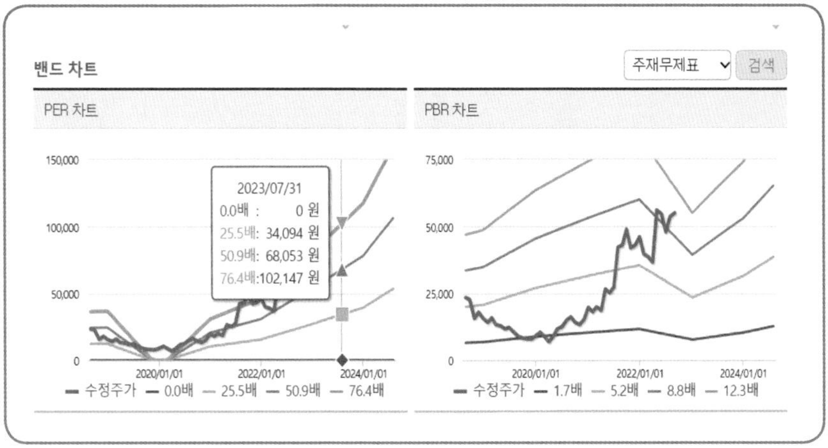

밴트 차트는 현재 PER이 유지될 경우, 1년 후 주가는 6만 원에서 10만 원까지 전망한다.

으로 기대되는 기업임을 확인했다. 이 기업이 어디에서 돈을 벌고 있고, 해당 업종의 산업 전망은 어떻게 될 것인지 등 더 구체적인 사항은 앞에서 공부했던 기본적 분석의 내용을 참고하여 살펴보면 된다.

그러면 언제 매수해야 할까? 차트 분석에 대한 여러 가지 방법은 뒤에서도 계속 나온다. 하지만 일단은 지금까지 공부한 '봉 3개 매매법'과 '그랜빌의 법칙'을 중심으로 살펴보겠다.

네이버 증권의 골든크로스 정보에서 확인된 코스모신소재의 차트다. 오늘의 주가는 20일과 60일 이동평균선의 골든크로스가 나온 시점이다. 상승 추세로 볼 수 있다.

20일과 60일 이동평균선 골든크로스, 봉 3개 매매법에서 매수 신호가 나왔다.

먼저 봉 3개 매매법을 보자. 오늘을 포함한 최근 3일의 주가는 양봉-음봉-양봉이다. 최근 음봉은 어제였다. 오늘의 양봉이 최근 음봉의 50%를 뚫고 상승했는가? 이것을 확인하면 된다. 그 결과 오늘은 봉 3개 매매법의 매수 시기다.

그랜빌의 법칙을 살펴보면 어떤 경우와 유사한가? 오늘부터 4거래일 이전 양봉이 그랜빌의 법칙에서 이야기했던 '매수 신호 3'의 케이스다. 저 시기에 매수했었다면 이미 수익권이다. 너무 늦은 건 아닐까? 아직은 상승 추세가 유지될 가능성이 조금은 더 남았으니 매수를 생각해도 괜찮아 보인다. 물론 다른 분석을 추가로 더 해보면서 상승 가능성의 확률을 살펴봐야 하지만 말이다.

이렇게 네이버에서 알려주는 골든크로스 종목에 대하여 차트를 보면서 봉 3개 매매법과 그랜빌의 법칙에 따라 분석하다보면, 매수하기 적당한 종목을 찾을 수 있다.

초보투자자들에게 지금까지의 간단한 매매법을 알려주면 환호하는 경우가 있다. 엄청난 투자의 비밀을 깨우친 것처럼 말이다. 하지만 주가는 투자자의 심리뿐만 아니라 수많은 변수가 작용한다. 이동평균선 분석만으로 매매하기는 부족하다.

따라서 다른 여러 가지 분석 방법들을 통해 종합적으로 분석할 수 있는 능력을 키우고 실전투자에 임해야 한다.

이동평균선과 골든크로스 종목을 통한 네이버 활용 방법

① 네이버에서 골든크로스가 발생한 종목을 검색한다.

② 검색된 종목들에 대하여 재무 분석을 통해 우량주, 성장주로 압축한다.

③ 압축된 종목들에 대하여 네이버 차트에 이동평균선을 표시한다.

④ 봉 3개 매매법과 그랜빌의 법칙에 따라 분석하여 적절한 매수 타이밍을 잡는다.

용어 정리

- 이동평균선 : 지난 일정 기간 주가의 평균값을 차트에 점으로 표시하여, 이 점들을 연결한 선이다.
- 정배열 : 주가가 상승 추세에 있을 때 위에서부터 단기, 중기, 장기 이동평균선이 차례로 우상향하고 있는 배열이다.
- 역배열 : 주가가 하락 추세에 있을 때 위에서부터 장기, 중기, 단기 이동평균선이 차례로 우하향하고 있는 배열이다.

투자 실패를 줄여주는 심리적 저점 구간의 이해

모든 투자가 그렇지만 주식도 마찬가지로 '쌀 때 사서 비쌀 때 파는 전략'이 기본이다. 주식을 쌀 때 사기 위한 기본적 분석에서는 저평가된 주식을 검색한다. 그런데 기술적 분석에서도 마찬가지로 차트를 이용하여 주가가 쌀 때를 가늠해볼 수 있다. 이를 위해서는 주가의 '심리적 저점'을 이해해야 한다.

왜 그냥 주가의 저점이 아니고 '심리적' 저점일까? 차트를 보면 그동안의 주가 흐름을 볼 수 있다. 그리고 차트에서 보여주는 이야기 속에는 투자자들의 심리가 고스란히 담겨 있다. 물론 차트는 과거의 이야기일 뿐, 미래의 주가를 예언해주지는 않는다. 그러나 차트에는 과거로부터 누적된 투자자들의 심리가 담겨 있다.

기업의 가치가 유지되고 있는 상황에서 주가가 하락하고 있다고 생각해보자. 하락하던 주가가 지지선에 근접할 때 주가가 바닥이라고 생각하는 투자자들이 늘어난다. 그 결과 바닥을 확인한 주가는 반등하여 상승 추세로 전환되는 경우가 많다. 물론 기업의 가치가 낮아지고 있는 상황이라면 지지선은 힘을 잃고 주가는 더 크게 하락한다.

상승하던 주가가 전 고점 부근까지 오르면 어떻게 될까? 주가가 더 올라가기보다는 이미 많이 올랐다고 생각해서, 주가의 하락을 우려하는 투자자가 많아진다. 이런 심리가 모여서 전 고점 부근에서는 저항받고 다시 하락 추세로 전환되는 경우가 많다. 그런데 무작정 하락하는 것은 아니다. 만일 기업의 가치가 계속 증가한다면, 주가 역시 전 고점을 뚫고 계속 상승할 힘을 가지게 된다. 그렇게 몇 번씩 저항선을 두드리다 보면 새로운 고점을 만들게 된다.

그런데 모든 주가는 끝없이 상승만 계속할 수는 없다. 언젠가 주가는 다시 하락하게 된다. 상승하던 주가가 하락 추세로 꺾이면 투자자들은 주가가 지지선 부근에 올 때까지 매수하지 않고 기다린다.

주식은 이렇게 수요와 공급, 그리고 투자자들의 심리가 어우러져서 생긴 결과다. 특히 주가의 움직임을 투자자들의 심리로 생각해본다면, 지지선이 왜 주가를 지지할 힘을 가지는지 이해가 될 것이다.

투자자들의 심리에 의해 만들어진 지지선과 심리적 저점 구간을 보자. 네이버 증권의 일봉 차트는 2년 정도의 기간밖에 제공해주지 않는다. 따라서 저점 구간을 보기 위해서는 '주봉'으로 볼 수밖에 없다. 왜냐하면 심리적 저점을 위한 지지선을 그릴 때는 최소 3년 이상의 긴 기간에서 최저점을 우상향으로 연결해야 하기 때문이다이것은 나의 기준이므로 여러분은 여러분만의 투자 원칙을 세워보기 바란다.

여기에서 '3년 이상'이라는 기간은 일반적인 산업의 경기 사이클을 가정하여 설정한 기간이다. 그리고 최저점을 '우상향'으로 연결한 이유는 주가의 큰 추세가 우상향하는 종목을 선정하기 위해서다.

만일 우하향하는 추세의 주가 흐름이라면 지지선이 존재할 수 없다. 주가의 큰 추세가 우하향으로 하락하고 있다는 것은 주가를 지지할 수 있는 아무런 힘이 없다는 이야기다. 이것은 투자자들의 심리가 매수보다는 매도에 더 큰 힘이 실려 있다는 증거다. 따라서 우하향하는 종목의 차트에는 절대로 지지선을 그릴 수 없다.

지지선 부근에서는 매수 세력과 매도 세력의 공방이 치열하게 벌어지지만, 결국 매수 세력이 더 강해질 수밖에 없다. 물론 여기에는 기업의 가치가 유지되고 있다는 가정이 숨어 있다. 그리고 가장 중요한 '흑자'를 내는 기업에만 투자해야 한다는 원칙도 잊지 말자.

카카오의 차트를 보면, 계속된 추가 상장으로 카카오 주식의 가치가 희석되었다. 사업적 측면에서도 주당 순이익 전망치가 감소할 것으로 전망된다. 카카오톡 먹통 사건 이후 카카오에 대한 국민적 관심은 크게 하락했다. 그래서 카카오의 성장이 끝났다고 생각하는 투자자들이 많아졌다. 카카오의 하락은 언제까지 이어지며, 언제 매수해야 하는 것일까?

역대 차트에서 지지선을 한 번 그려보자. 지지선을 그리기 위해서는 '도구'를 클릭하여 오른쪽 그리기 도구를 활성화해야 한다. 그다음 오른쪽 맨 위의 대각선 화살표를 클릭하면 선을 그릴 수 있다. 한 번 클릭에 선 하나를 그릴 수 있다. 이 대각선을 클릭한 다음에 역대 차트의 최솟값 지점을 클릭하고, 그다음 우측으로 선을 늘이면 된다. 이렇게 저점끼리 연결하면 지지선이 된다.

지지선을 그린 다음에는 상단의 저항선을 그려보자. 저항선을 그리는 방법은 무수히 많다. 만일 주가의 역대 최댓값이 3년 이내라면 좌우로 수평한 저항선이 유효하다.

심리적 저점 구간에서 주식을 매수한다면, 다소 손실이 발생하더라도 언젠가는 다시 매수 가격 이상의 반등을 기대할 수 있다.

이를 위해서는 차트 오른쪽 위에서 두 번째 아이콘인 수평선 화살표를 클릭해보자. 그다음 역대 최댓값을 지나는 수평선을 그리면 저항선이 만들어진다. 만일 추세선을 그리다가 실수하게 된다면 이전으로 되돌리기를 하든지, 휴지통 아이콘으로 선을 모두 지울 수 있다.

지지선과 저항선을 그렸으면 이제는 구간을 나눌 차례다. 심리적 저점 구간은 투자자마다 다를 수 있다. 어떤 사람은 주가가 고점 대비 하위 30% 정도의 가격대를 저점으로 생각할 수 있다. 사람에 따라서는 20%나 10% 정도까지 내려와야 주가의 바닥으로 생각하는 경우도 있을 것이다.

카카오의 차트에서는 주가가 고점 대비 하위 $\frac{1}{3}$ 구간을 심리적 저점 구간으로 생각했다. 이때 심리적 저점을 생각하는 주가의 위치는 바로 오늘의 주가가 기준이다. 이미 지나 버린 과거의 주가는 기준이 아니다. 오늘을 기준으로 심리적 저점 구간을 그려야 한다.

과거의 많은 기간이 심리적 저점 구간에 있었을 수 있다. 그렇다면 이 구간에서 매수했다면 되었을까? 당시의 주가가 모두 저점 구간이었던 것은 아니다. 최젓값을 연결한 지지선과 최댓값을 연결한 저항선이 달라질 때마다, 심리적 저점 구간은 달라지기 때문이다. 지금 그려본 심리적 저점은 오늘의 주가를 기준으로 그린 것일 뿐이다.

이렇게 심리적 저점 구간을 그렸다면 오늘의 주가를 살펴보자. 오늘의 주가가 심리적 저점 구간 사이에 있는가?

카카오의 오늘 종가 47,700원은 심리적 저점 구간 사이에 위치한다. 따라서 3년 이상의 장기투자를 생각한다면 분할매수로 접근할 수 있는 주가의 위치다. 물론 기업의 실적과 여러 가지 다른 분석을 통해 '진짜' 매수해도 되는지 다시 살펴봐야 하지만 말이다.

심리적 저점 구간에서 매수한다면 향후 수익을 기대할 수 있다. 기업의 실적이 개선되면서 주가가 반등을 시작하게 된다면, 전 고점 또는 심리적 고점 구간까지 주가가 상승할 것을 기대할 수 있기 때문이다.

만일 주가가 심리적 저점 구간까지 내려가기 전에 반등하면 어떻게 해야 할까? 추세를 중요하게 생각한다면 충분히 투자를 결정할 수 있다. 하지만 언제든지 다시 추세가 반전되어 하락할 수도 있다. 이때 주가는 심리적 저점 구간, 지지선 부근까지 하락할 것을 감수하고 투자를 진행하는 것이다.

손절할 것인지, 물타기하여 매수 평단가를 낮출 것인지, 이것도 아니면 다시 본전이 될 때까지 기다릴 것인지는 투자자의 결정이다. 이런 위험을 감수하기 싫다면 언제나 확실한 타이밍에만 투자하는 것이 좋다.

심리적 저점 구간에서 매수했다고 해서 바로 수익이 나는 것은 아니다. 심지어는 1년 이상 저점 구간에서 횡보할지도 모른다. **심리적 저점 구간은 단기 수익을 내기 위한 차트 활용법이 아니다. 손실을 최소화하기 위한 방법이다.**

그 어떤 분석도 완벽한 것은 없듯이, 심리적 저점 구간 역시 절대적인 것은 아니다. 만일 기업의 가치가 하락했다면 그동안 지지선에 몰려 있던 투자자들의 심리가 무너질 것이다. 그렇다면 다음 지지선이 생길 때까지 해당 종목에 대해서는 투자를 잠시 보류해야 한다.

예를 들어 카카오의 차트에서 주가가 지지선 부근까지 하락했다고 생각해보자. 그런데 여전히 카카오의 실적은 계속 낮아질 것으로 전망된다면 어떻게 될까?

주가는 지지선을 깨고 계속 하락할 것이다. 그러나 실적에 어떤 변화가 발생한다는 소식이 들린다면 상황은 달라진다. 이미 주가는 저점 구간에 들어와 있으니, 실적 개선 소식만 들린다면 언제든 반등해도 이상하지 않다.

따라서 언제나 차트 분석은 기본적 분석이 전제되어야 한다. 차트에만 의존하기보다는 다양한 분석을 통해 주식투자를 해야 한다. 개인투자자가 오로지 차트만 보면서 투자한다면 손실 가능성이 크다.

심리적 저점 구간에 대한 네이버 차트 활용 방법

① 네이버 주봉 차트에서 지난 3년 이상의 기간을 표시한다.
② 저점 구간을 연결하는 지지선을 그린다.
③ 고점 구간을 연결하는 저항선을 그린다.
④ 지지선과 저항선 사이의 구간 중에서 투자자가 원하는 만큼의 저점 구간을 선정하고, 이 구간 내에서만 매수한다.

용어 정리

- 심리적 저점 : 수많은 투자자가 공통적인 심리가 저점 구간이라고 생각하는 정도의 주가 상태다.
- 지지선 : 주가의 저점을 연결하여 그린 우상향 방향의 선으로써, 이 선까지 주가가 하락하게 되면 투자자들의 심리가 작용하여 충분히 하락했다고 생각하게 된다.
- 저항선 : 주가의 고점들을 연결한 우하향 또는 수평한 선으로서, 주가가 이 선까지 상승하게 되면 투자자들의 심리는 충분히 상승했다고 생각하게 된다.

추세선을 통한 매매 타이밍

주가는 일정 기간 같은 방향으로 움직이려는 추세를 가진다. 이런 추세를 한눈에 알기 쉽게 차트에 나타낸 선이 추세선이다.

추세선을 그릴 때 중요한 것은 기간이다. 일반적으로 추세라고 하는 것은 꽤 긴 기간 동안 주가가 움직이는 방향을 뜻한다. 이때 어느 정도의 기간을 추세로 생각해야 할지는 난감하다. 그래서 주식을 처음 시작하는 투자자들에게 추세선은 조금 어렵게 느껴질지도 모른다.

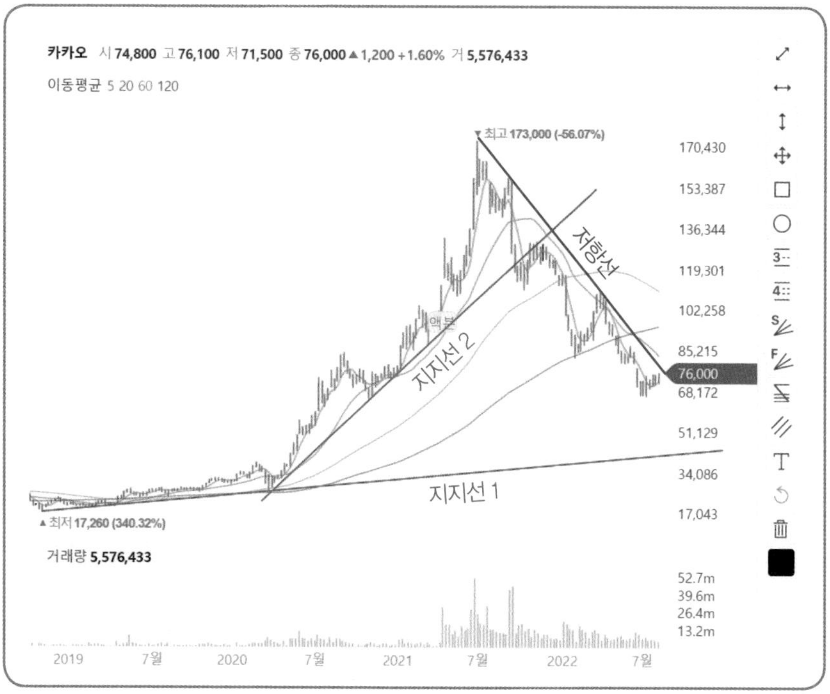

주가의 저점들끼리 연결한 우상향하는 선(지지선)과 고점들끼리 연결한 우하향하는 선(저항선)을 그려서 주가의 추세를 확인할 수 있다.

카카오의 추세를 보자. 오늘의 주가를 기준으로 지난 1년간의 추세를 보면 하락 추세다. 최고점에서 고점들을 연결하며 우하향하는 추세선을 그릴 수 있다. 이것을 하락 추세선저항선이라고 한다. 그리고 저점들을 연결하여 우상향 추세선을 그릴 수 있다. 이것을 상승 추세선지지선이라고 한다.

이렇게 기간이 달라질 때마다 오늘의 주가는 상승 추세일 수도 있고, 하락 추세일 수도 있다. 따라서 자신의 투자 성향과 투자 기간에 따른 추세선을 결정하는 것이 중요하다.

10년간 이 종목을 보유할 사람이라면 지난 9년간의 추세를 보면서 매매할 수도 있을 것이다. 그리고 몇 개월 정도 안에 적은 수익이라도 보고 싶은 사람이라면, 자신이 원하는 투자 기간에 따른 추세선을 그려보면서 투자에 활용하면 된다. 추세선 분석을 위해서는 여러 개의 추세선을 동시에 그려 두고 분석하는 것이 일반적이다.

지난 2020년 5월 이후 카카오의 차트를 보자. 이렇게 하나의 차트를 두고 빨간색으로는 지지선을, 파란색으로는 저항선을 그려봤다. 지지선은 상승 중인 추세를 지지해주는데, 주가는 빨간색 지지선을 타고 오르다가 어느 순간이 되면 지지선을 깨고 하락하기 시작한다.

바로 이런 타이밍이 주식을 매도해야 하는 시점이다. 지지선을 아래로 강하게 뚫고 하락하는 순간이라면 보유 중인 주식은 매도하고, 매수는 자제하는 것이 좋다.

그렇다면 매수는 언제 해야 할까? 바로 파란색 저항선을 위로 뚫고 상승하는 시점에 하면 된다. 하락을 시작한 주가는 저항선의 저항을 받고 일정 기간 계속 하락하게 된다. 그러다가 가장 아래에 있는 지지선 부근에 다다르면 주가투자자의 심리는 고민을 시작한다. '더 하락할까? 아니면 지금이 바닥일까?'

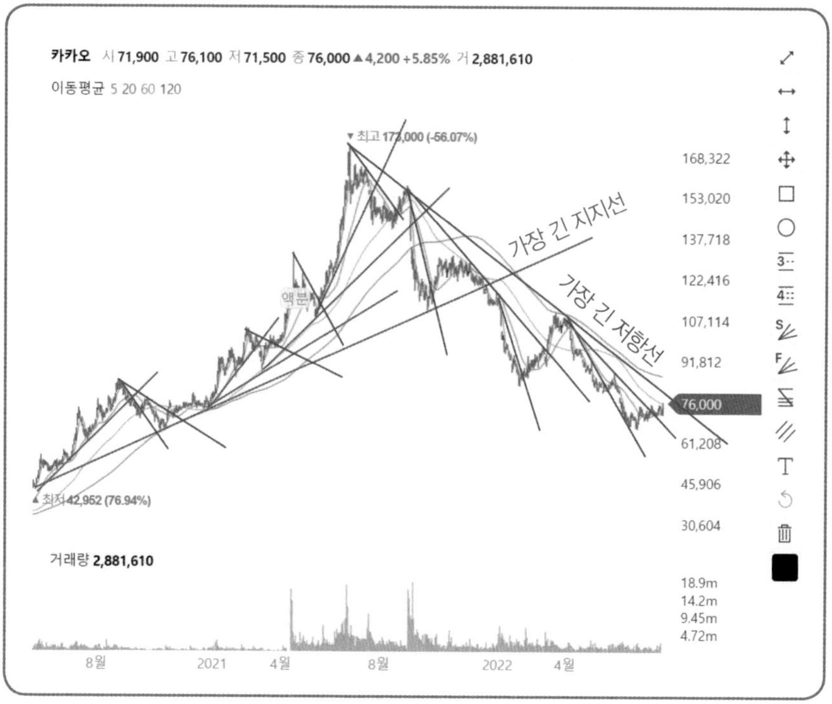

여러 개의 지지선과 저항선을 통해 수많은 매수, 매도 시점을 알아볼 수 있다.

지지선 부근에서 이제는 바닥이라는 심리가 강해진다면 주가는 지지받고 상승을 시작한다. 이렇게 상승을 시작하는 시점은 동시에 그동안 주가의 상승에 저항하고 있던 파란색 저항선을 위로 뚫고 올라간다. 매수는 이런 타이밍에 하면 된다.

정리하자면, 이렇다.

① 매수 시점 : 저항선을 위로 뚫고 올라가는 시점

② 매도 시점 : 지지선을 아래로 뚫고 하락하는 시점

지금까지 설명한 것은 과거 차트의 기록일 뿐이다. **과거 차트를 두고 그림을 그려보면 어쨌거나 맞을 수밖에 없다. 왜냐하면 이미 나온 결과를 두고 그것에 맞추어 지지선과 저항선을 그린 것이기 때문이다.**

중요한 것은 오늘의 주가가 과연 상승 추세인지 하락 추세인지를 판단하는 것이다. 따라서 오늘의 주가에 맞춰 차트를 확대해보자. 그림에서 오늘의 주가를 보면 양봉으로 상승 추세에 있는 것처럼 보인다. 최근 단기 지지선을 타고 조금씩 우상향 중이다. 단기 저항선을 강하지는 않지만 위로 뚫고 횡보하는 듯 보인다.

그렇다면 카카오의 현시점 주가는 상승을 기대할 수 있을까? 이런 궁금증

과거의 추세선은 의미가 없다. 결국 중요한 것은 오늘의 주가를 기준으로 영향을 주는 추세선이다.

을 가지면서 주가의 움직임을 판단해야 한다. 이것이 추세선을 활용하여 주가를 판단하는 데 필요한 질문들이다.

이때 가급적 주가의 움직임을 예측하지 않았으면 한다. '이 정도면 바닥이니 상승하겠지……'라는 예상으로 매수하는 것이 아니다. 확실히 저항선을 뚫고 올라가는 모습을 보면서 매수해야 한다. 그리고 하락하던 오늘의 주가가 최근 단기 지지선에 근접했다고 해서 섣불리 매수해서도 안 된다. 오늘의 주가를 지지하는 단기 지지선은 기간이 짧은 만큼 지지할 힘이 적다. 그래서 언제라도 깨질 수 있다.

지지선은 지지했던 기간이 길어질수록 힘이 강해진다. 그 이유는 그만큼 오랜 기간 '이 선에는 지지할 것'이라는 사람들의 심리가 농축되었기 때문이다.

여러분이 주가를 움직이는 심리의 주도자가 될 필요는 없다. 개인투자자는 그저 확실하게 확인된 주가 추세를 읽고 따라가는 매매법을 추천한다. 그리고 차트 분석이 추세선 하나만 있는 것은 아니다. 이동평균선이나 주가의 흐름을 알려주는 여러 가지 보조지표들도 있다. 따라서 여러 가지 수단을 통해 차트를 복합적으로 이해해야 한다.

참고로 카카오의 차트는 단기 지지선의 지지를 받고, 단기 저항선을 뚫었다고 할지라도, 60일 이동평균선이 아직 우하향 하락 추세이므로 확실한 상승 추세로 보기에는 힘든 상황이다. 다만 지지선의 지지와 저항선 돌파 등을 통해 단기적인 상승을 기대해볼 수 있는 시점이기도 하다.

추세선 분석을 통한 네이버 활용 방법

① 네이버 차트에서 지지선과 저항선을 그린다.

② 저항선을 위로 뚫고 상승하면 상승 추세로 이해하고 매수한다.

③ 지지선을 아래로 뚫고 하락하면 하락 추세로 이해하고 매도한다.

④ 지지선이나 저항선 부근에 주가가 있을 때에 미리 예상하지 않고, 보이는 현상만을 이해하려고 노력한다.

용어 정리

- 추세선 : 주가가 일정 기간 같은 방향으로 움직이려는 힘으로 움직일 때, 이 주가들의 저점이나 고점들을 연결한 선이다.

그물망 차트 분석을 통한 추세의 이해

여러분은 하락 후에 횡보하는 주가 흐름이 나올 경우, 향후 주가 움직임을 어떻게 판단하는가? 또는 현재 강하게 반등하는 주가의 움직임이 나온다면 어떤 투자 판단을 내릴 것인가?

펄어비스의 차트를 보자. 최근 두 달간 펄어비스는 계속 횡보를 이어 왔다. 여러분은 이런 주가의 움직임에서 매수할 것인가? 아니면 매도할 것인가?

우리는 앞서 이동평균선에 대해 살펴봤다. 특히 20일과 60일 이동평균선

주가가 하락한 다음 2개월간 횡보를 진행했다. 이후 주가의 흐름에 대해 어떤 분석이 가능할까?

의 골든크로스를 통해, 매매 타이밍까지 확인할 수 있음을 이해했다. 그런데 두 개의 이동평균선이 아니라 더 많은 이동평균선을 사용한다면 어떻게 될까?

여러 개의 이동평균선을 동시에 표시하게 되면, 이들 간에 간격이 좁아지거나 늘어나는 것을 이용하여 추세를 판단할 수 있다. 이때 이동평균선의 움직임이 마치 그물망처럼 보이기 때문에 그물망 차트, 또는 네이버 증권에서처럼 그물 차트라고 부른다.

이것은 한 개의 이동평균선 움직임을 세밀하게 관찰하기보다는 많은 이동평균선의 공통된 움직임을 동시에 파악함으로써, 전체적인 추세를 확인하기

보조지표에서 그물망 차트를 활성화할 수 있다.

위해 사용한다.

네이버 증권의 차트에서는 보조지표를 통해 그물망 차트를 표시할 수 있다. 이때 '설정'에 들어가서 그물망 차트의 개수를 조절할 수 있다. 예를 들어 시작이평 5, 증가 5, 개수 20이라면, 5일 이동평균선에서 시작하여 5, 10, 15, 20, 25 …… 100일 이동평균선이 그려진다. 설정값은 투자자별로 얼마든지 바꿀 수 있다.

그물망 차트를 활성화한 다음 주가 흐름을 살펴보자. 여러분은 차트에서 오늘 이후의 움직임을 어떻게 판단하겠는가?

차트를 보면 2022년 이전까지의 주가는 상승하면서 그물망이 넓게 펼쳐졌

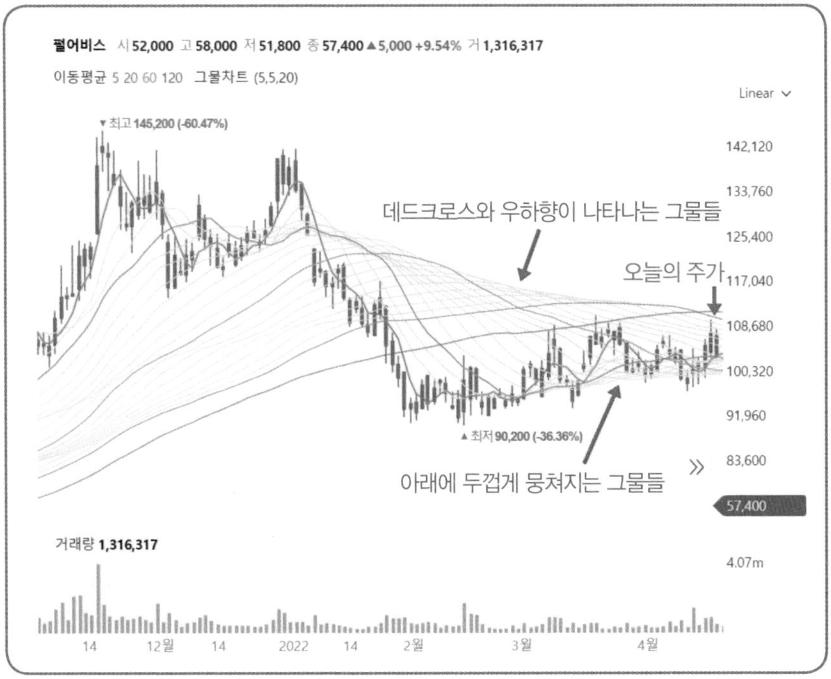

그물망 차트를 통해 주가의 추세를 판단할 수 있다.

다. 이후 고점 부근의 그물부터 아래로 하나씩 데드크로스가 발생하기 시작했다. 하락 추세로의 전환을 짐작할 수 있다.

반면 그물망 차트의 하단으로는 그물들이 두껍게 뭉쳐지며 지지선을 만들고 있다. 게다가 가장 아래에 있는 그물부터 하나씩 위로 골든크로스가 발생하기 시작했다. 상승 추세로의 전환도 동시에 생각해볼 수 있다.

하락 이후 하락을 멈춘 횡보장이다. 하락하려는 심리와 더 이상 하락하지 않고 지금이 바닥권이라는 심리가 팽팽하게 맞서고 있는 상황이다. 이렇게 하나씩 발생하기 시작한 골든크로스나 데드크로스가 그물망 20개 중에서 절반 정도 진행된다면, 그물망의 간격은 좁아진 것이 확연히 드러나게 된다.

그물망 차트가 어려운 것은 골든크로스나 데드크로스가 단 몇 개 정도 잠깐 발생했다고 해서 추세의 전환으로 볼 것인가의 문제 때문이다.

좀 더 확실한 추세의 전환을 보기 위해서는 그물망이 확실하게 좁아진 것을 확인해야 한다. 그러나 추세의 전환을 판단하는 데 너무 늦을 수도 있다. 그래서 그물망 차트를 통해 정확한 추세의 변곡점 시점을 판단하기보다는 현재의 추세가 대략 어느 정도인지를 판단하는 데 오히려 유용할 수 있다. 정확한 시점에 대해서는 다른 보조지표들을 활용하면 된다.

또한 위아래로 몰려 있는 그물들을 오늘의 캔들이 어느 방향으로 돌파했는지도 중요한 단서가 될 수 있다. 확실한 방향이 나올 때까지 섣불리 예측하지 말라는 이야기다.

펄어비스의 그물망 차트를 보면 오늘의 주가 이전까지 2개월간 횡보했다. 하락을 멈추고 횡보하고 있으니 '바닥이 아닐까?' 하는 생각에 투자를 결정할지도 모른다. 주가만을 보면 현재의 횡보가 상승을 위한 횡보인지, 하락하는 중간에 보이는 횡보인지 가늠하기가 어렵기 때문이다. 그러나 그물망 차트가 데드크로스와 우하향 그물이 연속적으로 발생하고 있다면, 비록 주가가 횡보하는 시점일지라도 아직 완전한 바닥권이라기에 무리가 있다.

펄어비스의 이후 주가 움직임을 보자. 완전한 추세가 결정되기 이전에 섣불리 저점이라고 판단하는 것은 큰 손실을 불러온다. 특히 그물망 차트가 계속 우하향과 데드크로스를 보이는 상황이라면 더욱 그렇다. **단순히 하락을 멈춘 후에 횡보했으니 다시 상승할 것이라고 예측하는 실수를 방지하기 위해 다양한 분석이 필요하다. 확실한 분석 없이 단순히 '감'에 의존하여 투자하는 것은 위험할 수 있다.**

추세를 확인한 후 대응해야 한다. 하락의 신호가 더 많이 보인다면 섣부른 매매는 금물이다.

그물망 차트 분석을 통한 네이버 활용 방법

① 네이버 차트에서 그물망 차트를 표시한다.

② 그물 모양으로 표시되는 여러 개의 이동평균선이 차례대로 골든크로스를 그리는지, 데드크로스를 그리는지를 살펴본다.

③ 골든크로스가 많아지고 있다면 상승 추세, 데드크로스가 많아지고 있다면 하락 추세로 이해한다.

용어 정리

- 그물망 차트 : 여러 개의 이동평균선을 동시에 표시하여, 주가 추세를 확인할 수 있도록 나타낸 선이다.

매물대 분석을 통한 거래량의 이해

매물대는 현재 화면에 보이는 차트의 기간 동안 거래량을 가격대별로 표시한 차트다. 이를 통해 일정 기간 어느 가격대에, 얼마나 거래가 이뤄졌는지를 살펴볼 수 있다. 매물대 분석은 거래량과 관련된 지표로써 심리적 분석 방법 중 하나다. 즉 어느 가격대에, 얼마만큼의 투자 심리가 집중되었는지 살펴보는 것이다.

개인투자자의 심리 중에 제일 큰 것은 '본전 심리'다. A씨와 B씨의 마음을 함께 생각해보자.

투자자 A씨는 OO전자를 주가 10,000원에 매수했다. 주가는 다행히 매수 이후 상승했다. A씨는 앞으로 더 오를 것으로 기대하고 계속 보유할 것이다. OO전자의 주가는 계속 오른다. 그런데 OO전자의 상승 추세가 꺾였다. 추세가 반전되어 하락하기 시작했다. 그래도 아직은 수익 구간이니 A씨는 여유를 가진다. 지금의 하락은 잠시 거쳐 가는 조정일 것으로 생각한다. 그래서 계속 보유한다. 하지만 주가는 계속 하락한다.

이제는 최초 매수가인 10,000원까지 가격대까지 떨어졌다. 보통 이 정도 상황에서는 최소한 손실만은 피하자는 마음에 본전 정도의 가격대에 매도한다. 얼마 전까지 있었던 수익은 모두 사라졌지만, 그래도 아직은 본전이다.

'얼른 팔아야지.'

하지만 네이버 종목 게시판을 보던 A씨는 마음이 바뀌었다. 주가 10,000원은 완전히 저점, 바닥이며 조만간 다시 반등할 것이란 기대가 가득하다. 그래서 A씨는 주식을 팔지 않고 조금 더 기다려본다.

하지만 주가는 계속 하락하여 5,000원이 되었다. 이제는 얼마 전까지 꿈꿨던 10배, 100배 상승의 꿈은 온데간데없이 사라졌다. 마음의 빈자리는 '제발 본전만이라도'라는 생각으로 채워진다. 팔지 않으면 언젠가 본전은 찾을 수 있다는 생각으로 참는다. 네이버 종목 게시판에서 "영차! 영차!"를 외치며 계속 기다린다.

드디어 좋은 소식이 들려온다. A씨의 인내가 남아 있는 동안 주가가 다시 반등하기 시작한 것이다. 얼마 지나지 않아 OO전자는 다시 10,000이 되었다. 이제부터 다시 시작일까? 아니다. A씨는 그동안의 고통이 너무나도 큰 나머지 본전이 오자마자 팔아 버린다. 그리고 이렇게 말한다.

"내가 저 주식을 다시 쳐다보면 사람이 아니다."

OO전자의 주가는 한동안 10,000원 선에서 계속 횡보한다. A씨는 자신이 매도한 가격 10,000원을 보며 다행스럽게 생각한다. 그렇게 A씨의 기억에서 OO전자는 잊힌다.

A씨와는 반대 경우인 B씨의 사례를 보자. A씨가 주식을 팔고 난 이후 OO전자의 업황 전망을 접한 B씨는 OO전자를 매수하고 싶다.

하지만 얼마 전까지 OO전자의 주가는 5,000원이었다. 그런데 반등하던 주가는 벌써 10,000원이 되어 버렸다. B씨는 주가의 최저점을 기다리다가 결국 매수 타이밍을 놓쳤다. 다시 5,000원이 되어야 매수할 텐데, 주가는 10,000원에서 계속 횡보한다.

'에이! 그때 샀어야 했어. 내가 종목 분석은 잘하는데, 실행력이 부족해서 항상 수익을 놓친단 말이야.'

OO전자는 어느새 20,000원이 되었다. 5,000원에도 주가의 최저점임을 반신반의했다. 그렇게 놓친 종목의 주가가 급등한 것이다. B씨는 엄청나게 손해를 본 기분으로 OO전자의 주식을 매수하지는 않고 지켜만 본다.

'그래. 그래도 그냥 10,000원 정도가 적정 가격이었을 거야. 제발 10,000원이라도 되어라. 그 정도에만 매수해도 좋을 거야.'

OO전자의 주가는 한동안 20,000원 선에서 횡보를 계속했다. B씨는 OO전자의 주가가 10,000원이 될 때까지 기다린다는 고집을 갖고 계속 지켜만 본다. 결국 OO전자의 주가는 다시 하락하기 시작했다. 그리고 다시 적정 가격이라고 생각하는 10,000원이 되었다. B씨는 이 정도 가격이 바닥이라고 생각하고 바로 매수한다. OO전자의 주가는 이후 한동안 10,000원대에서 횡보하게 되고, B씨는 더 이상 하락하지 않는 주가를 보면서 자신의 분석 능력을 다시 한 번 칭찬한다.

이런 식으로 주가가 매물대에 도달하면 그동안 기다리고 있던 이익 실현, 손절, 본전을 찾으려는 심리들이 모여서 주가 이동을 방해하는 벽으로 작용한다.

상승하던 주가 위에 두꺼운 매물대가 있다면, 주가는 이 매물대에 가로막혀 추세가 잠시 주춤하게 된다. A씨의 본전 심리를 생각해보자. 5,000원까지 하락했다가 10,000원으로 상승하자마자 팔아 버렸던 것처럼 말이다. 상승하던 주가 위로 매물대가 존재한다는 것은 그 가격에 재빨리 팔아 버리고 싫어 하는 매도세가 있고, 이로 인해 주가의 상승이 가로막힌다.

하락하던 주가의 아래에 두꺼운 매물대가 있다면, 주가는 역시 매물대의 지지를 받는다. B씨의 심리를 생각해보자. 미처 매수하지 못하고 상승해 버린 종목을 보면서 저점이라고 생각한 가격만을 기다린다. 그러다가 주가가 하락하여 매수를 기다리고 있던 가격까지 하락하면 즉시 매수한다.

이렇게 과거 횡보했던 가격대에 매물이 쌓이게 되면, 이곳을 저점으로 생각하고 매수하려는 투자자들이 생긴다. **이런 식으로 매물대는 저항대와 지지대로서의 힘을 가진다.**

차트를 보면 제일 긴 매물대가 보인다. 아래로는 가격의 하락을 지지해주는 지지대의 역할을 하고, 위로는 상승을 가로막는 저항대의 역할을 한다.

매물대는 상승을 가로막는 저항대, 하락을 지지하는 지지대의 역할을 한다.

그래서 제일 긴 매물대 구간에서는 주가가 한 번에 상승이나 하락하기보다는 몇 차례 아래로 두드리는 모습을 볼 수 있다.

만일 주가가 하단의 지지대 아래로 이탈하게 되면, 이후의 주가는 크게 하락할 가능성이 생긴다. 심리가 무너졌기 때문이다. 지지대의 주가를 저점이라고 생각하는 투자자가 사라진 것이다. 이렇게 무너진 지지대는 이후 저항대로 바뀌게 되고, 이 매물대를 뚫기가 힘들어진다.

만일 주가가 위에 있는 상단 매물대를 뚫고 상승한다면 이후 주가는 상승할 가능성이 커진다. 고점이라고 생각한 가격대보다 더 상승하면서 투자자들이 열광하기 때문이다. 이렇게 뚫려 버린 저항대는 시간이 지나면서 차츰 지지대로 바뀐다.

매물대는 기간이 달라질 때마다 모양이 변한다. 따라서 어느 정도의 투자 기간을 두고 판단할 것인지, 자신의 투자 성향에 따라 적절한 기간을 생각해야 한다. **일반적으로 오늘의 주가에 영향을 주는 매물대 기간을 잘 선정해야 한다. 이 부분은 투자의 '감感'에 해당하는 영역이다.**

매물대 분석을 통한 네이버 활용 방법

① 네이버 차트에서 매물대를 표시한다.
② 두꺼운 매물대가 주가 위에 있다면 저항대로 작용한다.
③ 두꺼운 매물대가 주가 아래에 있다면 지지대로 작용한다.
④ 저항대와 지지대를 통해 향후 주가의 저항과 지지선을 알 수 있다.

용어 정리

- 매물대 : 현재 화면에서의 기간 동안 거래량을 가격대별로 표시한 선이다. 기간이 달라지면 매물대의 길이가 달라진다.

급등주의 눌림목 분석을 통한 상승 추세 따라잡기

눌림목이라는 말은 자주 들어봤을 것이다. 눌림목이란 상승하던 주가가 잠시 조정을 받으면서 조금 하락하다가, 다시 상승하는 패턴을 말한다. 그래서 눌림목을 공략하라는 말을 많이 듣는다. 왜냐하면 상승 추세가 만들어진 주식을 나름 저점에서 매수할 수 있기 때문이다.

그런데 대부분의 개인투자자는 '눌림목'이라는 단어가 주는 막연한 느낌만을 갖고 투자에 활용하기도 한다. 그러나 정확히 이해하지도 못하고, 자신만의 매매법으로 정립하지 못한 방법을 실전투자에 활용하다가는 큰 손실을 볼 수 있으니 주의해야 한다.

그렇다면 눌림목이란 정확히 어떻게 찾을 수 있을까? 눌림목을 네이버에서 검색해보면 아직 정확한 설명이 없다. 여기저기 눌림목에 대해 이야기하고 있는 블로그들을 둘러봐도 그저 주가가 한 번 눌렸다가 상승하는 모양만을 이야기할 뿐, 정확히 어떤 패턴인지는 알려주지 않는다.

눌림목의 형태는 다양하다. 오늘이 눌림목인지는 애매하지만 지나고 보면 눌림목이었던 경우도 있고, 어떤 패턴은 확실하게 눌림목이 확인되는 경우도 있다. 개인투자자가 활용하기 위해서는 바로 이렇게 확실하게 확인되는 패턴에서만 투자하는 것이 위험을 줄이는 길이다. 그렇다면 어떤 패턴이 확실한 눌림목 패턴일까?

눌림목을 이해하기 위해서는 앞에서 설명했던 두 가지를 이해해야 한다. 바로 '심리적 저점'과 '추세선'이다. 확실한 눌림목 패턴을 투자에 활용하려면 '심리적 저점 구간에서 급등 패턴이 발생할 때, 6일 이상의 저항선을 돌파하는 날'을 찾을 수 있어야 한다.

이제는 눌림목을 배웠으니 섣불리 상승하고 있는 종목을 추격 매수하기보다는 눌림목을 공략해보자. 그림에서 상승을 시작하는 시점을 심리적 저점 구간이라고 가정했을 매수 시점은 6일 이상의 저항선을 상향 돌파하는 날이다. 일반적으로 심리적 저점 구간에서 상승이나 급등을 발견했지만, 이것이 과연 앞으로도 지속될 상승 추세인지 반신반의할 때가 많다.

그래서 급등을 시작하고 나서부터 A나 B의 저항선을 돌파할 때까지는 매수를 고민할지도 모른다. 물론 다른 여러 가지 차트와 보조지표까지 활용할 줄 안다면, A 저항선을 돌파하는 시점에 재빠르게 매수할 수도 있다. 그렇게 매수했다면 적당히 단기적 시점에서 2~3%의 수익을 보고 매도하거나, 아니면 그 뒤로도 몇 개월 동안은 보유하면서 계속 수익을 키워 나갈 수도 있다.

B 저항선을 돌파하는 시점에서도 매수 타이밍이다. 그러나 C 저항선을 돌파하는 시점을 보면 그날은 음봉이다. 일반적으로 저항선 돌파는 양봉일 때 의미가 있다. 따라서 C 저항선 돌파 시점은 매수 시점으로 적당하지 못하다.

상승 추세의 시작은 양봉에서 시작하고, 하락 추세의 시작은 음봉에서 시작할 수밖에 없다. 따라서 음봉이라는 것은 언제든지 하락 추세로의 전환을 뜻하기 때문에 매수 타이밍으로는 잡지 않고 있다.

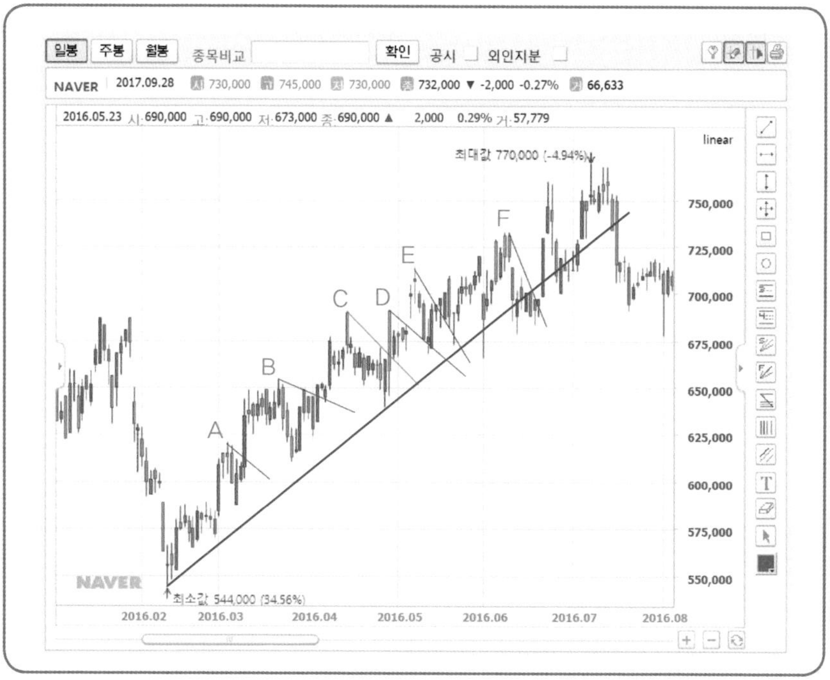

심리적 저점 구간에서 상승이 나오면, 6일 이상의 저항선 돌파를 생각하는 눌림목 매매법을 사용해 보자.

D 저항선을 보면 5일 만에 큰 갭을 두고 상승한 것을 볼 수 있다. 앞서 설명한 것은 6일 이상의 저항선을 보는 것이 좋다고 설명했다. 그러나 때로는 3일 이상의 저항선을 돌파하는 시점이 발생할 수도 있다. 이런 것을 실시간으로 판단하기 어렵다면, 그냥 간단하게 6일 이상의 저항선을 상향 돌파하는 양봉에서 매수한다는 것 정도만 알고 있으면 된다.

E 저항선 돌파 시점에서도 역시 매수했다면 수익을 볼 수 있었을 것이다. 그렇다면 F 저항선 돌파 시점은 어떤가? 물론 이 시점에서도 매수했다면 수익을 볼 수 있었다. 그러나 이것은 어디까지나 결과론적인 분석이다.

우상향하는 지지선을 살펴보자. F 저항선 돌파 시점은 최근 생긴 지지선이 깨진 다음에 발생했다. 이것은 저항선 돌파와 지지선 이탈이라는 상반된 신호가 동시에 나타난 것으로써, 향후 추세를 장담하기 힘든 상황이 되었다. 따라서 이렇게 눌림목 공략으로 매수 타이밍을 생각한다면 지지선도 함께 고려하는 것이 안전하다.

그리고 F 저항선 돌파 시점 정도면 이미 심리적 저점 구간을 벗어났을 수도 있다. 심리적 저점 구간과 지지선을 함께 생각하면서 눌림목에서의 매수 시점을 판단할 수 있다면, 저점에서 매수하여 수익을 거둘 수 있을 것이다.

눌림목 분석을 통한 네이버 활용 방법

① 네이버에서 급등하는 종목을 검색한다.

② 급등하는 종목들은 추격 매수하지 않고 주가 흐름을 지켜보면서 눌림목을 기다린다.

③ 급등주의 눌림목이 발생한다면 매수한다.

보조지표를 통한 매매 타이밍 분석

보조지표는 이동평균선과 거래량을 토대로 새롭게 계산된 지표다. 주가만으로는 잘 보이지 않는 추세나 현재 주가의 위치를 더욱 쉽게 판단할 수 있도록 도와준다.

비록 이름은 '보조지표'지만, 실제 가치는 보조가 아닌 '필수 지표'라고 해도 좋을 정도다. 차트를 보는 투자자라면 반드시 이해하고 활용하는 것이 좋다.

여러 가지 보조지표 중에서도 MACD, Stochastic Slow, RSI, OBV 네 가지 지표에 대해 살펴보자.

보조지표를 클릭한 이후에 더 필요한 지표를 추가할 수 있다.

| MACD만 정확히 이해해도 추세 분석은 완벽하다 |

MACDMoving Average Convergence & Divergence는 미국의 기술적 분석가인 제럴드 아펠이 만든 추세 분석 지표다. 장기 이동평균선과 단기 이동평균선이 서로 멀어지게 되면 다시 가까워지려는 힘이 발생하는데, 이것을 통해 주가 추세를 분석할 수 있다.

이동평균선의 골든크로스나 데드크로스를 활용하는 방법은 실제 주가가 약간씩 차이가 발생할 수 있기 때문에, 정확한 매매 타이밍까지는 제공하지 못한다. 이동평균선은 과거 일정 기간 주가의 평균을 연결한 선이기 때문이다. 그래서 주가보다 느리게 움직일 수밖에 없다.

그런데 MACD는 이동평균선이 갖는 '후행성'이라는 단점을 어느 정도 극복한 지표다. MACD는 두 개의 이동평균선이 가장 멀리 떨어진 시점과 점점 가까워지기 시작한 시점 등을 분석했기 때문이다.

물론 이동평균선이 갖는 후행성을 극복했다고는 하지만, 어쨌거나 이동평균선에서 파생된 지표이기 때문에, **필자의 경우에는 MACD를 정확한 매매 타이밍을 잡는 용도로는 사용하지 않는다. 다만 추세에 대해서는 그 어느 지표보다도 이해하기 쉽다. 그래서 추세 분석을 위해서는 MACD 분석 방법을 추천한다.**

MACD는 12일 이동평균선과 26일 이동평균선의 차이를 계산하여 그린다. 시그널선은 MACD의 9일간 지수이동평균을 나타낸다. 일반적으로 MACD선과 시그널선이 만나는 시점이 12일, 26일 이동평균선의 괴리가 가장 큰 시점이 되는 것이다.

12일, 26일, 9일을 사용하는 이유는 옛날에 주 6일간 운용되던 주식시장 때문이라는 이야기도 있지만, 그 이유까지는 크게 생각할 필요는 없다. 아직도 MACD를 활용할 때 12일, 26일, 9일을 수많은 투자자가 활용하고 있으며, 다른 지표와 비교해봐도 잘 맞기 때문이다.

MACD의 산출 공식은 그리 중요한 것은 아니다. 중요한 것은 이제부터 설명할 MACD의 활용 방법에 대한 이해다. MACD는 투자자별로 다양하게 활용할 수 있다. 그중에서도 이번 PART에서는 MACD를 활용한 매매 시점과 추세를 파악하는 방법에 대해 설명하려고 한다. 두 가지만 이해해도 투자에 큰 도움이 된다.

MACD의 교차를 활용한 매매 신호

MACD를 활용한 매매 신호의 첫 번째 방법은 MACD선과 시그널선의 교차를 이용한 방법이다. 그림에서 MACD선이 시그널선을 상향 돌파골든크로스하면 매수 타이밍으로 생각하고, MACD선이 시그널선을 하향 돌파데드크로스하면 매도 신호로 생각한다.

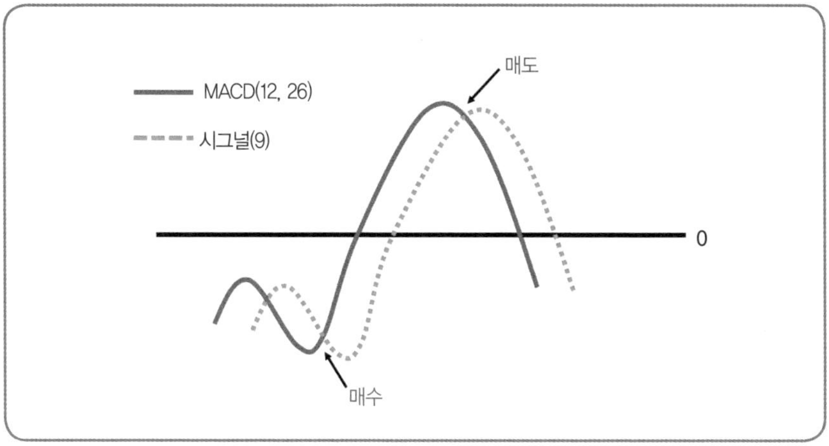

MACD선과 시그널선의 골든크로스에서 매수, 데드크로스에서 매도한다.

이런 매매 방법은 MACD를 활용한 일반적인 매매법이다. 과거 차트를 분석해보면 알겠지만, 잘 맞는 매매 타이밍이 있는가 하면 종목에 따라서는 그렇지 못한 구간도 상당히 많다. 따라서 MACD 하나만을 활용하여 정확한 매매 타이밍을 잡기란 쉽지 않다.

MACD를 비롯하여 앞으로도 다양한 보조지표에 대해 공부하겠지만, 어느 하나의 지표만을 너무 믿고 '몰빵' 하는 일은 없었으면 한다. 기본적 분석과 더불어 기술적 분석에서도 다양한 지표들을 두루 살펴봐야, 현재의 상태와 향후 주가의 움직임을 잘 이해할 수 있을 것이다.

그림에서 MACD선과 시그널선의 교차를 활용한 매매 타이밍을 보자. 먼저 A는 매수 타이밍이었다. 물론 A 시점에서 매수했다면 그후 일주일 정도

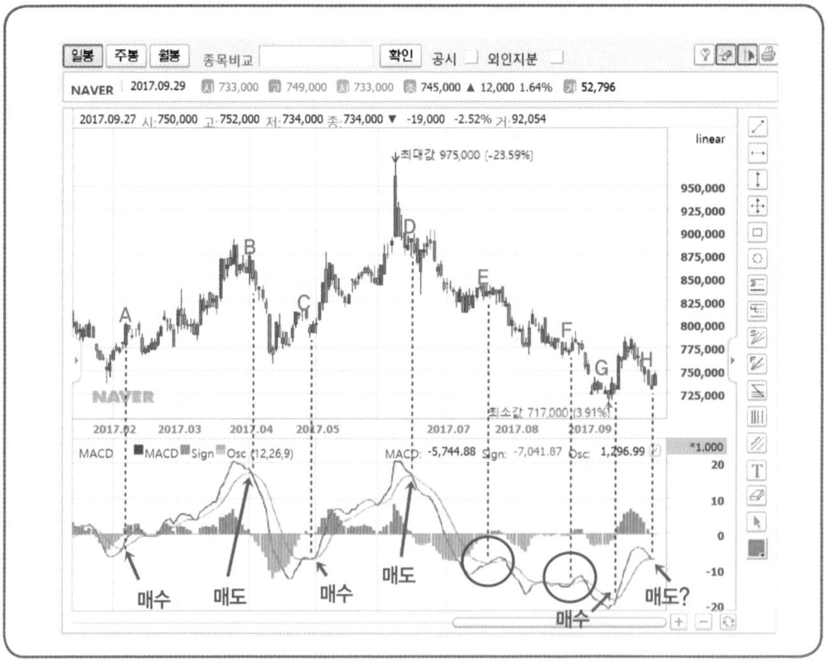

— MACD선과 시그널선의 교차를 활용한 매매 타이밍.

는 하락하면서 마음고생을 했을지도 모른다.

그러나 그 이후 대략 2개월 동안은 상승하는 추세로 움직였다. 그렇게 상승하던 추세는 B 지점에서 꺾이기 시작했다. 이것은 MACD선과 시그널선의 데드크로스를 통해서도 향후 추세가 하락하리라는 것을 짐작할 수 있다.

하락하던 주가는 다시 C를 전후하여 추세가 다시 상승하기 시작했다. 이 시점 역시 MACD의 골든크로스를 통해 적절한 매수 시점을 판단할 수 있었다. 그리고 D에서는 MACD의 데드크로스를 통해 향후 하락 추세의 시작을 알 수 있었다.

그런데 E와 F에서는 분명 MACD가 골든크로스로 상향 돌파하는 순간이지만, 실제 추세는 하락 중이다. MACD 교차를 활용한 방법은 가끔 이런 신호들이 나오기 때문에 너무 맹신하는 것은 위험하다. 그래서 이동평균선을 비롯한 다양한 보조 수단을 통해 교차 분석이 필요하다.

G에서는 매수 시점을 나타냈다. 그러나 이후 추세가 그리 길게 가지는 못했다. MACD를 통한 상승 신호가 나온다고 하더라도 이후 상승이 길게 이어질지, 아니면 당장 내일이라도 다시 하락할지는 모른다. 상승과 하락 추세의 기간은 기본적 분석을 통해 기업의 실적, 경기 전망, 업황 등을 종합적으로 살펴야 알 수 있다.

그리고 마지막 H는 어떠한가? G에서 매수한 뒤 H에서 매도했다면 거의 본전이거나 아니면 조금 손해를 볼 수도 있었을 것이다. 지나간 차트를 보면 정답이 모두 보이기 때문에 쉬워 보인다. 하지만 H, 오늘의 주가를 기준으로 현재 상황을 두고 볼 때 앞으로의 추세는 어떻게 갈지를 생각해보면 막막할 수 있다. 따라서 이와 유사한 훈련을 많이 해보면서 내공을 쌓아야 한다.

MACD선의 기준선 '0'선 돌파를 활용한 매매 신호

MACD선에 마우스 커서를 가까이하면 그날의 자세한 MACD 값을 알려준다. 이런 MACD 값은 주가에 따라 달라지는데, 가격이 싼 주식의 경우에는 가운데 '0'선을 중심으로 대략 1,000 내외의 상하 값을 가진다. 그러나 주식 1주의 가격이 비싸질수록 MACD 값은 중앙 '0'선을 기준으로 상하 값이 몇만 정도까지 변화한다.

그림처럼 MACD가 상하로 움직이는 값이 중요한 것은 아니다. 중요한 것은 중앙에 있는 0선이다. 만일 MACD가 중앙의 0선을 상향 돌파한다면, 이 시점을 전후하여 매수 타이밍으로 이해하면 된다. 그리고 MACD가 0선을 하향 돌파하면 이 시점을 전후하여 매도 타이밍으로 생각한다.

이것은 MACD선의 교차를 활용한 타이밍보다는 조금 늦을 수 있다. 그러므로 다른 지표들과 함께 이해해야 하는 타이밍이다. 0선의 돌파를 활용한 매매 타이밍은 매수의 경우에는 그런대로 잘 맞는다. 하지만 매도의 경우에는 타이밍이 너무 늦어 버리는 경우가 많다. 그래서 매도 신호를 확인하기

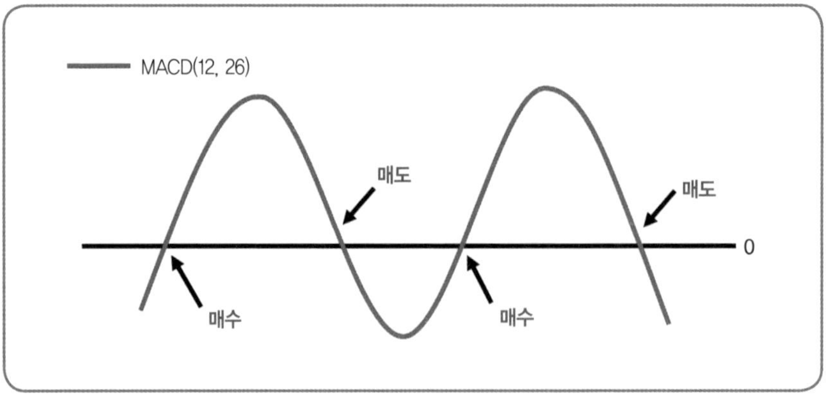

MACD선이 기준선(0선)을 상향 돌파하면 매수, 하향 돌파하면 매도한다.

▬ **MACD선이 0선을 돌파하는 매매 타이밍은 매수의 경우 잘 맞지만, 매도의 경우에는 너무 늦은 시그널을 준다.**

위해서는 MACD선이 0선 돌파하는 것보다 차라리 다른 방법을 활용하는 것이 나을 정도다.

그림에서처럼 MACD선이 0을 상향 돌파하는 시점인 A에서 매수했다면 이후 1개월간 상승 추세를 잡을 수 있었을 것이다.

그러나 매도 타이밍을 MACD선이 0을 하향 돌파하는 B로 생각하고 있었다면 A에서 매수하여 생겼던 모든 수익을 고스란히 반납해야 했다. C에서도 역시 상승 추세를 잘 찾은 것 같지만, D에서 매도를 생각했다면 역시 늦은 타이밍이다.

이렇게 MACD선이 0선을 돌파하는 매매는 매수에 사용할 수 있다. MACD

선이 0선을 돌파한 전후의 추세를 잘 확인하며 매수를 생각해도 좋다.

그리고 MACD선이 0선을 하향 돌파하는 시점을 매도 타이밍으로 잡는 것은 너무 늦는 경우가 많다. B나 D의 경우에는 앞서서 보여줬던 매수 타이밍과 가격 차이가 얼마 나지 않는다. 이 때문에 MACD선의 0선 하향 돌파만 믿었다가는 손실 가능성이 커진다. 따라서 매도 타이밍을 위해서는 다른 분석 방법을 활용해야 한다.

MACD를 활용한 추세 분석

MACD를 활용한 매매 타이밍 분석은 잘 맞는 경우도 있지만 그렇지 못한

MACD가 우상향하는 구간은 상승 추세로서 매수 가능 구간이다.

경우도 많다. 이렇게 분석 결과가 들쑥날쑥하기 때문에 MACD를 통한 정확한 매매 타이밍을 신뢰하기에는 어려움이 많다. 그래서 MACD는 매매 타이밍을 위한 활용보다는 현재 추세를 이해하기 위한 지표로 이용하는 것이 좋다.

그림에서 빨간색 구간은 MACD가 우상향하는 추세로서 주가가 상승하고 있는 구간을 나타낸 것이다. MACD는 정확한 타이밍보다는 추세를 알려주는 지표다. 따라서 정확한 매수 타이밍보다는 대략 언제부터 언제까지는 '매수해도 좋은 구간'이라는 것을 생각해볼 수 있다.

매수 가능 구간은 MACD가 우상향하는 붉은색 구간이다. 그런데 MACD가 0선 아래에 있다면 우상향하더라도 상승 추세에 대한 힘이 약할 수 있다. 따라서 정확한 추세를 위해서는 MACD선이 0선 이상에서 우상향 또는 거의 0선에 근접하면서 우상향하거나, 아니면 0선 아래일지라도 우상향하는 기울기가 가파른 각도를 보인다면 매수 가능 구간의 시작점으로 볼 수 있다.

그리고 MACD가 우하향하기 시작했다면, 이제부터는 하락 추세로 이해할 수 있다. 물론 아직 MACD선이 0선 위에 있고 우하향 추세가 그리 가파르지 않다면, 가끔은 잠시의 조정으로도 생각해볼 수 있다. 그러나 MACD의 우하향이 어떤 경우는 조정이고, 어떤 경우는 하락 추세인지 정확히 분석하는 것은 조금 복잡하다.

따라서 그냥 쉽게 이해하기 위해서는 MACD가 우하향 추세라면 가급적 매수를 자제하는 것이 좋다. 매수는 다시 MACD가 확실한 우상향 추세가 만들어진 뒤에 다른 보조지표들과 복합적으로 생각한 뒤에 하자.

MACD를 통해 수익을 내기 위해서는 매수 가능 구간에 대해서도 이해해야 한다. 매수 가능 구간을 잘 살펴보면 그 속에서도 주가는 작은 등락을 계속한다. 그래서 분명히 추세는 상승 중이지만 자칫 매수 가능 구간의 고점에서 샀다가 수익을 별로 못 낼 수도 있다.

이런 실수를 방지하려면 '매수 가능 구간'과 '매수 시점'을 정확히 이해해야 한다. 매수 가능 구간은 말 그대로 '구간'이다. 그 구간 중에서 어느 시점이 가장 좋은지는 MACD가 정확히 제시해주지는 못한다.

이런 타이밍은 뒤에서 배울 스토캐스틱을 활용해보자. 그리고 매수 가능 구간이라고 하여 언제든지 매수해도 좋은 것은 아니다. 이미 매수 가능 구간이 많이 지난 시점이라면 금세 하락 추세로 전환될 가능성이 크다. 따라서 **매수 가능 구간이더라도 시작된 지 얼마 되지 않은 구간의 시작점에서만 매수할 수 있도록, 지난 것에 대한 '욕심'을 억누르는 것이 필요하다.**

| 스토캐스틱 슬로우를 통해 매수 타이밍을 잡을 수 있다 |

스토캐스틱Stochastic은 조지 레인이 개발한 지표다. 이 보조지표는 설정된 기간의 가격 범위에서 현재 주가가 어디쯤 있는지를 알려준다. 설정된 기간 중 가장 높았던 가격을 100으로 하고 가장 낮았던 가격을 0으로 할 때, 주가는 0과 100 사이에서 현재의 주가가 높은 축에 속하는지, 아니면 낮은 축에 속하는지를 알 수 있다.

만일 상승 추세라면 오늘의 주가는 최근 기간 중 가격 변동 폭의 최고가인 100에 근접해 있을 것이고, 하락 추세라면 반대로 가격 변동 폭의 최저가인 0에 가까울 것이다. 스토캐스틱이 어떻게 만들어지는지에 대해 설명하기에 앞서서, 이 부분이 어렵다면 그냥 넘어가도 된다.

스토캐스틱은 두 개의 선이 있다. 먼저 %K선은 일정 기간 등락을 보인 가격 범위 안에서 현재 주가의 위치를 백분율로 나타낸 지표다. 그리고 %D선은 %K에 대한 이동평균선이다. 그래서 %K선은 빠르게 움직이고, 이동평균선인 %D선은 상대적으로 느리게 움직인다. 이렇게 하여 스토캐스틱 패스트Stochastic Fast가 만들어진다.

그러나 스토캐스틱 패스트는 너무 잦은 신호를 주기 때문에 정확한 타이밍을 잡기에는 오히려 불편하다. 그래서 스토캐스틱 슬로우Stochastic Slow를 더 많이 사용한다. 이것은 %K선이 Fast %D를 M 기간으로 이동평균한 것이고,

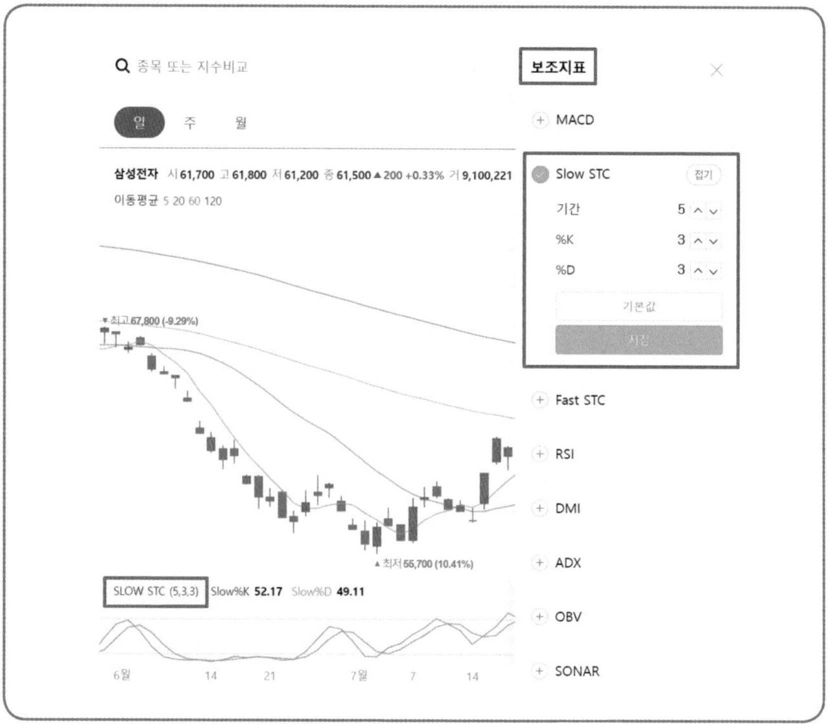

스토캐스틱 슬로우는 Slow STC를 체크하고, 설정에서 기간을 바꿔야 한다.

%D선은 다시 Slow %K를 L 기간으로 이동평균한 것이다.

조금 어려운 부분이니 넘어가도 된다. 역시 중요한 것은 스토캐스틱을 차트에서 활용하는 방법이기 때문이다.

스토캐스틱의 일반적인 매매 방법에 대해 설명하기 이전에 설정값부터 입력해보자. 그림과 같이 보조지표에서 Slow STC를 체크하자. 그다음 설정을 누르면 기간을 바꿀 수 있다. 네이버 증권에서는 기본값으로 '12, 5, 3'이 입력되어 있다. 하지만 스토캐스틱 슬로우의 설정값은 '5, 3, 3'을 주로 사용한다.

따라서 네이버 설정에서 기간은 5일, Slow %K는 3일, Slow %D도 3일을 입력한 다음 반드시 '저장'을 눌러야 한다. 그러면 왼쪽 아래의 박스에서처럼 SLOW STC(5,3,3)으로 바뀐 것을 확인할 수 있다. 이 설정값이 정확한 매매 타이밍을 가장 잘 잡을 수 있기 때문에 많은 투자자가 활용하고 있다.

스토캐스틱을 활용하는 일반적인 매매법은 두 가지가 있다. 하나는 과매

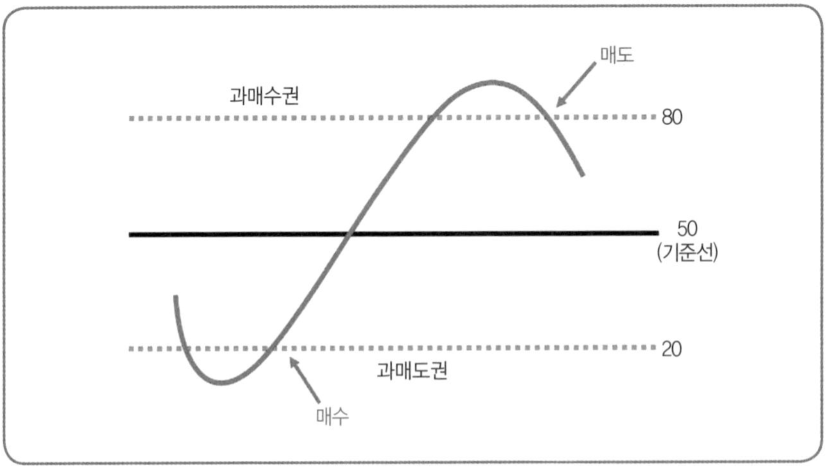

과매도권을 상향 돌파할 때 매수, 과매수권을 하향 돌파하면 매도 타이밍으로 노린다.

수와 과매도를 통한 매매법이고, 다른 하나는 %K선과 %D선의 교차골든크로스, 데드크로스를 활용한 방법이다. 차례대로 살펴보자.

과매수, 과매도권 판단에 의한 매매 전략

스토캐스틱은 0과 100 사이에서 움직인다. 주가가 오를수록 스토캐스틱은 100에 근접하고 주가가 낮아진다면 0에 가까워진다.

여기에서 스토캐스틱이 100에 근접했다는 것은 주가가 설정한 기간 중 최고가 근처이므로 조만간 하락할 것으로 예상할 수 있다. 그리고 반대로 주가가 0에 근접한다면 주가가 바닥권에 있으니 조만간 상승할 것으로 기대할

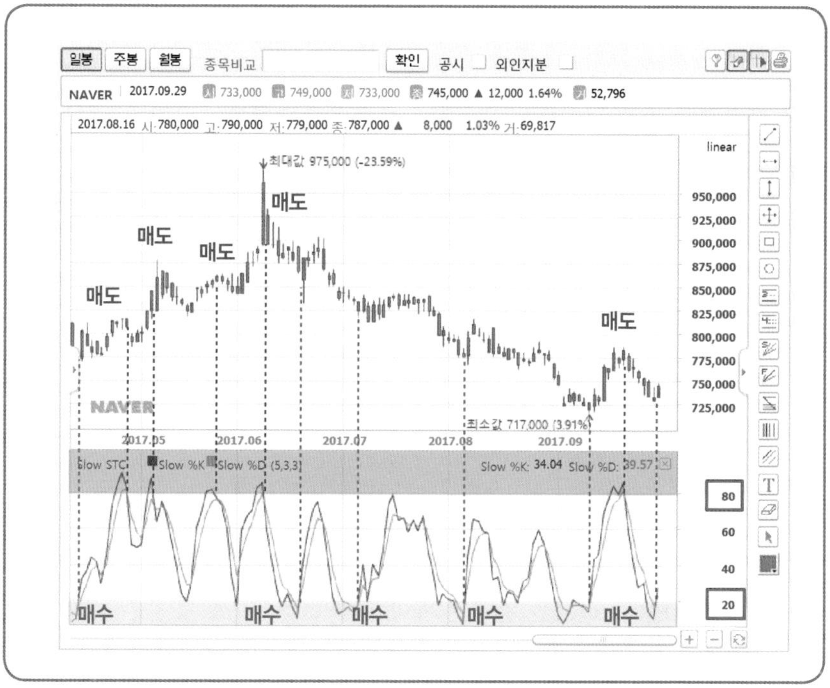

스토캐스틱의 과매수, 과매도권 판단에 의한 매매법은 단기 매매에 유효하다.

수 있을 것이다.

일반적으로 스토캐스틱이 80 이상일 경우를 과매수권주가 폭등으로 인하여 투자자들이 적정 수준 이상으로 매수하는 현상으로 설정한다. 그리고 스토캐스틱이 20 이하일 경우를 과매도권으로 설정한다. 스토캐스틱이 80 이상이라면 조만간 하락을 예상하고 20 이하라면 조만간 상승을 예상할 수 있기 때문에, 그림과 같이 매수와 과매도권 판단에 의한 매매 전략이 나왔다.

그러나 주가가 계속 상승하는 시기라면 스토캐스틱은 계속 100에 가까운 채로 횡보할 것이고, 주가가 연일 폭락하는 기간이라면 스토캐스틱 역시 0에 가까워진 채로 횡보할 것이다. 따라서 단순히 스토캐스틱이 과매수와 과매도권에 들어갔다고 하여 매매한다면 손실을 볼 수 있다.

그러므로 과매수와 과매도권 판단에 의한 매매 전략은 다음과 같이하자. 먼저 **매수는 스토캐스틱이 과매도권인 20선에 진입하는 시점이 아니라, 20선을 상향 돌파하며 상승할 때를 노려야 한다. 마찬가지로 매도는 과매수권에 들어갔다가 80선을 깨고 내려오는 시점을 타이밍으로 잡는다.**

이것을 실제 차트에서 살펴보면 앞의 그림과 같다. 대략적으로 잘 맞는 것처럼 보인다. 그러나 너무 단기적으로 매매를 자주 하기 때문에 자칫 타이밍을 놓칠 경우에 손해를 볼 수도 있으니, 주의해야 한다. 그리고 차트에서 여러 가지 경우를 살펴보면 잘 안 맞는 가짜 시그널도 나올 수 있다. 이것도 주의해야 한다.

%K선과 %D선의 교차를 활용한 매매 전략

스토캐스틱은 %K선과 %D선의 골든크로스와 데드크로스를 활용한 매매 전략이 가장 많이 쓰인다. 그림의 %K선은 오늘의 주가 수준이고, %D선은 이

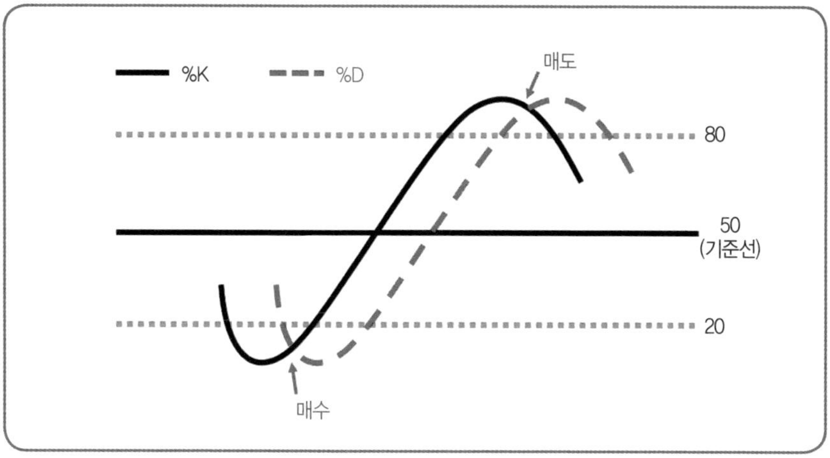

— %K선이 %D선을 상향 돌파하는 골든크로스가 나오면 매수, 하향 돌파하는 데드크로스가 나오면 매도하는 전략이다.

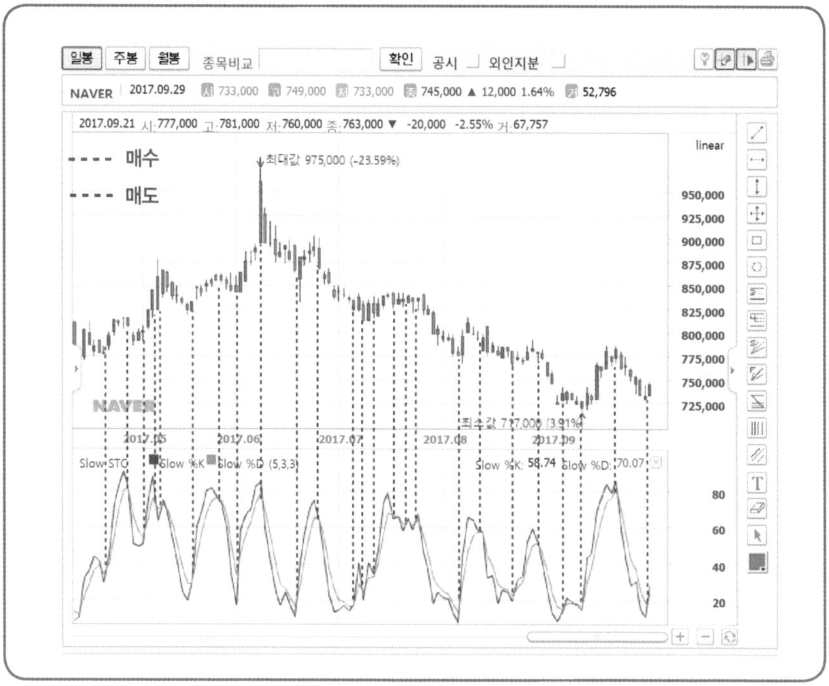

— 스토캐스틱의 교차를 활용한 매매 신호다. 잘 맞는 신호가 있는가 하면, 너무 잦은 신호로 인하여 오히려 손실을 볼 수 있는 신호도 발생한다.

동평균선이다. 따라서 주가가 이동평균선과 골든크로스가 나오면 상승한다는 신호고, 데드크로스가 나오면 하락하는 신호로 이해할 수 있다.

이 전략을 실제 차트에서 살펴보자. 스토캐스틱이 골든크로스가 발생할 때 매수 신호는 빨간색, 데드크로스가 발생할 때의 매도 신호는 파란색 점선으로 표시했다.

차트를 보면 정말 많은 매매 신호가 발생한다. 스토캐스틱이 알려주는 매매 신호는 잘 맞는 구간도 있는가 하면, 너무 잦은 신호로 인하여 잘 맞지 않는 구간도 많이 있다. 따라서 스토캐스틱이 주는 모든 신호에 따라 매매하면 오히려 손해를 볼 수도 있다.

그렇다고 스토캐스틱의 모든 신호를 무시할 수만은 없다. 그래서 스토캐스틱을 조금 더 잘 사용하기 위해 구간별로 분석해보면, 일정한 패턴이 있음을 확인할 수 있다. 즉 추세를 갖고 일정 기간 이상 움직일 때는 스토캐스틱의 신호를 따라 매매해도 수익에 도움이 될 수 있다는 이야기다.

그렇다면 추세를 갖고 일정 기간 이상 움직일 거라는 사실을 어떻게 알 수 있을까? 우리는 앞서서 추세를 확인하는 데 가장 좋은 지표가 MACD라는 것을 확인했다. 따라서 MACD와 스토캐스틱을 함께 활용할 수 있다면 '주식 초보' 딱지를 어느 정도 벗어날 수 있을 것이다.

스토캐스틱과 MACD의 동시 분석 방법

스토캐스틱의 활용은 골든크로스와 데드크로스의 교차를 활용한 방법이 좋다. 그러나 너무 잦은 신호가 발생하여 수익을 낼 수 있는 정확한 타이밍을 잡기는 조금 힘들었다.

그런데 이때 주가가 추세를 갖고 일정 기간 이상 움직인다면 스토캐스틱의

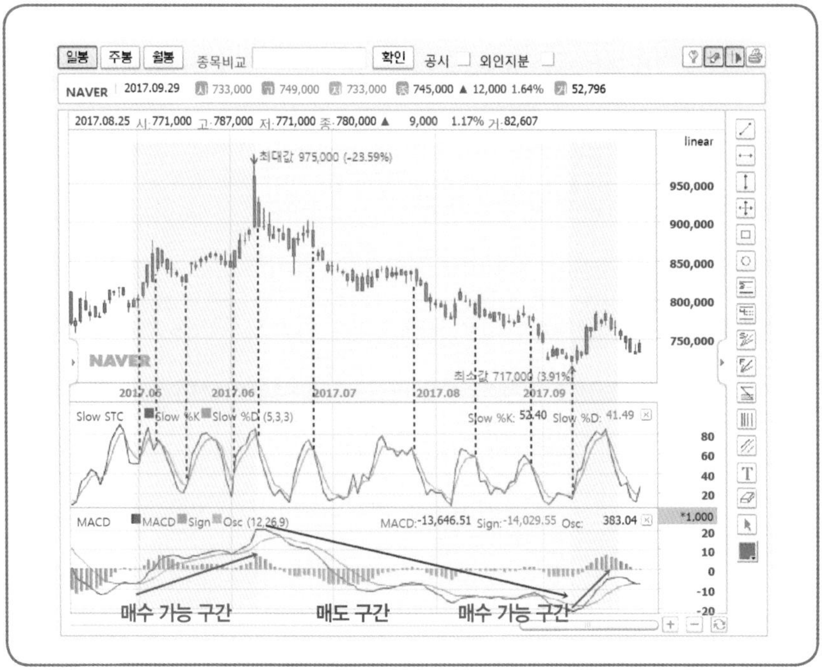

스토캐스틱과 MACD를 함께 분석하면 조금 더 나은 매매 타이밍을 잡을 수 있다.

신호가 더 잘 맞는다는 것을 앞에서 확인했다. 그래서 스토캐스틱의 정확한 매매 타이밍을 위해, 추세 지표인 MACD와 함께 이해해보고자 한다.

MACD는 매매 구간을 이해하는 데 좋은 지표다. MACD가 상승하고 있다면 매수해도 좋은 구간으로 이해하고, MACD가 하락하고 있다면 매도 구간으로 생각하는 것이 좋다. MACD는 추세를 알려주는 지표이기 때문에 정확한 매매 타이밍보다는 추세를 이해하는 데 활용한다.

추세보다 더 디테일한 매매 타이밍은 MACD보다 스토캐스틱이 더 정확하다. 그러므로 MACD와 스토캐스틱을 함께 활용한다면, 여러분의 평균 수익률도 함께 올라갈 것이다.

만일 MACD가 매수해도 좋은 구간주가 상승 추세이라고 알려준다고 하자. 이런 구간이라면 스토캐스틱이 알려주는 골든크로스 매수 타이밍에만 집중하면 된다. 이런 시점에 매수했다면 MACD가 알려주는 상승 추세가 지속되는 구간 속에서는 수익을 볼 확률이 높다.

물론 더 큰 수익을 내기 위해서는 MACD가 확실한 상승 추세로 진행되기 시작한 초기에 발생한, 첫 번째 스토캐스틱의 골든크로스를 노리는 것이 좋다. 이미 MACD의 상승 추세가 상당히 진행된 다음이라면 조정 또는 하락 추세가 시작될 수 있기 때문이다.

매도 시점을 MACD나 스토캐스틱을 통해 결정하는 것은 분석이 정확하지 못할 때가 많이 있다. 그러므로 매도 방법은 각자의 투자 성향에 따라 여러 가지로 나뉠 수 있다.

이를테면 단기투자자라면 봉 세 개 매매법을 통해 음봉의 발생 여부에 따라 매도할 수 있을 것이고, 이보다 조금 더 장기투자자라면 지지선이나 이동평균선의 움직임을 살펴볼 수 있을 것이다. 그리고 가치투자자라면 기업의 실적을 보고 가치가 무너지지 않는 한 보유할 수도 있다.

MACD를 통한 매도 방법은 MACD가 하락 추세로 바뀔 때, 스토캐스틱의 데드크로스를 살피는 것이다. 이런 시점만 잘 잡아서 매도해도 높은 수익을 거둘 수 있다.

중요한 것은 수익이다. 다시 한 번 강조하지만 MACD가 하락 추세라면, 가급적 매수를 자제하고 확실한 매수 신호를 기다려보자. **주식투자에 있어서 매수와 매도뿐만 아니라 '휴식'도 중요하다. 항상 매수와 매도만을 반복하기보다 때로는 기다리는 것이 가장 좋은 투자 방법일 때가 있다.**

| RSI를 통한 추세의 강도 이해하기 |

RSIRelative Strength Index는 상대 강도 지수라고 한다. 이것은 미국의 기술적 분석가인 웰레스 웰더가 1978년에 개발했다. RSI는 그 이름에서처럼 추세가 가지고 있는 강도를 백분율로 표시하여 추세의 전환을 예측할 수 있는 지수다.

RSI는 주식의 기초적인 내용을 정리하고 있는 책에서는 그다지 언급하고 있지 않은 지표다. 하지만 정말 간단한 분석 방법 하나만으로도 다른 지표들과 함께 분석하는 데 큰 도움이 될 수 있다.

RSI의 분석 방법은 일정 기간 주가가 전일 가격에 비해 상승한 변화량과 하락한 변화량의 평균값을 구한다. 그리고 상승한 변화량이 많으면 과매수, 하락한 변화량이 많으면 과매도로 판단한다.

이때 '일정 기간'은 주로 14일을 사용하므로 차트 설정에서는 RSI 14를 입력하면 된다. 따라서 만일 지난 14일 동안 계속 하락했다면 RSI가 0에 다다르게 되고, 지난 14일간 계속 상승만 했다면 RSI는 100에 이르게 된다. 지수가 0에서 100 사이에서 움직이는 것은 스토캐스틱과 비슷하다.

RSI의 계산 방법은 먼저 RS를 구한다. RS는 N일간의 상승 폭 평균을 N일간의 하락 폭 평균으로 나눠준다. 이때 상승 폭의 평균을 구하기 위해서는 지난 N일14일간의 종가를 정리한다. 이중에서 전일의 종가보다 높은 날을 계산하여 순 증가분의 누적 합계를 구한다. 이 합계를 N일로 나눠 종가 상승분의 평균을 구한다.

그리고 하락 폭의 평균을 구하기 위해서는 지난 N일 중 전일 종가보다 낮은 것을 찾아 순 감소분의 합계를 구한다. 이것을 N으로 나눠 종가 하락분의 평균을 구할 수 있다. 이렇게 RS를 구하면 아래의 식에 대입하여 RSI를 계산할 수 있다.

$$RS = \frac{\text{N일간의 상승 폭 평균}}{\text{N일간의 하락 폭 평균}}$$

$$RSI = 100 - \{100 / (1 + RS)\}$$

RSI를 계산하는 방법은 RSI에 대해 이야기하는 책에서는 공통으로 설명하고 있지만, 사실 투자자들이 직접 이를 계산할 필요는 없다. 그저 클릭 한 번으로 차트가 그려지기 때문이다. 그럼에도 계산식을 설명하는 이유는 RSI가

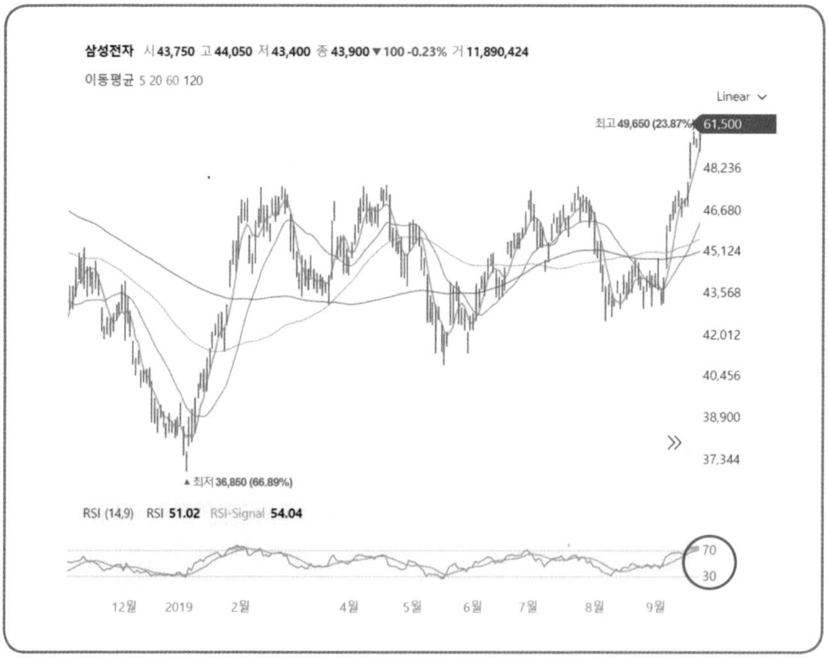

— RSI를 분석하는 기준선은 일반적으로 30, 50, 70선을 사용한다.

어떤 산출 방법에 의해, 어떻게 계산된 지표인지에 대한 이해가 필요하기 때문이다.

RSI의 N일은 주로 14일이다. 지난 14일간의 상승 폭과 하락 폭을 일정 계산식을 통해 산출한 결과라는 것이다. 이를 통해 상승에 대한 강도와 하락에 대한 강도를 이해할 수 있게 된다.

RSI가 100에 근접했다는 것은 지난 14일간 주가의 상승 추세 강도가 굉장히 강력했다는 증거다. 그래서 RSI에 대한 여러 가지 활용 방법 중에는 RSI의 추세가 100에 근접했다가 하락하기 시작하는 시점을 매도 시기로 보는 방법도 있다.

반대로 RSI가 0에 근접했다는 것은 지난 14일간 주가의 하락 강도가 엄청나게 강했다는 뜻이다. 따라서 RSI가 0에 가까워지다가 상승하기 시작하는 시점을 매수 시기로 판단하기도 한다.

이를 다시 정리하자면 RSI가 30% 아래과매도 구간로 떨어졌다가 상승하기 시작하는 시점에 매수, RSI가 70% 이상과매수 구간으로 올라갔다가 하락을 시작하는 시점에 매도하는 것이다.

그러나 그림의 RSI 차트를 보면 MACD나 스토캐스틱과는 달리 톱니와 같은 파형으로 움직인다. 이것은 봉 차트가 양봉이면 RSI는 상승, 음봉이면 RSI가 하락하기 때문이다. 그러다보니 실제 RSI의 움직임을 보면 30%선을 하루는 위로 돌파했다가, 다음 날은 아래로 하락하는 패턴을 반복하면서 정확한 매매 시점을 잡기에 힘든 경우가 많다. 그래서 RSI 움직임만으로는 정확한 매매 시점을 잡기 어렵다. 대신 RSI 시그널을 통해 추세의 강도를 확인한다.

RSI를 활용하는 또 다른 방법은 기준선50%을 활용하는 방법이다. RSI가 50

RSI와 MACD를 함께 분석하면 더 좋은 매매 타이밍을 알 수 있다.

을 상향 돌파하면 상승 추세로 판단하고, 하향 돌파하면 하락 추세로 판단한다. 이것은 더욱 긴 기간의 관점에서 추세를 판단하기에 좋은 방법이다.

RSI를 활용하는 또 다른 매매법이 있다. 우리는 앞에서 추세를 판단하는 데 좋은 지표로 MACD를 살펴봤다. MACD는 추세를 알려주고, RSI는 추세의 강도를 알려주니 이를 함께 사용하면 되지 않을까?

그래서 그림과 같이 MACD와 RSI를 함께 켜고 추세를 살펴보자. MACD 상승 구간은 주가가 상승 추세이므로, 매수는 가급적 MACD가 상승하는 구간 내에서 하는 것이 좋다는 것을 앞에서 살펴봤다. 여기에 RSI를 함께 생각해보자.

특히 RSI가 50을 상향 돌파하는 시점은 강한 상승 추세를 나타내는 시점이다. 따라서 MACD가 우상향하는 구간에 RSI가 50을 돌파하는 시점의 전후 주가를 살펴보면 거의 확실히 상승하는 것을 볼 수 있다.

이런 방식으로 다양한 보조지표들을 이해한 다음에 상호 보완적으로 분석에 활용할 수 있다면, 더 큰 수익률을 기대할 수 있다. 그런데 만일 여러 지표가 각기 다른 이야기를 하는 것처럼 보이는 애매한 시점이라면?

분석이 애매하면 사지 않으면 된다. 믿을 수 있는 확실한 분석 결과에만 돈을 투자하면 실패를 줄일 수 있을 것이다.

| OBV를 통한 거래량 이해하기 |

필자의 첫 책이었던 《급등주의 8할은 작전주 패턴으로 움직인다》에서 OBVOn Balance Volume에 대해 설명했던 적이 있다. 이때 독자들의 많은 질문은 OBV에 대한 내용이었다. 거래량을 통해 작전주의 세력을 이해할 수 있다는 사실에 흥미를 느낀 것 같다.

OBV는 세력이 주식을 매집하고 분산하는 것을 파악하는 데 좋은 지표다. 그리고 거래량을 이해하는 데에도 꼭 필요한 지표이므로 기술적 분석을 할 때는 함께 확인하는 편이 좋다.

OBV를 이해하려면 거래량에 대해 먼저 생각해봐야 한다. OBV는 "거래량은 주가에 선행한다."라는 말에서 착안하여 주가가 움직이는 이면에는 거래량이라는 힘이 작용하는 것을 그랜빌이 정리한 지표다. 이것은 주가가 상승한 날의 거래량은 더하고, 하락한 날의 거래량은 뺀 것을 누적 집계하여 차트에 나타낸다. 즉 OBV가 상승했다는 것은 주가가 상승한 날의 거래량이 더 많았다는 뜻이 된다.

그리고 주가가 상승한 날의 거래량이 더 크다는 것은 앞으로 주가가 상승할 것이라고 기대하는 세력이나 투자자들이 더 많다는 뜻이기도 하다. 따라서 주가가 상승하는 데 세력을 비롯한 투자자들의 심리가 상승에 대한 기대감을 강력하게 뒷받침해주는 것으로도 볼 수 있다.

반대로 OBV가 하락했다는 것은 주가가 하락한 날의 거래량이 상승한 날의 거래량보다 크다는 뜻이다. 이것은 향후 주가가 하락할 것이라고 기대하는 세력이나 투자자들이 많다는 의미다.

OBV의 활용에 앞서서 OBV에 대해 질문했던 독자들이 간과하고 있었던 점이 있다. 바로 기술적 분석을 할 때, OBV 하나만을 두고 생각한다는 것이다. 물론 주가 차트만 보고도 여러 가지 의미가 한눈에 들어오는 고수라면 OBV 하나만을 보면서도 여러 가지를 이해할 수 있을 것이다사실 이 정도 고수라면 OBV 지표도 필요 없을지 모른다.

그러나 일반투자자라면 OBV 지표를 생각하기에 앞서서, 다른 여러 가지 분석 방법을 통해 기술적 분석을 해봐야 한다. 지금의 주가 움직임이 상승 추세인지 하락 추세인지부터 이해한 다음에 봐야 하는 것이 OBV다. 왜 그럴까? OBV는 거래량에서 나온 지표다. 그리고 거래량이란 투자자들의 심리가 모여서 만들어낸 결과다. 따라서 주가와는 별개로 투자자들의 심리만으로는 제대로 된 기술적 분석이 될 리가 없다.

일반적으로는 주가가 오르면 OBV도 상승하고, 주가가 내리면 OBV도 하락한다. 그러나 가끔은 OBV가 상승하는데 주가가 내리거나, OBV가 하락하는데 주가가 오르는 경우도 있다. 그리고 독자들이 가장 많이 의문을 가지는 패턴으로는 주가가 고점을 찍고 하락 후 횡보할 때, OBV는 역대 최고점 위치에서 횡보할 때도 있다.

이렇게 다양한 모습의 패턴이 나올 때마다 OBV만을 두고 어떻게 이해해야 하는지 고민하는 경우가 많을 것이다. 이런 고민은 모두 OBV 지표 하나에만 몰두하여 나타나는 결과다.

기술적 분석을 한다는 것은 앞서 살펴봤던 여러 가지 분석 방법을 통해, 현재의 추세가 상승인지 하락인지 이해하는 것에서부터 시작이다. 과거의 추세를 이해하는 것은 필요 없다. 중요한 것은 투자를 결심하는 시점인 바로 오늘! 현재 시점이다. 따라서 오늘의 추세가 상승으로 반전했는지, 아니면 하락인지를 이해할

OBV는 추세 지표인 MACD와 함께 분석하는 것이 좋다.

수 있어야 한다.

사실 이것이 기술적 분석의 첫 번째 과제다. 주가 추세를 파악하는 것만으로도 상당히 괜찮은 수익률을 거둘 수 있다. 그런데 여기에서 문제가 발생할 수 있다. 분명히 어제까지는 모든 분석 결과가 상승 추세임을 알려줘서 매수했지만, 오늘은 갑자기 하락 추세로 돌변할 수도 있기 때문이다.

그래서 기술적 분석의 두 번째 단계는 **과연 내가 분석한 추세가 얼마나 지속 가능한지를 분석해야 한다.** 이를 위해 앞서 살펴본 RSI를 통해 추세의 강도를 볼 수 있다.

그러나 이보다 더 강력한 추세의 지속 가능성을 살펴볼 수 있는 지표는 바로 OBV다. 왜냐하면 추세에 '투자자들의 심리'라는 강력한 힘을 실어 줄 수 있기 때문이다. 시장에 예상할 수 없는 급변 사태가 발생하지 않는 한 투자자들의 심리는 한순간에 돌변하지는 않는다.

그러므로 그림과 같이 하락 추세인 구간을 확인했고, OBV 역시 하락 중이라면 투자자들의 매수 심리가 꺾인 것을 강하게 확신할 수 있다. 중간에 반짝 반등하는 듯 보이지만, OBV가 크게 반등하지는 못하는 모습도 보인다. 이를 통해 반등의 투자 심리가 얼마나 지속될지도 알 수 있다.

반대로 상승 추세인 구간을 확인했는데 오늘의 OBV 역시 최근의 OBV 값보다도 높은 위치라면, 그만큼 상승을 기대하고 있는 세력과 투자자들의 심리가 지속되고 있다고 볼 수 있다.

이쯤 설명하면 OBV 지표가 중요한 것으로 보인다. 그러나 실제 개별 종목에서 OBV를 이해하기는 어려운 것이 사실이다. 단순히 책 몇 줄로 끝낼 만큼 쉽지 않다. OBV가 나오는 패턴이 종목마다 제각각이기 때문이다.

그러므로 자신만의 투자 노하우를 만들기 위해서는 실제 종목들을 살펴보면서, 추세 분석과 그때의 OBV를 이해하는 과정이 필요하다. **주식투자의 공부는 지금 책을 읽고 있는 순간이 아니라, 책을 덮고 난 다음부터 시작된다는 것을 이해해야 한다.**

삼선전환도를 통한 주가의 큰 흐름 잡는 방법

필자의 《주식의 바다에서 서핑하듯 투자하라》는 투자의 큰 흐름을 탈 수 있는 방법에 대해 설명한 책이다. 이 책에서 삼선전환도를 설명했었는데 특히 초보투자자들에게 좋은 반응을 보였다. 이유는 세 가지로 정리된다.

① 초보투자자들이 지금까지 볼 수 없었던 분석 방법이다.

② 투자의 큰 흐름을 살펴보는 데 좋은 방법이다.

③ 이해하기 쉽다.

이런 이유 때문인지 네이버 증권의 차트 기능에서 제공하는 몇 개 안 되는 차트 유형 가운데 하나로 제공되는 듯하다.

삼선전환도는 주가의 큰 상승과 하락의 전환 시점을 확인할 수 있다. 삼선전환도를 설명하는 곳은 그리 많지 않았다. 차트 분석을 하는 사람은 단기투자를 좋아하고, 장기투자자들은 차트를 잘 안 보기 때문이다.

삼선전환도는 단순히 차트를 보기만 해도 직관적으로 현재 주가의 큰 흐름을 알 수 있는 쉬운 차트다. **지표의 이름이 삼선전환도인 이유는 이전 하락선**

캔들 차트 모양을 누르면 차트의 형태를 변화할 수 있다.

음봉 3개를 상향 돌파해야 겨우 상승선양봉으로 전환되고, 이전 상승선 3개만큼을 하향 돌파해야 하락선으로 바뀌게 되기 때문이다. 이를 통해 상승이나 하락 반전의 강한 추세를 이해하는 데 도움이 된다.

그림은 네이버 증권에서 캔들 차트를 삼선전환도로 전환하는 방법이다. 캔들 차트 모양을 클릭하면 차트 유형을 변화할 수 있는 버튼이 나온다. 이 중에서 삼선전환도를 클릭하면 캔들 차트에서 삼선전환도 차트로 바뀌게 된다. 삼선전환도 분석을 마치고 다시 캔들 차트로 바꿀 때도 역시 이 차트 모양을 클릭하면 된다.

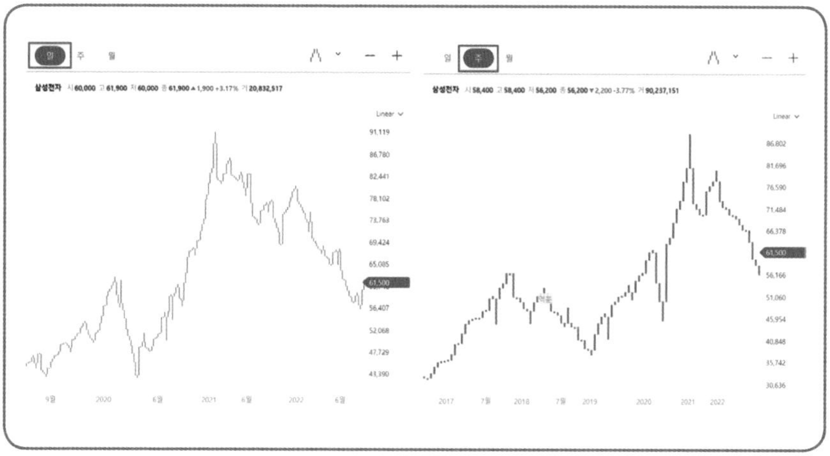

일봉 기준 삼선전환도(왼쪽)와 주봉 기준 삼선전환도(오른쪽).

삼선전환도를 활용하는 일반적인 방법은 하락선이 지속해서 나오다가 상승선으로 전환되는 시점에서 매수하고, 다음 하락선이 나올 때까지 보유하는 방식이다. 그런데 삼선전환도는 이전 상승선 또는 하락선 3개를 돌파해야 할 만큼의 변화량이 필요하므로 민감한 지표는 아니다. 따라서 캔들 차트로 전환한 이후 지금까지 살펴봤던 여러 가지 지표들과 함께 생각하는 것이 좋다.

특히 삼선전환도는 주봉 차트와 비교할 때 그 진가가 발휘된다. 그 이유는 주봉 차트는 변화량이 급변하지 않으며 일정 추세를 확인할 수 있기 때문이다.

그림에서 왼쪽은 일봉에서의 삼선전환도고, 오른쪽은 주봉에서의 삼선전환도다. 일봉에서는 자잘한 변화까지도 나오고 있는데 반해 주봉에서는 정말 큰 흐름의 변곡점에서만 삼선전환도의 추세가 바뀐다. 투자자의 성향에 따라 각자 원하는 정보를 활용하면 된다.

삼성전자의 2019년 이후 주봉 기준 삼선전환도를 보자. 삼성전자는 2019

삼선전환도를 통해 본 삼성전자 주가의 큰 흐름.

년 이후 2배 정도의 상승을 보였다. 2019년 이후 상승 추세일 때 삼선전환도 차트는 상승선양봉이 주로 보인다. 중간중간 하락선음봉이 나타나기도 하지만, 그래도 상승선이 더 많이 나타난다.

삼선전자의 주가는 2021년 이후 하락 전환했다. 이 시기에는 하락선이 더 많이 나타난다. 반등이 조금 보이는 듯했지만 이후 연속적인 하락선이 나타나면서 자잘한 반등에 속지 말라는 듯 신호를 보내고 있다.

삼성전자의 주가는 그나마 추세를 갖고 연속적으로 움직이고 있기 때문에 이런 삼선전환도가 그려진다. 간혹 다른 종목을 보면 삼선전환도에 표시되는 상승선, 하락선이 몇 개 안 보일 수도 있다. 이것은 삼선전환도가 기간을 무시하고 오직 주가 추세 변화만을 압축적으로 표시하고 있기 때문이다. 주가의 큰 변곡점이 나타나야 상승선이나 하락선이 그려진다.

그래서 삼선전환도에서는 MACD나 스토캐스틱 같은 보조지표가 추가로 표시되지 않는다. 삼선전환도는 시간 흐름을 무시하고 오직 추세의 변화만을 표시하고 있으므로 다른 보조지표를 함께 표시하기 힘들기 때문이다. 그렇다고 하더라도 삼선전환도만을 통해 추세 변화를 단독으로 판단하기보다는 다른 여러 가지 분석 방법을 종합적으로 판단하는 것이 투자 성공 확률을 높일 수 있다.

• PART 7 •

주식의 바다에서 서핑하듯 투자하라

주식의 바다에서 서핑하듯 투자해야 하는 이유

혹시 여러분은 코로나19 팬데믹으로 인한 폭락장을 경험한 적이 있는가? 아니면 폭락 이후 엄청난 급등장에서 수익을 냈었는가?

더 뒤로 돌아가보자. 2008년 금융위기로 인한 폭락장과 이어서 찾아온 폭등장 당시 주식투자를 하고 있었는가? 1997년 IMF 사태와 2000년대 초반 닷컴 버블은?

지난 30년, 우리나라 주식시장을 살펴보면 끊임없이 폭락과 폭등이 반복되고 있다. 하루하루 몇 백 원 왔다갔다하는 호가창에 매몰되어 있다가는 큰

지난 30년간 코스피 월봉 차트.

파도를 보지 못한다. 그래서 파도를 타야 한다. 밀려오는 파도를 느끼고 거기에 몸을 실어야 한다. 그러면 상승의 파도는 여러분의 자산을 엄청나게 높이 끌어올려 줄 것이다.

상승의 파도가 지나가는 것도 살펴야 한다. 상승장의 파도에 올라탄 투자자는 자고 일어나면 어제보다 부자가 된 듯한 착각에 취하기 쉽다. 하지만 파도는 영원하지 않다. 특히 우리나라 주식의 경우는 더욱 그렇다. 그렇기 때문에 언제든 파도에서 빠져나올 준비를 하고 있어야 한다. 파도를 타고 높이 올랐다가 고점에서 재빨리 내려와야 한다.

지난 30년간 코스피 월봉 차트를 보자. 만일 여러분이 타임머신을 타고 30년 전의 자신에게 이 차트를 전해줬다고 생각해보자. 언제 투자를 시작하고, 언제 빠져나와 다음 파도를 기다려야 하는지 이해가 되는가?

미래는 알 수 없다. 하지만 역사는 반복된다. 물론 완전히 똑같지는 않을 것이다. 그래도 상승과 하락의 흐름이 되풀이되는 것은 불변이다. 상승이 있으면 그 끝에는 하락이 있고, 하락한 이후에는 반드시 다시 오르기 마련이다. 이런 흐름이 반복된다는 것만 이해한다면 성공할 수 있다.

앙드레 코스톨라니는 《돈, 뜨겁게 사랑하고 차갑게 다루어라》를 통해 경제 사이클의 순환 속에서 시기별로 투자를 어떻게 해야 하는지 알려주고 있다. 경제는 호황기와 불황기를 끊임없이 반복한다. 경제가 호황기에 접어들면 금리를 높여서 시중에 풀었던 돈을 거둬들인다. 불황기에 접어들면 금리를 낮추어 돈을 공급해서 불황을 극복하려 한다. 경제의 흐름은 파도가 밀려왔다가 빠져나가듯 끊임없이 반복된다.

하루하루 호가창만을 쳐다보면서 100원 오르고 내리는 데 매몰되어 있다가는 큰 흐름을 볼 수 없다. 그러다가는 밀려오는 상승의 파도를 놓치거나, 빠져나가는 파도에 휩쓸려 만신창이가 되어 버린다.

따라서 주식투자는 조금 긴 호흡을 갖고 한 발짝 떨어져서 봐야 할 때도 있다. 흐름이 있음을 이해하고 흐름을 타는 법을 생각해봐야 한다. 그러면 수십 배, 수백 배의 거대한 수익도 불가능한 것은 아니다. 이것이 주식의 바다에서 서핑하듯 투자해야 하는 이유다.

지금 이 글을 쓰는 이유는 주식의 바다에 빠져서 허우적대는 투자자들을 위해서다. 2021년 증시의 최고점에 투자한 사람들, 다행히 2차전지나 엔터

테인먼트 관련 주에 투자했다면 그나마 손실은 아닐 것이다. 하지만 다른 업종에 투자한 사람들은 반토막이 나 버린 계좌를 보면서 망연자실한 상황이다. 책을 낸 이후로 이메일이나 쪽지를 통해 많은 질문을 받는다. 그중 가장 많은 질문은 이것이다.

'지금이라도 팔아야 하나요?'

필자가 팔라 말라 할 수는 없다. 장기적으로는 계속 하락할 것 같아서 팔라고 했는데, 내일 바로 반등하면 어쩔 건가? 또는 팔지 말고 조금만 더 기다려보자고 했는데 내일 더 크게 하락한다면? 시작부터 잘못된 선택으로 인해 망가질 대로 망가진 계좌는 어쩔 수 없다. 지나가 버린 파도를 원망해봐야 소용없다.

하지만 방법이 전혀 없는 것은 아니다. 더 많은 투자 지식으로 재무장하고 새로이 찾아올 파도를 기다리는 것이다. 기회는 끊임없이 찾아온다. 지나가 버린 기회를 아쉬워하기보다는 다가올 기회를 확실히 잡을 수 있도록 칼을 갈아야 한다. 그런 의미에서 독자 여러분은 모두 성공할 소양을 갖출 준비가 끝났다. 이 책이 함께하기 때문이다.

지금은 투자해도 괜찮은 시기일까?

상승 파도는 끝났다. 지난 증시 하락장은 수많은 개미투자자를 바다에 빠뜨리고 있다. 이렇게 한 번 물에 빠졌던 사람은 다시 파도에 뛰어드는 것에 두려움을 갖기 십상이다. 용기 내어 다시 투자에 도전해보는 투자자도 있겠지만 여전히 수익률이 신통치 않을 것이다. 주식투자는 프로와 아마추어가 하나의 전장에서 싸우는 피 튀기는 전쟁이기 때문이다.

그러면 언제 다시 투자해야 할까? 투자 시기의 분석 역시 기술적, 기본적 분석으로 나뉜다. 따라서 증시의 반등 시기를 찾을 수 있는 기술적, 기본적 분석 방법은 어떻게 하는지에 대해 간단히 살펴보자.

| 큰 그림 분석을 위한 지수 차트 활용 방법 |

네이버 증권을 활용한 차트 분석 방법에 대해서는 이미 앞서서 살펴봤다. 캔들 분석, 이동평균선 분석, 추세선 분석, 그물망 차트 분석, 매물대 분석, MACD, 스토캐스틱, RSI, OBV 등 다양한 보조지표를 알고 있다면 여러분은 이미 초보투자자를 벗어났다고 볼 수 있다. 이제부터는 어떻게 활용하는지, 실제 상황에 맞추어 연습하는 단계다.

증시의 큰 흐름을 분석하는 것도 똑같다. 단지 개별 종목 차트가 아니라 지수 차트를 분석하는 것만 달라졌을 뿐이다. 네이버 증권에서 지수 차트는 국내 증시 → 코스피 정보의 맨 하단에 나온다.

코스피 주봉 지수 차트를 보자. 2021년 7월 3,316까지 올랐던 코스피 지수는 계단식 하락을 거듭한 결과 2,300선까지도 무너졌다. 이 가운데 반등이 잠깐씩 나오기도 했다. 이럴 때면 온갖 경제 뉴스에서는 '코스피 반등 드디어 시작인가'라는 제목으로 개미투자자를 낚는다. 이런 뉴스에 현혹되어서는 안 된다. 분석은 스스로 해봐야 한다. 지금부터 2022년 8월까지의 코스피 지수 차트를 통해 투자 상황을 알 수 있는 몇 가지를 살펴보겠다.

지수 차트도 개별 종목의 분석과 똑같다.

1. 그물망 차트

2021년 7월 이후부터 계속 데드크로스가 나오고 있지 않은가? 그물망이 하단으로 깔리지도 않았다. 그냥 계속 하락 중이며, 지지할 수 있는 그 어떠한 심리도 마련되지 않았다는 뜻이다.

2. 이동평균선

20주, 60주 이동평균선의 데드크로스가 나온 이후 계속 역배열 상태로 하락 중이다. 5주 이동평균선이 횡보, 반등하는 듯 보이지만 큰 흐름에서 보면 우하향, 하락 지속 중이다.

3. 저항선 돌파

2021년 고점에서 내리그은 저항선을 돌파하지 못하고 있다. 투자를 고민하려면 최소한 하락 추세를 멈추고 횡보라도 해야 하는데, 아직은 하락이 계속 이어진다고 볼 수 있다.

4. MACD

MACD는 0선 아래에서 횡보와 살짝 반등하고는 있다. 그러나 조금 긴 흐름에서 보면 본격적인 우상향 반등 추세로 보기에는 부족하다.

5. 스토캐스틱

2022년 7월 이후 지수가 연속 양봉이 나오면서 스토캐스틱도 골든크로스가 나왔다. 하지만 이는 단기 추세다. 긴 흐름에서 투자를 생각하려면 다른 여러 가지 큰 흐름의 추세 지표가 상승을 이야기할 때, 스토캐스틱의 골든크로스를 활용하는 것이 좋다.

결국 지수 차트 분석 결과 2022년 8월 초까지도 하락 추세가 이어지고 있음을 알 수 있다. 그러면 언제 투자해야 하는가? 위에서 살펴봤던 보조지표 분석에서 매수 신호가 공통으로 나올 때가 지수의 반등 시기, 큰 흐름에서 투자를 시작해도 좋은 시기다.

그물망 차트가 바닥에 두껍게 깔리면서 다시 골든크로스들이 나타나기 시작하고, 이동평균선도 우상향 추세가 나와야 한다. 지수 캔들이 저항선을 돌파하고, MACD 역시 우상향으로 나와야 한다. 이런 모든 상황을 살펴보면서 상승돌파, 저점 지지 패턴이 나온다면 하락을 멈추고 다음번 상승의 준비를 하고 있다고 생각해도 좋을 것이다.

| 큰 그림 분석을 위한 기본적 분석 방법 |

차트는 단지 지수의 결과만을 표시한 그림일 뿐이다. 이런 그림만으로는 왜 그렇게 흘러가는지에 대한 이유까지는 알 수 없다. 하지만 그 이유를 알게 된다면 조금 더 확실한 반등의 힘을 이해할 수 있을 것이다. 이를 위해 다양한 정보를 수집하여 시장의 흐름을 분석할 수 있겠으나, 이번 장에서는 OECD 경기 선행 지수와 한국개발연구원KDI 보고서에 대해서만 설명한다.

지금 설명하는 내용은 네이버 증권에서 제공되지 않은 부분이다. 네이버 검색을 통해 더 나은 자료를 적극적으로 찾아야 한다.

1. OECD 경기 선행 지수 분석

주식시장은 경기에 선행하는 측면이 있다. 미래의 주가까지 현재의 주가에 반영한다. 내년부터 주가가 오른다고 한다면? 지금이 저점이라고 생각한 투자자들이 먼저 주식을 매수하기 때문이다. 그래서 경제 상황이 좋아졌다는 경제 뉴스를 보면서 투자하면, 이미 증시가 많이 오른 상황인 경우가 대부분이다. 그런 측면에서 경기 선행 지수는 투자를 위해 참고하기 좋은 지표다. OECD 경기 선행 지수는 가입국의 6개월 후 경기 흐름을 살펴볼 수 있기 때문이다.

경기 선행 지수가 전월보다 상승하면 경기가 상승 국면, 내려가면 하강 국면이다. 전월 대비 상승이냐 하락이냐를 통해 경기의 추세를 확인할 수 있다. 또는 선행 종합 지수의 수치가 100을 기준으로 이상이면 상승, 이하면 하락 상태로 분석하기도 한다.

OECD 경기 선행 지수는 OECD 사이트에서 확인할 수 있다. 구글이나 네이버에서 'OECD 경기 선행 지수'를 검색하면 'Composite leading indicatorCLI – OECD Data'를 찾을 수 있다. 이를 클릭해서 들어가보면 그림과 같은 차트가 나온다. 여기에서 'Highlight countries'를 클릭하여 'Korea'를 추가해야 우리나라의 경기 선행 지수가 함께 표시된다.

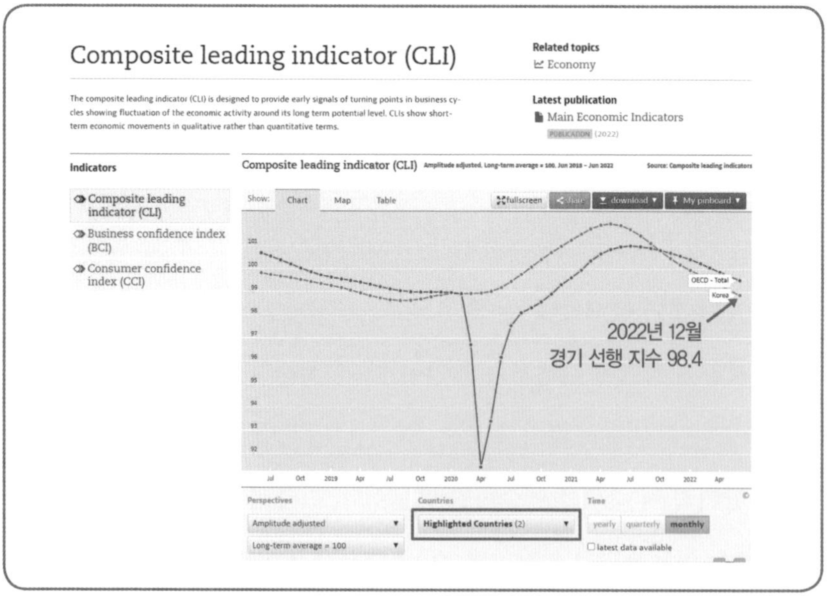

경기 선행 지수는 계속 하락 중이다.

2022년 12월 우리나라의 경기 선행 지수는 98.4이며 계속 하락 중이다. 우리나라뿐만 아니라 OECD 평균 지수 역시 하락 중이다. 다만 파란색으로 표시된 우리나라의 지수가 더욱 가파르게 하락 추세를 보이고 있다. 경기 상황이 더 빠르게 나빠지고 있다는 뜻이다.

그러면 이를 활용하여 언제 투자해야 하는가? 앞서 살펴본 지수 차트에서 반등이 나타났다면 OECD 경기 선행 지수도 함께 살펴보자. 경기 선행 지수도 역시 상승의 흐름이 보인다면 경기 상승을 나타내는 여러 가지 경제 지표들이 나아지고 있다는 증거가 된다.

2. 한국개발연구원 보고서

한국개발연구원KDI은 경제, 사회 발전 계획을 수립하고 관련 정책을 제시하는 국가정책연구소다. 네이버에서 'KDI 한국개발연구원'을 검색하면 쉽게 찾을 수 있다.

이곳에 들어가면 여러 가지 자료가 있다. 특히 경제의 현재와 미래에 대한 각종 분석 정보는 주식투자를 하는 데 큰 도움이 된다. 경제 전망에 대해서는 OECD 경기 선행 지수와 연관 지어 보고서를 읽어보면 좋다. 회원 가입 없이 무료로 제공되는 정보지만 그 가치는 엄청나다.

이곳 연구원에서 특히 중요하게 찾아보는 것은 현재 경제 상황을 설명하는 경제 동향 부분이다. 물론 현재 증시 상황을 설명하는 경제 동향에 대해서는 네이버 증권의 리서치를 통해 증권사 보고서에서도 찾을 수 있다. 하지만 증권사 보고서는 시각이 다소 치중된 경향이 있다. 증시 상황과 관련된 최근 이슈의 단편적인 결과만을 설명하기 때문이다.

하지만 월별로 발표되고 있는 KDI 경제 동향은 다르다. 매월 주요 경제 지

KDI 경제 동향 보고서를 통해 현재의 경제 상황을 이해할 수 있다.

표에서 국내총생산, 경기, 소비, 투자, 교역, 물가, 금융시장, 세계 경제 동향까지 종합적으로 설명하고 있다.

지수 차트의 흐름을 이해하고 싶다면 현재의 상황에 대해 설명하고 있는 '월별 경제 동향'을 읽어보면 된다. 이 보고서는 '연구 → 월간지 → 경제 동향'에서 찾을 수 있다. 경제 상황에 대하여 객관적인 자료를 근거로 종합적으로 설명하고 있기 때문에, 경제신문의 단편적인 정보들보다 가치가 높은 자료라 할 수 있다.

개인투자자일지라도 자료와 정보는 차고 넘친다. 문제는 어떤 정보가 어디에 있는지를 모르거나, 혹은 알아도 귀찮아서 공부하지 않는 경우다. 하지만 한 번만 공부해두면 평생을 두고 사용할 수 있는 투자의 기술들이다.

비록 지금 귀찮고 힘들지만 조금만 더 힘내서 공부해보자. 조금만 더 손품을 팔아 투자에 필요한 자료를 수집해보자. 반드시 이 모든 것이 수익이 되어 돌아올 것이다.

외팔이 검객과 맹인 무사

나는 무술 영화를 많이 봤다. 이중에서 제목은 기억나지 않지만 외팔이 검객이나 맹인 무사시각장애인이 맞는 말이지만, 과거 무술 영화를 이야기하기 위해 '맹인'이란 단어를 사용했다가 나오는 영화도 있었다. 육체적인 핸디캡을 갖고 있지만 피나는 훈련을 통해, 일반인들보다도 뛰어난 능력을 발휘하여 복수하는 내용이었다.

왜 뜬금없이 외팔이 검객과 맹인 무사 이야기를 하게 되었을까? 개인투자자 중에서도 자발적으로 외팔이 검객이나 맹인 무사가 되려는 사람들이 있기 때문이다.

앞에서도 여러 번 강조했던 이야기지만, 다시 한 번 반복하는 이야기니 이 부분을 이해했다면 그냥 넘어가도 좋다. 하지만 투자에 있어서 너무 자신만의 아집이 있는 사람이라면 한 번쯤 생각해봤으면 좋겠다.

어떤 투자자는 워런 버핏이나 벤저민 그레이엄을 광적으로 추종한다. 벤저민 그레이엄은 미래의 주가는 예측할 수 없으며, 주가란 결국 기업의 가치를 따라갈 것이라고 했다. 그래서 가치투자를 하는 사람 중에는 추세와 차트를 무시하는 사람들이 많이 있다. 어차피 주가는 예측할 수 없다고 믿기 때문이다. 물론 이 말은 맞다. 주가는 그 누구도 예측할 수 없다.

하지만 오늘의 주가 추세는 알 수 있다. 그리고 큰 추세의 방향을 분석했다면 어느 정도는 추세를 따라갈 수밖에 없다. 그럼에도 추세와 차트를 전혀 보지 않은 채 가치투자를 위한 지표 몇 개만을 보면서 투자를 해야만 할까? 앞서 살펴본 KDI 경제 동향에서 좋은 이야기가 나오면 무조건 투자해도 되는 걸까? 코스피 지수의 움직임과는 상관없이 말이다.

굳이 개인투자자 스스로가 외팔이 검객이 될 필요는 없다. 왜 더 좋은 방법이 있는데 멀쩡한 팔 한쪽을 스스로 사용하지 않겠다는 것인가?

더 큰 문제가 또 있다. 그나마 가치투자를 위해 기업 분석을 한다고는 하지만 제대로 된 가치 산정을 못하는 경우가 대부분이라는 것이다. 기업의 PER, PBR이 끝이 아니다. 주가는 더 복잡한 여러 가지 요소들에 영향을 받는다. 다음 분기, 혹은 내년도 기업의 매출과 이익을 어떻게 분석할 것인가? 주식의 대가들이 사용하는 투자 방법을 완전히 이해하고, 그대로 적용하여 기업의 현재와 미래까지 분석할 수 있는 개인투자자가 몇이나 있을까?

이런 문제는 가치투자자에게만 있는 것은 아니다. 기술적 분석을 선호하는 투자자도 마찬가지다. 이들은 차트 분석을 통해 추세를 확인한 다음에 투자한다. 그런데 이런 사람들은 기본적 분석이 있다는 것조차도 모르는 경우가 다반사다. 그저 PER, PBR 같은 지표가 있는 줄은 알지만 어떻게 활용하는지조차 모른다. 그저 이동평균선이나 보조지표 몇 개만을 보면서 좋은 추세라고 생각하면 매수하고, 추세가 깨졌다고 생각되면 매도한다.

물론 조금은 수익을 낼 수도 있다. 그러나 기본적인 기업 분석이 되지 않은 상태에서 차트만을 보며 투자하는 것은 한 방에 무너질 수 있다. 어느 순간, 보유한 주식이 거래정지나 상장폐지와 같은 상황을 맞이할 수도 있다.

기술적 분석만으로는 100% 성공할 수는 없다. 제시 리버모어의 말년을 보라. 차트 분석은 그저 성공 확률을 높여줄 뿐이다. 장기적으로 큰 수익은 힘들뿐더러 종목을 쉽게 찾은 만큼 쉽게 잃을 수 있다. 기업에 대한 이해와 분석이 없다면 견디지 못하고 바로 손절하는 경우가 다반사다.

'투자'의 의미를 생각한다면 그래도 제대로 된 좋은 회사의 주식을 매수하는 것이 기본이다. 기업의 상태와는 별개로 단순히 추세가 상승을 시작했다고 매수했다가 하락한다고 매도하는 방법만을 고집한다면, 주식투자가 아니라 그저 도박일 뿐이다. 결국 이들도 마찬가지로 외팔이 검객이자, 맹인 무사다.

그리고 가장 큰 문제는 따로 있다. 외팔이 검객과 맹인 무사는 그래도 칼이라도 잡고 소리가 나는 방향으로 휘두를 수 있다. 그런데 양팔을 못 쓰고 눈과 귀도 쓸 수 없게 된다면 어떻게 될까? 적과 마주하는 순간, 끝이라고 생각해야 한다. 대부분의 개인투자자가 이런 상태다.

가치투자나 차트 분석은 전혀 모른다. 그저 인터넷에 흘러 다니는 블로그나 뉴스를 보면서 적당히 괜찮다 싶으면 매수하는 사람들, 회사에서 점심 먹으면서 거론되었던 종목을 적당히 매수하는 사람들, 주식 카페나 동호회에서 누가 좋다고 추천하면 바로 다음 날 사는 사람들, 적을 만나게 되면 눈 깜짝할 사이에 쓰러지고 마는 엑스트라 같은 사람들이다. 적어도 주식투자에 있어서 엑스트라는 되지 말자.

따라서 개인투자자라면 모든 것을 공부해야 한다. 비록 자신의 매매법에 활용하지는 않을지언정, 그래도 알고는 있어야 한다. 주식투자 공부를 위한 제일 간단한 방법은 책이다. 최소한 책이라도 꾸준히 읽어봐야 자신이 뭘 몰랐는지라도 깨닫게 된다. 책은 가치에 비하면 가장 싸고 편한 수단이다.

물론 그렇지 못한 책도 많이 있다. 제목은 거창하지만 실제 담고 있는 알맹이는 얼마 되지 않는 책들 말이다. 그래서 가급적 책은 서점에서 직접 보고 사는 것을 추천한다. 인터넷 서점이 싸기는 하지만 광고하는 글이나 목차만으로는 그 책이 담고 있는 가치를 제대로 볼 수 없기 때문이다.

어떤 이들은 책을 읽기 전 목차를 먼저 살펴보면서, 그 책이 담고 있을 의미들을 먼저 상상해보라고 한다. 그러나 이런 말은 교과서를 읽을 때나 가능한 일이다. 요즘 나오는 책을 보면 감성적인 제목, 그리고 몇 단계 유추를 해야만 이해할 수 있도록 목차를 만들기 때문이다. 당장 이번 제목만 봐도 '외팔이 검객과 맹인 무사'다. 대체 주식 책에서 외팔이 검객과 맹인 무사로 무엇을 이야기할 수 있단 말인가?

책을 통해 어느 정도 지식을 쌓았다면 다음 단계로 넘어가야 한다. 주식투자 공부를 위해 책을 읽다보면 자신이 모르는 것이 무엇인지 정도는 알게 된다. 그러나 자신이 알고 싶은 것이라든지, 무엇에 대해 좀 더 정확히 알아야 하는지까지는 자세히 알기 어렵다. 이런 것까지 완전히 알게 되는 데에는 꽤 오랜 시간 동안 내공을 축적해야 한다.

이때 시간을 줄여 줄 수 있는 방법은 멘토와 오프라인 강의가 있다. 그런데 멘토나 제대로 된 강의를 만나기는 어렵다. 일단 누가 투자를 잘하는지 믿기 어려운 경우가 많다. 방송을 통해 알려진 유명한 주식 고수들이 결국 사기로 판명 나는 경우도 비일비재하다. 따라서 최소한 속지 않기 위해서라도 투자자 스스로가 내공을 쌓을 필요가 있다.

그리고 그 시작은 책이라는 것을 앞서 이야기했다. 먼저 많은 책을 통해 자신이 무엇을 알고 무엇을 모르는지 정도는 파악한 다음, 모르는 것을 설명해 줄 수 있는 사람이 누구인지를 찾아도 늦지 않는다.

그리고 개인적인 공부 없이 수업만으로 성적을 올려줄 수는 없다. 골프를 생각해보자. 골프연습장에 가면 코치가 실제로 자세를 봐주는 시간은 10여 분 남짓이다. 나머지 시간은 자신이 스스로 자세를 생각하면서, 계속 반복

연습하며 기량을 쌓아야 한다.

주식도 마찬가지다. 책이나 멘토가 이야기해주는 내용은 그리 길지 않다. 이런 내용들을 실제 투자에 적용해보고 자신만의 매매법을 만들어가는 것은 오직 개인투자자 자신의 몫이다. 즉 남이 돈을 벌어다 주기를 기다리지 말고 자신이 직접 공부하고 노력해야 한다는 것이다.

여러분 스스로가 외팔이 검객이나 맹인 무사가 될 필요는 없다. 오히려 팔이 세 개라면? 아니 열 개라면 어떨까? 그리고 눈이 옆에도 있고, 뒤에도 있다면 어떻게 될까? 조금 더 전투력이 높아지지 않을까?

이를 위해 투자에 대한 편협한 고집보다는 보다 열린 마음으로 다양한 주식투자 방법을 공부해보는 것을 추천한다.

잘되면 제 탓,
못되면 조상 탓

잘 되면 제 탓, 못 되면 조상 탓이라는 속담이 있다. 얼마나 많은 사람이 이처럼 생각하면서 살아왔으면, 이런 속담까지 생겼을까?

이런 생각은 주식투자에서도 예외는 아니다. 주식에서 큰 수익을 얻으면 모두 자기가 잘한 결과라고 생각한다. 그러나 투자 손실을 보게 되면 누군가를 탓한다. 투자를 결심하게 된 정보의 출처를 욕한다. 유료 종목 추천, 주식방송, 카페, 블로그의 잘못된 정보들을 탓한다. 그리고 기관과 외국인투자자를 나무란다. 그들의 공매도나 대량 매도 때문에 개미들은 항상 손해만 본다고 생각한다.

그래서 결국 주가가 오르면 자기가 잘한 것이고, 주가가 떨어지면 남이 잘못해서 손해를 봤다고 생각한다. 그러나 모든 것은 투자자 탓이다. 이것은 주식투자를 하는 사람이라면 모두가 알고 있는 사실이다. 그럼에도 이렇게 당연한 이야기를 하는 이유가 뭘까?

이런 사고의 전환만 제대로 되어도 수익률을 높일 수 있기 때문이다. **모든 것이 자기 책임이라고 진지하게 인정하는 순간, 투자에 조금 더 조심스러워진다.** 아무리 기관과 외국인의 공매도로 인해 주가가 떨어지더라도 자신이 이런 종목을 잘못 선택했다는 것을 인정하게 된다면, 기관과 외국인의 동향까지도 주의 깊게 살피면서 적시 적절하게 대응할 것이다. 아무리 남들이 좋은 종목이라고 떠들어도 자기의 책임을 생각하고 있다면 본인이 한 번 더 분석할 것이다.

주식투자가 모두 자기의 책임이라고 생각한다면, 그다음 해야 할 것은 분석 방법을 배우는 것이다. 뉴스에 자주 언급되고 남들이 좋다고 이야기하는 주식이 정말로 좋은지 분석할 수 있어야 한다. 남들이 분석해서 알려주는 결과를 그대로 믿기보다는 정말로 그런지 다시 한 번 검증할 수 있어야 한다. 모두 자신의 책임이기 때문이다.

개인투자자라면 모든 분석 방법을 통해 주식을 살펴봐야 한다. 편협한 몇 개의 방법만을 맹신하다가는 자칫 큰 손실을 볼 수 있기 때문이다. 몇 가지 단순한 분석 방법만을 맹신한다는 것은 주식투자의 책임이 온전히 자기에게 있다는 것을 완전히 인정하지 못한 것이다. 그렇지 않고서야 불안하게 대충 분석한 다음, 돈을 투자할 수 있겠는가?

모든 투자의 책임이 자신에게 있다는 것을 이해하고 인정한다면, 가능한 모든 수단과 방법을 동원하여 놓치는 부분이 없는지 분석하고 또 분석할 것이다.

물론 사람마다 분석 결과가 다르게 나올 수 있다. 이것은 사람마다 중요하게 보는 관점이 모두 다르기 때문이다. 그래서 매매법 또한 사람마다 달라지기 마련이다. 어떤 사람은 기본적 분석을 더 중요하게 생각할 수도 있고, 어떤 사람은 기술적 분석을 더 중요하게 생각할지도 모른다.

당연히 모든 분석을 해야겠지만, 그중에서도 더 중요하게 생각하는 부분이 있는 것은 자연스러운 결과다. 그렇기 때문에 투자자는 책임을 온전히 지기 위해 항상 자신의 매매법을 뒤돌아보면서 보완하고 발전시켜야 한다. 보다 다양한 상황에 적용해보면서 수익률이 줄어든다면, 원인을 생각해보고 더 좋은 방법을 찾아야 한다. 그렇게 내공은 쌓이게 되는 것이다.

필자도 주식투자를 생각하면 아직도 한참 부족하다고 생각한다. 그래서 시중에 좋은 책이 나왔는지 항상 둘러보면서 새로운 지식을 찾아다닌다. 그리고 어제의 나와 오늘의 나, 그리고 내일의 나를 비교해보면서 단 1%라도 발전하기 위해서 공부하고 있다.

물론 투자자 여러분들 중에서는 필자보다도 더 높은 수준의 고수가 많을 것이다. 하지만 그렇지 못한 단 한 사람의 독자를 위해서 이런 이야기를 하게 되었다.

그래서 이 책을 통해서 투자자라면 투자의 책임을 자각하고, 자신만의 주식투자 매매법을 만든 다음, 거기에서 끝이 아니라 계속 보완하고 발전시켜 나가야 한다는 것을 설명하고 싶었다. 이것은 단순히 시중의 주식 책 몇 권으로 끝낼 수 있는 문제가 아니다. **투자를 계속하는 한 투자에 대한 공부도 계속되어야 할 것이다. 온전히 투자에 대한 책임을 지기 위해서 말이다.**

반드시 성공하는 주식투자법

세상에 공짜는 없다. 뭔가를 얻기 위해서는 그만큼 다른 것을 포기해야 한다. 투자도 마찬가지인 것 같다. 투자수익이란 주식을 분석하는 노력과 더불어 손실이 날 수 있다는 리스크를 짊어진 결과다. 때로는 너무 힘들고 벅차다.

그래서 이 책을 읽는 투자자라면 누구나 성공할 수 있는 대세 상승기를 찾아 투자하라고 당부한다. 하지만 주식시장의 상승기와 하락기를 파악하는 게 어디 말처럼 쉬운 일인가?

그렇다고 방법이 없는 것은 아니다. 주식 분석이 어렵고 리스크를 이겨내기 힘든 개인투자자도 할 수 있는 투자 방법이 있다. 벤저민 그레이엄의《현명한 투자자》에서 소개하는 정액 적립식투자 방법이 그것이다. 그는 이 책을 통해 정액 매입법이 개인투자자에게는 가장 좋은 방법이라고 소개한다.

그레이엄은 1929~1952년까지 정액 매입법을 통해 투자한 결과, 배당 수익을 제외하고 20.5%의 수익을 거둘 수 있었다. 그래서 그는 **"주가의 어떤 변화에도 상관없이 정액 매입법만큼 성공이 확실한 투자 방법은 없다."라고 하며, 이런 투자 방법을 '자동 항법 장치'라고까지 비유했다.**

시장의 변화와는 상관없이 단순한 하나의 투자 방법만으로도 궁극적으로는 수익을 낼 수 있을 테니 말이다.

정액 매입법은 주식시장이 매일 오르락내리락 흔들리더라도 혼란을 극복할 수 있는 투자법이다. 그저 매주, 매월 또는 분기마다 시장의 상황과는 상관없이 계속 사면 된다. 지금 주식시장 상황이 좋지 않다고 하는데도?

그냥 계속 사야 한다. 시장의 미래는 알 수 없다는 전제로 만들어진 투자 방법이기 때문에, 시장 상황과는 상관없이 꾸준히 매수하는 것이 중요하다. 주가가 더 떨어지면 바닥에서 매수할 것으로 기대했지만, 바로 그때가 주가의 최저점이었음을 뒤늦게 후회하지 않도록 말이다.

계속 똑같은 금액정액을 계속 매수한다는 뜻은 주가가 하락하게 되면 더 많은 주식을 살 수 있고, 주가가 오르면 살 수 있는 주식 수가 줄어드는 결과를 낳게 된다. 그렇게 주식을 정액으로 매집해 보유하는 것이다.

물론 정액 매입법도 어느 정도 분석은 필요하다. 최소한 살만한 가치가 있는 주식, 수십 년간 상장폐지를 당할 위험이 적은 주식을 골라야 하기 때문이다. 그리고 리스크를 줄이기 위해서는 분산투자를 통해 각기 다른 업종의 포트폴리오를 구성해야 한다.

그레이엄도 이 투자 방법의 어려움을 알고 있다. 수십 년 이상 흔들리지 않고 시장 상황과 상관없이 꾸준히 투자할 수 있는 사람이 극히 드물다는 것이다. 더욱이 성격이 급하거나 당장 돈이 필요한 투자자라면 쉽사리 도전하지 못할 것이다. 장기투자가 말로는 쉽지만 엄청나게 긴 시간 동안의 고통을 견뎌야 하기 때문이다. 그러나 일단 성공하게 된다면 엄청난 수익이 가능한 투자법이기도 하다.

현대차의 투자 시뮬레이션을 보자. 적금 누적액은 30년간 매월 100만 원씩 연 3% 이율로 저축을 계속한 결과다. 그리고 주식 누적액은 매월 현대차에 100만 원씩 투자했을 때의 결과다. 20~30년 전의 고금리 시절까지 정확하게 반영했다면 적금 누적액은 더 커졌을 것이다. 하지만 그렇다고 하더라도 주식투자만큼의 수익이 가능했을까?

벤저민 그레이엄의 정액 매입법 결과를 보면 알 수 있다. 주식 누적액이 30억 원을 넘어섰다가 15억 원까지 하락하기도 했다. 하지만 이내 증시가 반등

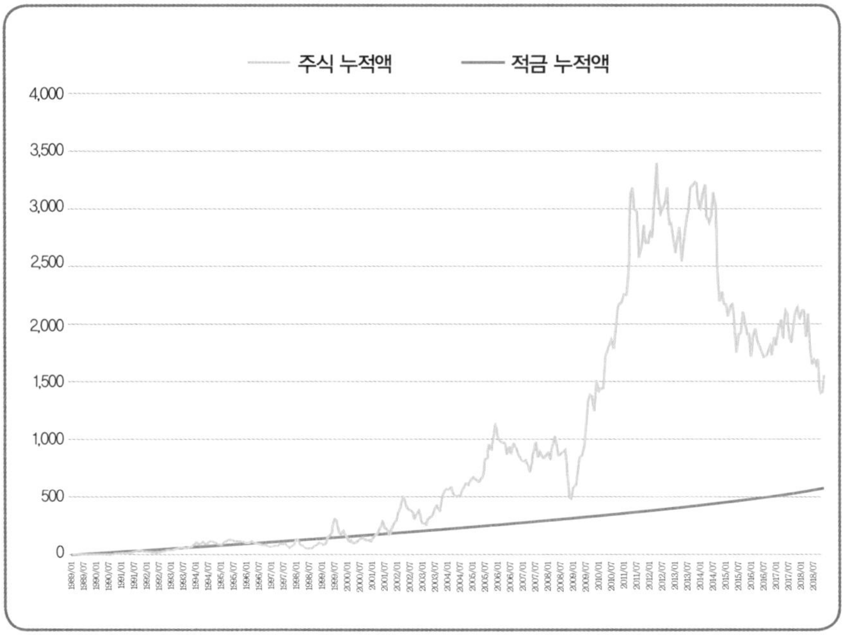

현대차에 매월 100만 원씩 30년간 투자했을 때의 수익 비교(노란색선 : 주식 누적액, 빨간색선 : 적금 누적액). (단위 : 백만 원)

하면서 다시 주식 누적액은 30억 원을 넘어섰다. 이것은 단순 저축만으로는 달성하기 힘든 투자 결과다.

물론 이것은 종목의 선택도 중요하다. 30년간 망하지 않을 기업, 향후 30년간 성장이 가능한 기업을 고르는 것도 중요하다.

노력 없는 수익은 없다. 지금 당장 수익을 누리기 위해 주식투자를 공부하고 분석하여 투자하든지, 아니면 긴 시간 동안 정액 매입법을 통해 먼 훗날 수익을 누리든지, 무엇이든 자신만의 방법을 찾아 투자를 시작해야 한다.

주식투자에서 리스크를 관리하는 방법

주식투자는 더 많이 버는 것보다 잃지 않는 것이 더 중요하다. 워런 버핏이 부자가 될 수 있었던 이유도 잃지 않고 꾸준히 수익을 냈기 때문이다. 투자금 100만 원이 50% 하락하면 50만 원이 된다. 그런데 50만 원이 다시 100만 원이 되기 위해서는 100%가 올라야 한다. 더 어렵다. 그래서 되도록이면 오를만한 종목을 찾아서 매수하자마자 상승하길 기대한다.

하지만 주식투자는 항상 리스크가 있다. 아무리 완벽하게 분석하고 주가 상승을 기대할지라도 하락에 대한 리스크는 반드시 존재한다. 우리가 모르는 영역이 너무나도 많기 때문이다. 그래서 아무리 좋은 종목을 찾았다고 하더라도 갑자기 하락하는 경우가 다반사다.

분석 결과는 분명히 상승 여력이 충분한 주식임에도 주가가 떨어진다. 세력이 주가를 올릴 마음이 없기 때문이다. 그렇다면 이런 리스크는 어떻게 피할 수 있을까?

주식투자에서 리스크를 관리하는 방법은 정말 다양하다. 그중에서 가장 대표적인 방법이 분산투자다. 투자금을 균등하게 분할하여 여러 종목에 분산하는 투자금 분산 방법, 종목의 업종과 테마를 분산하여 투자하는 방법, 매수하는 시기와 매수하는 수량을 분산하는 방법 등 여러 가지가 있다.

이렇게 분산투자를 하게 되면 수익률이 높아진다. 더 많이 벌어서가 아니라, 손실을 최소화할 수 있기 때문이다. 따라서 특별한 경우가 아니고서는 몰빵투자보다는 분산투자를 하는 것이 좋다. 만일 여러분은 노벨상을 받은 주식투자 방법이 있다면 어떻게 할 것인가?

노벨상을 받은 주식투자 방법이라고 하여 전혀 어려운 것이 아니다. 그 방법은 바로 분산투자에 대한 이야기다. 해리 마코위츠는 1955년에 박사 학위를 위해 쓴 논문Portfolio Selection, 포트폴리오 선정으로 1990년에 노벨 경제학상을 받았다네이버에서는 유료로 원문을 제공하고 있으며, 구글에서 'harry markowitz portfolio selection'를 검색해보면 무료로 원문 PDF를 다운받을 수 있다. 이 논문은 "계란은 한 바구니에 담지 말라."는 분산투자에 대한 격언을 수학적 모델로 증명한 것이다.

분산투자 방법을 통해 리스크를 낮추면 수익률을 높일 수 있게 된다. 그렇다면 분산투자는 어떻게 해야 할까?

| 상관관계가 낮은 업종과 테마에 분산한다 |

분산투자라고 하여 단순히 여러 종목을 사면 되는 것일까? 우리는 앞서 네이버에서 알려주는 테마와 업종에 대해 살펴봤다. 그런데 같은 테마나 업종에 묶인 종목들을 보면 주가가 거의 비슷하게 움직이는 것을 볼 수 있다. 전기·전자 업종이 호황일 때는 여기에 속한 대부분 종목이 상승하지만, 그렇지 못할 경우에는 모두 함께 하락한다.

물론 하나의 테마나 업종 가운데에도 선도주와 같이 상승을 주도하는 종목과 그렇지 못한 종목으로 나뉘기는 하지만, 그래도 대부분 업종과 테마는 같은 추세로 움직이는 것이 일반적이다.

따라서 분산투자를 생각한다면 자신의 보유 종목이 어느 업종이나 테마에 속해 있는지부터 살펴봐야 한다. 최근 상승 추세가 좋은 종목에만 너무 몰입하다보면 몇 개의 업종에 몰빵투자하는 실수를 저지르게 된다. 그리고 이런 업종과 테마에 대한 정보는 그림과 같이 네이버에서 친절하게 제공하고 있으니 잘 활용하면 된다.

그렇다고 분산투자를 위해 전반적인 하락 추세에 있는 업종에도 굳이 투자할 필요는 없다. **중요한 것은 보유 종목들 간에 서로 상관관계가 낮아야 한다는 것이다.**

하나의 업종이라면 선도주 몇 개에 투자하는 것이 훨씬 좋다는 것은 이미 아는 바다. 그런데도 같은 업종 내 여러 종목에 분산하여 투자한다는 것은 오히려 투자 성과를 해칠 수도 있다. 그러니 업종별로 분산하여 선도주 몇 개를 선정한 뒤, 투자하는 것이 좋을 것이다.

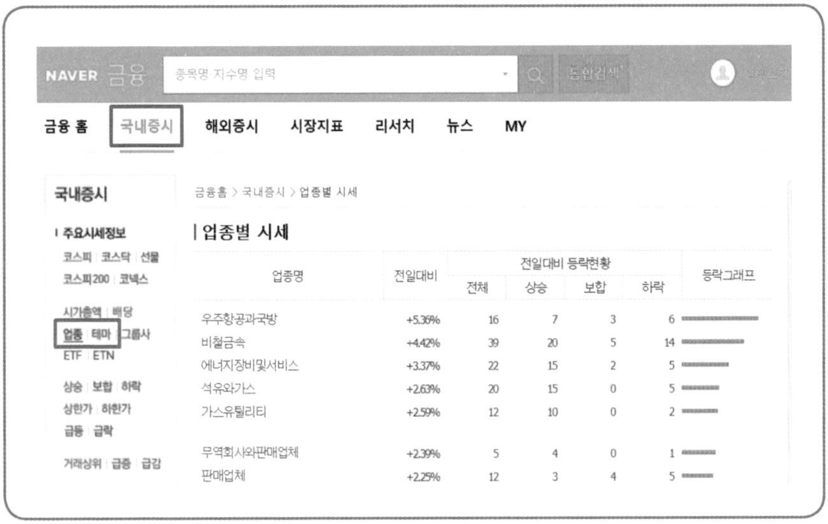

네이버에서 제공하는 업종과 테마의 정보를 통해 분산투자가 가능하다.

| 분산투자를 위해 몇 종목을 사야 할까? |

분산투자를 위해 자신의 투자금을 몇 등분으로 쪼개어 투자해야 할까? 일반적으로 개인투자자가 관리할 수 있는 적절한 보유 종목의 수는 20~30개 종목이라고 한다. 그 이상이면 자기가 보유한 주식이 무엇인지도 헷갈리게 되고, 관리가 안 되어 손실이 발생할 수 있다.

따라서 개인투자자들이 분산투자를 위해서는 대략 20여 개 종목을 보유하는 것을 추천한다. 물론 아직 자신만의 정확한 매매법이 완성되지 않은 상태라면, 3~5개 정도의 종목을 통해 연습투자를 해야 한다.

어떻게 투자해야 할지도 모르는 상태에서 그저 좋아 보이는 종목을 20개나 산다는 것은 20번의 실수를 할 수 있다는 뜻이다. 그러므로 어느 정도 투자에 대한 자신만의 매매법이 생긴 다음에, 20여 개 종목으로 자신의 투자금을 분산해야 한다.

20여 개의 보유 종목으로 포트폴리오를 분산하는 방법은 투자금을 균등하게 나누는 것이 좋다. 이를테면 100만 원을 투자하는 사람이라면 한 종목당 5만 원 내외로 투자해야 한다. 이것은 한 종목당 보유 자금의 5% 이상을 투자하지 말라는 것이다. 한 종목당 투자금의 5%! 이것만 기억해도 어느 정도 분산투자를 할 수 있다.

그런데 주식투자를 하다보면 너무 좋아 보이는 종목이 발견될 때가 있다. 이것은 유독 특정 종목만 계속 상승하는 것처럼 보여서, 보유 자금 중 5% 정도의 투자로는 만족할 수 없을 것 같을 때다.

그런데 이때가 바로 욕심을 자제해야 하는 순간이다. 좋아 보인다고 하여 조금씩 점점 한 종목에 투자금이 몰리다보면, 어느새 몰빵투자를 하게 된다. 차라리 삼성전자에 모든 투자금을 몰빵하고, 오랜 시간을 기다리는 편이 더 나을지도 모른다.

주식투자하면서 욕심을 관리하는 것도 리스크 관리 방법 중 하나다. 사실 이 부분이 굉장히 어렵다. 사람은 욕심의 지배를 받을 수밖에 없기 때문이다. 그래서 많은 투자자는 감정이 없는 인공지능 트레이더를 기다리고 있는지도 모른다.

아무튼 욕심을 내기보다는 자신만의 투자 원칙을 세우고 그대로 지키는 것이 필요하다. 물론 한 종목에 5%를 반드시 고집할 필요는 없다. 그저 5% 정도로 분산하는 것이 좋다는 것이지, 투자자에 따라서는 종목당 10%나 혹은 3% 정도로 분산할 수도 있을 것이다. 하지만 몇 %가 되었건 자신만의 규칙을 만들었다면, 반드시 지키는 것이 좋다.

| 그 외의 분산 방법들 |

지금까지 분산투자는 다양한 업종에 속한 주식으로, 한 종목당 투자금의 5% 정도를 투자하는 것이 좋다고 했다. 그런데 여기에 더해서 몇 가지 분산에 대해 생각해볼 것이 더 있다.

첫째는 대형주와 소형주, 코스피와 코스닥이다. 물론 우리나라는 코스피 대형주에 대한 쏠림 현상으로 코스닥의 소형주가 소외되는 경우가 많이 있다. 그러나 코스닥 부양에 대한 기대감도 높아지고 있고, 코스닥의 소형주일지라도 엄청난 성장률을 보이면서 주가도 함께 급등하는 경우도 많다. 이런 종목을 그냥 놓쳐 버리기에는 너무 아깝다.

따라서 보다 다양한 시각을 통해 대형주, 소형주, 코스피, 코스닥에 있는 여러 종목을 두루 살펴봐야 한다. 보통 개인투자자들은 투자금이 작기 때문에 매일 살펴보는 종목이 몇 천 원에서 몇 만 원 정도의 종목들로 집중되는 경향이 있다. 그리고 이런 종목들은 대부분 코스닥 종목인 경우가 많다.

투자금의 5%를 투자하려고 생각하다보면 코스피의 대형주를 1주만 겨우 사거나, 아니면 아예 살 수 없는 경우가 생길 수도 있다. 이렇게 자신도 모르는 사이에 투자금의 압박으로 인하여 코스닥 소형주로 집중되는 경우가 많이 생긴다. 이런 집중 현상 때문에 "개인투자자들의 투자 성과가 좋지 않았다."라는 뉴스를 자주 접하게 되는 것이다. 어떤 방식이 되었건 '몰빵'이 되어버리면 손해를 볼 확률이 높아진다.

두 번째 분산투자 방법은 시간의 분산이다. 자신의 투자금을 지금 당장 모두 매수할 필요는 없다. 조금 더 느긋한 마음을 가지고 정말 확실한 투자 대상 종목이 발견되었을 때, 5%씩 분할매수하는 것이다. 너무 조급한 마음을 갖게 된다면 자신의 주식 계좌에 남아 있는 현금이 일을 하지 않고 있는 것만 같아 초조해질 수도 있다.

그렇다고 아무 주식이나 매수할 수는 없지 않는가. 정말 확실한 종목이 나올 때를 기다려서 5%씩 투자하다보면 자연스레 매수 시기가 분산될 수 있을 것이다.

그런데 주식투자를 하다보면 확실하게 좋아 보이는 종목이 꽤 오랜 기간 발견되지 않을 때도 있다. 이것은 전체 시장이 좋지 않다는 증거이므로 투자를 잠시 쉬라는 뜻으로 이해하자. 떨어지는 칼날을 맨손으로 잡을 필요는 없다. 그리고 리스크를 관리하기 위해서는 적절한 대응도 중요하다. '진인사대천명'이라는 말이 있다. 인간으로서 해야 할 일을 다하고 나서 하늘의 명을 기다린다는 뜻이다.

그러나 주식은 그렇지 않다. 투자자로서 해야 할 분석을 다하고 나서 매수한 다음에도 계속 주식을 관리해야 하기 때문이다. 투자에 대해 이야기할 때 "묻어 둔다."라는 말을 하는 사람이 있다.

"이 종목을 매수한 다음, 한 5년 정도 묻어 두면 크게 벌 거야."

미래는 아무도 모른다. 삼성전자처럼 몇 배의 수익이 날 수도 있지만 그렇지 못한 경우도 많다. 그리고 묻어 둔 기간 동안 최고가로 올랐다가 하락하여 5년 후에 봤더니, 겨우 본전이 될 수도 있을 것이다.

입지가 좋은 지역의 부동산은 한정 자원이기 때문에 조금이라도 오를 것이다. 그러나 주식은 기업의 상황에 따라 시시각각 변화하는 투자처기 때문에, 그냥 묻어 둔다고 해서 될 문제가 아니다. 이런 것은 위험을 전혀 관리하지 않는 것이다.

그래서 대응이 필요하다. 정말 좋은 종목을 철저한 분석을 통해 매수했다면, 비록 주가가 하락하더라도 심리적으로 안정이 되어 기다릴 수 있다. 그 다음 주가의 저점에서 상승 반전하는 시기를 노려 물타기를 통해 수익을 더 낼 수도 있을 것이다물론 이런 물타기는 매우 위험하니 확실한 이해가 없다면 섣불리 따라 할 만한 방법은 아니다.

좋은 종목이라고 생각하여 투자했지만 다시 생각해보니 그다지 좋지 않다고 생각되거나, 기업의 사정이 달라졌다면 과감히 손절을 통해 손실을 줄일 수도 있다. 저점 물타기나 손절과 같은 방법은 이론뿐만 아니라, 오랜 시간 동안 여러 상황 속에서 실전 경험이 있어야 가능한 방법들이다.

주식투자는 위험을 분산하고 관리해가는 과정에서 발생하는 수익을 얻을 수 있다. 좋은 주식을 골라 쌀 때 사서 비쌀 때 파는 것이 일반적인 방법이지만, 그 과정에는 무수한 위험이 투자자들을 괴롭히고 있다. 그래서 위험을 분산하고 관리하는 노력이 필요하다.

아무도 가르쳐주지 않는 주식 계좌 운용 방법

"왜 이래? 아마추어같이!"

예전 모 개그맨의 유행어다. 물론 아마추어라고 하여 모두 실력이 떨어지거나, 프로라고 하여 모두가 고수는 아닐 것이다. 하지만 왠지 아마추어라고 하면 조금은 '초보'의 이미지가 강하다. 그러면 주식투자에서 프로와 아마추어의 경계는 무엇일까? 금융권에서 일하거나 전업투자를 한다고 하여 모두가 프로일까?

인터넷에서 펀드별 수익률을 보면 마이너스 수익을 내는 펀드가 줄줄이 나온다. 국민연금만 하더라도 손실을 본 경우가 다반사다. 국내 최고의 프로들이 모인다고 해도 파도가 지나간 다음의 하락장에서는 어쩔 수 없다.

반대로 개인투자자라고 해도 모두가 아마추어는 아니다. 하락장에서도 누군가는 꾸준히 수익을 낼 것이라 생각한다. 하다못해 그냥 현금으로라도 보유하고 있다면 원금은 보존될 테니 괜찮다.

개인투자자들도 프로가 되고 싶다. 정식 프로는 아닐지언정 프로로 인정받을 만큼의 수익률은 유지하고 싶다. 이를 위해 지금도 이 책을 읽고 있는 독자 여러분은 다양한 매매법을 공부하고 있을 것이다.

지금 설명하려고 하는 것은 매매법은 아니다. 계좌 운용법이다. 계좌 운용이라고 하니 조금은 실망하거나 무시할지도 모른다. 하지만 **주식 계좌 운용 방법은 그 어느 책이나 강의에서도 알려주지 않는 가장 강력한 수익 보존 방법이다.** 이 내용 한 가지만으로 책 한 권을 써도 될 정도니 말이다.

주식 계좌를 운용하는 다음의 두 가지 방법을 제시한다.

| 좋은 시즌을 찾기 위한 주식 계좌 운용 방법 |

이 책을 읽는 투자자라면 증시의 상승기에만 투자할 것을 다시 강조한다. 증시의 하락기에는 주식시장에서 관심을 조금 멀리했다가, 다시 상승기가 오면 조금씩 투자를 시작하는 것이다.

그러나 매일 아무런 소득도 없이 지수 차트를 확인만 하기는 조금 감이 떨어질 수 있다. 그리고 하락기라고 하여 증시에 관심이 조금이라도 멀어지게 된다면 본격적인 반등의 시기를 놓칠 수도 있다. 그렇게 되면 그냥 기회를 날려 버리게 된다. 혹은 뒤늦게 매수에 동참했다가 손실을 보기도 한다.

따라서 꾸준히 증시에 관심을 가지면서 하락기를 버티는 방법을 소개하고자 한다. 바로 여러 개의 주식 계좌를 활용하는 것이다. 일단 증시 하락기가 되면 계좌의 보유 종목은 거의 대부분 정리하는 것이 좋다. 이때 1년 이상의 장기투자 보유 종목은 장기 보유 계좌로 이체해둔다. 이를 위해 주식 계좌는 여러 개를 미리 만들어둬야 한다.

최근에는 비대면 주식 계좌 개설이 쉽게 되니, 수수료가 무료이거나 싼 곳을 찾아서 여러 개를 만들어두자. 장기 운용 계좌의 종목은 기업의 근본적인 업종 상황이나 실적이 크게 하락하지 않는 한 꾸준히 보유하면 된다.

그다음 자주 사용하는 계좌에서 관심 종목을 매수한다. 하락장에 종목을 매수하라니 조금 이상하게 들릴지도 모르지만, 그냥 딱 1주씩만 매수해두면 된다. 한 종목당 1주라면 크게 부담이 안 될 것이다. 최근 관심을 받는 종목, 향후 상승할 업종의 종목들을 고루 분산하여 1주씩 20~40개 종목 정도를 추려보자.

물론 이 종목들 역시 꾸준히 수익을 잘 내는 좋은 기업, 그리고 업종을 대표할 수 있는 시가총액을 가져야 한다. 업종별 종목을 고르는 방법은 네이버 증권의 '업종'과 '테마'를 활용하면 된다.

관심 종목을 1주씩 보유하며 시장을 관찰하자. 그렇게 계좌에 1주씩 여러 개의 종목을 담고 있다면 가끔이라도 관심을 갖고 한 번씩 계좌를 열어 보게 될 것이다. 그리고 하락기가 길어진다고 해도 큰 부담은 없다. 설사 50만 원짜리 주식 1주에서 -30%의 손실이 날지라도 15만 원 정도의 손실만 보면 되기 때문이다. 현황 파악을 위한 종목들이라면 대부분 몇 천 원에서 10만 원 이내의 종목들일 것이다.

1주짜리 계좌의 수익률이 하락에서 상승으로 반전을 보인다면 투자를 생각해보자. 이때부터 지수 차트를 본격적으로 다시 분석해보면 된다. 그리고 평소 지켜보던 업종의 종목들이니 어느 곳에서 가장 상승이 크게 발생하는지를 살펴보면서, 주도주도 자연스럽게 찾을 수 있을 것이다.

여러 업종과 테마에 걸쳐 관심 종목이라는 '그물'을 던져두고 '상승 시기'가 낚이기를 기다리면서 그물만 확인해보면 편하게 투자할 수 있다. 내 돈이 한 푼이라도 들어가 있는 것과 아닌 것은 관심의 차이가 하늘과 땅이다. 그리고 이런 노력과 관심이 모여 프로가 될 것이다.

| 심리적 안정과 수익률 극대화를 위한 주식 계좌 운용 방법 |

좋은 시기에 좋은 종목에 투자해야 수익이 생기는 것은 당연하다. 그런데 주식 계좌 운용만 잘해도 수익률은 높아진다. 이것은 수익이 난 상태에서 계좌 운용을 통해 안정적으로 수익을 챙기는 방법이다.

다음의 '나수익' 씨 투자 일기를 보면서 혹시 여러분도 비슷한 상황은 아닌지 생각해보자.

「초보 투자자 '나수익' 씨의 투자 일기」

- **4월 3일**

드디어 오늘 수익이 났다. 며칠 전에 매수했던 종목이 갑자기 급등하기 시작했다. 어쩌면 이 종목으로 큰돈을 벌게 될지도 모른다. 이렇게 생각하는 이 순간에도 벌써 수익률은 10%를 넘고 있으니 말이다.

- **4월 15일**

어제에 이어 오늘도 역시 상승 중이다. 벌써 30% 정도 수익이다. 역시 상승기에 제일 잘 오르는 종목에 투자하라고 하더니, 내가 종목을 고르는 안목이 있었던 것 같다. 이 투자 방법이라면 은퇴도 멀지 않은 것 같다.

- **5월 4일**

어제 조금 하락했다. 너무 급하게 오른 터라 조정인줄 알았었는데……. 오늘은 갑자기 큰 폭의 하락이 발생했다. 한순간이지만 40%까지 올랐던 수익률은 이제 15%도 간당간당하다. 하지만 아직은 큰 수익 구간이고, 또 이 기업의 실적과 호재를 믿기에 조금만 더 기다려보려고 한다. 분명 이전보다 크게 상승할 것이다.

■ **5월 10일**

오늘 갑자기 크게 빠진다. 최근 전반적인 증시가 조금은 조정을 받는 것 같긴 한데, 내 종목은 유달리 더 크게 빠지는 것 같다. 아직은 3%대 수익 구간이긴 하지만, 그동안 잃어버린 30% 정도의 수익이 자꾸 후회된다. 욕심내지 말고 그냥 팔아 버릴 걸.

그래도 아직 본전이니 괜찮다. 그동안의 수익은 그냥 없었던 셈 치자. 이제부터라도 다시 오르면 된다. 한 번 30%까지 상승했던 종목이니, 이번엔 60%까지 상승할 수 있을 것이다. 그나저나 내일은 올라야 할 텐데.

■ **5월 21일**

에잇! 왜 오늘도 빠지는 거야? 다른 종목들은 오르는데 말이야. -5%인데 손절을 해야 하려나? 그래, 이런 종목은 내 스타일이 아닌가보다. 빠른 손절도 고수로 가는 지름길이라 했으니 일단은 손절이다. 이런 잡주는 앞으로 쳐다보지도 않으련다.

결국 그 종목은 다음날부터 다시 오르기 시작했을지도 모른다. 이런 경험을 하면서 마음 아파한 적이 있는가?

그렇다면 반드시 지금 설명하는 계좌 운용 방법을 공부해야 한다. 그동안

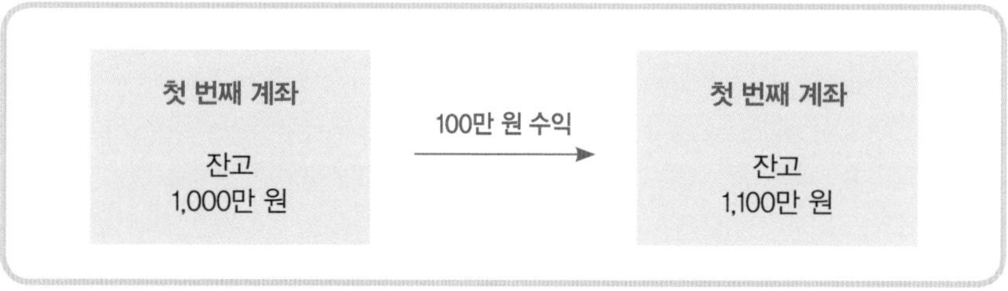

첫 번째 계좌에서 수익이 발생하여 1,000만 원 → 1,100만 원이 되었다.

주식 계좌를 여러 개 운용하라는 말은 들어본 적이 있을 것이다. 하지만 어떤 방식으로 여러 계좌를 운용해야 하는지에 대해 자세히 알려주는 곳은 없었을 것이다. 그래서 주식 계좌 활용 방법 중 안정적으로 수익을 챙기는 방법에 대해 설명하려고 한다.

주식 계좌 운용의 기본은 첫 번째 계좌의 수익금을 두 번째 계좌로 옮기는 것이다. 예를 들어 1,000만 원을 운용하는 주 계좌가 있다고 해보자. 이 계좌를 잘 운용하여 10%의 수익이 발생하여 1,100만 원이 되었다.

수익 금액인 100만 원은 두 번째 계좌로 이체한다. 보유 종목이 너무 좋아서 계속 오를 것 같다면 그냥 주식 대체출고주식도 이체할 수 있다. 자세한 방법은 각 증권사에 문의하자를 한 뒤, 두 계좌에서 같은 종목을 보유해도 된다. 다른 종목에 투자하고 싶다면 100만 원만큼의 주식은 매도 후 두 번째 계좌에서 다른 종목을 매수하면 된다.

그러면 첫 번째 계좌는 비록 주식 수는 줄었지만 보유 금액은 여전히 1,000만 원 운용 계좌인 것이고, 두 번째 계좌는 100만 원이 생겼다. 그렇게 첫 번째 계좌는 계속 1,000만 원을 유지하고, 수익이 발생하면 두 번째 계좌로 이체를 계속한다.

두 번째 계좌의 원금은 첫 번째 계좌에서 보내준 돈만큼이 된다. 그리고 두

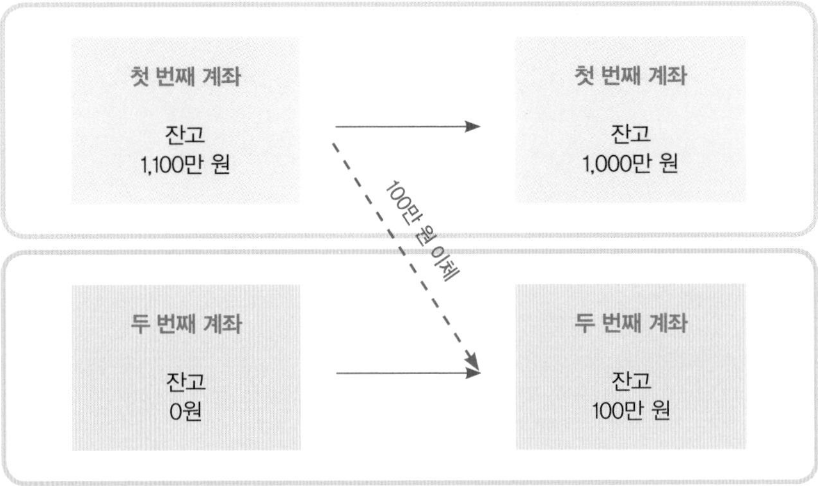

수익이 난 첫 번째 계좌의 수익금은 두 번째 계좌로 이체한다.

번째 계좌에서 수익이 난다면, 이는 또다시 세 번째 계좌로 옮긴다. 이런 방식으로 계좌를 계속 늘려 가게 된다면 수익 또한 계속 늘어날 것이다.

추가 수익이 발생하게 되는 경우를 생각해보자. 만일 첫 번째 계좌에서 200만 원의 수익이 추가로 발생했다면 이것은 다시 두 번째 계좌로 이체하고, 첫 번째 계좌는 계속 최초 운용 규모인 1,000만 원을 유지한다.

두 번째 계좌는 기존 잔고 100만 원에 첫 번째 계좌의 수익금 200만 원이 추가되었다. 그동안 두 번째 계좌를 운용하면서 10만 원의 수익이 발생하여 총 잔고는 310만 원이 되었다. 그러면 운용을 통해 늘어난 10만 원은 다시 세 번째 계좌로 이체한다.

세 번째 계좌는 두 번째 계좌의 수익금으로만 운용하며, 만일 추가 수익이 발생한다면, 네 번째 계좌로 다시 이체하면 된다.

왜 이런 방식이 수익률에 도움이 될까? 그것은 손실을 관리할 수 있고, 손실을

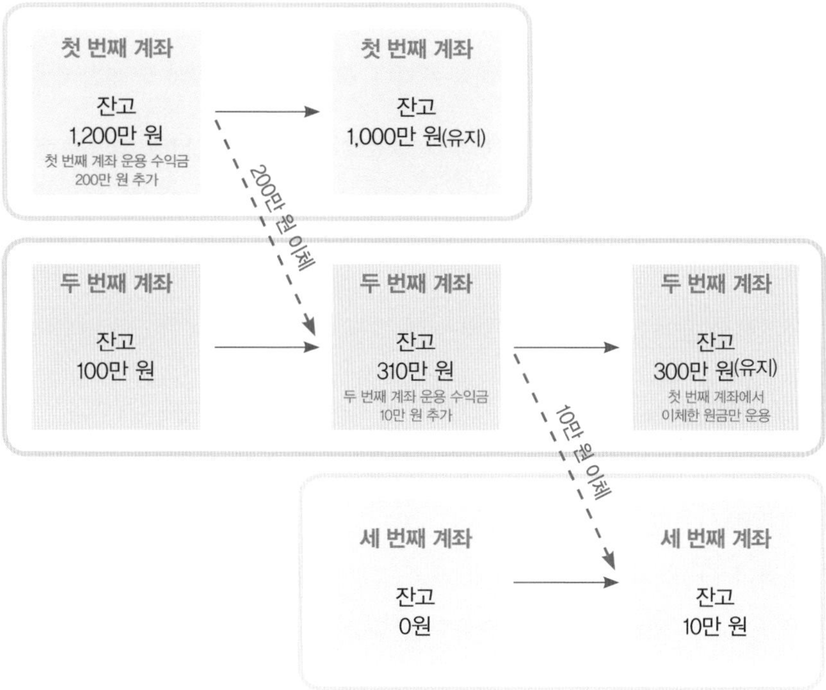

두 번째 계좌는 첫 번째 계좌에서 이체한 원금만 계속 운용하며, 두 번째 계좌에서 수익이 발생하면 세 번째 계좌로 이체하여 운용한다.

대하는 심리적 개념이 달라지기 때문이다. 첫 번째 계좌에서 100만 원의 수익이 발생했을 때 수익금을 두 번째 계좌로 옮기고 1,000만 원을 유지한다고 해보자. 이 계좌는 반드시 1,000만 원을 유지해야 하는 계좌다.

그런데 갑자기 손실이 발생하여 첫 번째 계좌가 980만 원이 되었다고 해보자. 1,000만 원짜리 계좌가 980만 원이 되니 심적으로 부담이 될 것이다. 이때부터 적극적으로 종목을 매도하고 다른 종목을 찾을지를 고민해야 한다. 그러나 이 첫 번째 계좌는 1,100만 원의 수익이 이미 난 상태에서 고작 20만 원 손실이 났을 뿐이다. 하지만 작은 손실에도 1,000만 원을 유지해야 하는 계좌라면 조금 더 민감하게 대응할 수 있게 된다.

이것은 두 번째 계좌에서도 마찬가지다. 비록 100만 원짜리 계좌이지만 손실이 발생하게 되면 주식투자를 더 공부하든지, 종목을 더 연구하고 분석하든지 하여 어떻게 해서라도 다시 100만 원짜리 계좌를 복구하고 싶을 것이다.

생각해보면 애초에 두 번째 계좌는 첫 번째 계좌의 수익금만으로 만들어진 계좌이니 몽땅 잃어버려도 본전인 셈인데도 말이다. 하지만 수익금으로 만들어진 계좌일지라도 이를 계속 불려갈 수 있는 여건이 조성된 이상 어떻게 해서든 관리해야 한다.

계좌가 세 개, 네 개, 다섯 개로 계속 증가하게 되면 종목 수도 많아지고, 계좌관리도 조금 벅차게 되는 순간이 올 것이다. 그러면 계좌별 운용 자금을 다시 분배해보자.

첫 번째 계좌는 원래 1,000만 원만 운용하는 계좌였으나 2,000만 원으로 늘리게 되고, 두 번째 계좌를 500만 원 정도로 늘려 잡을 수 있다. 그러면 세 번째 계좌부터는 다시 0원 계좌로 보유하면서 수익금을 기다리면 된다.

필자가 추천하는 계좌 운용 방법은 인지과학과 심리학을 기반으로 고안한 내용이다. 이 내용을 잘 이해하고 실천한다면 실제 주식투자 시 +, − 숫자에 현혹되어 잘못된 판단을 하지 않는 데 도움이 될 것이다.

이쯤 설명하다보면 한 가지 궁금한 점이 생길 것이다. 과연 수익이 얼마가 된 이후 다음 계좌로 옮겨야 할까?

정답은 없다. 하지만 나름 만족하면서 수익을 거둘 방법을 제시하자면 '고점 대비 삼분의 일'을 기억하면 된다. 최소 5% 이상의 수익이 났을 때, 수익의 최고점을 기준으로 수익 중 $\frac{1}{3}$ 정도 하락하면, 바로 수익금을 모두 팔아서 두 번째 계좌로 옮겨 두자. 이후 만일 주가가 추가로 하락하게 된다면 그나마 $\frac{2}{3}$ 정도의 수익은 건지게 된 것이니 만족스럽다. 그리고 첫 번째 계좌는 본래 운용 자금보다 적어질 테니, 계좌를 대하는 심리가 달라져 적절한 대응을 하게 된다. 예를 들어 앞의 '나수익' 씨의 사례를 본다면 최고점의 수익률이 30%까지 상승했던 시기가 있었다. 그러다가 주가가 하락하기 시작하면서 수익률이 20%로 떨어지는데, 바로 이 시기가 수익금을 이체해야 하는 시기다.

정리하자면 "5% 이상의 수익 이후, 최고점을 기준으로 수익의 $\frac{1}{3}$ 하락 시 수익금을 이체한다."이다.

그러면 왜 '삼분의 일'일까? 주식의 움직임은 끊임없이 등락을 거듭하며 상승하기 마련이다. 그래서 너무 작은 수익이 생길 때마다 바로바로 팔아서 두 번째 계좌로 옮기다보면 제대로 된 투자를 할 수가 없게 된다. 하루는 수익이었다가 하루는 손실이었다가 하는 통에 계좌가 엉망이 되어 버릴 수 있다.

그리고 너무 큰 수익이 날 때까지 주가의 등락을 바라보면서 마냥 기다리기만 하다보면, 횡보나 조정 시기에 그나마 이뤘던 수익마저도 잃어버리게 되는 경우가 발생한다.

따라서 최소 5% 이상 수익이 발생했다면 이후 수익 최고점을 기준으로 수익의 $\frac{1}{3}$ 정도 하락한 것을 보고, 두 번째 계좌로 이체 준비를 하는 것이 좋다. 이것은 필자의 경험적 사례며 투자자마다 다른 기준을 새롭게 생각해볼 수도 있을 것이다.

이 방법은 계좌 주식이 커지면 커질수록 더 오랜 기간 보유할 수 있기도 한다. 투자 초창기에 만일 6%의 수익이 생겼다면, 겨우 2%만 하락하더라도 '삼분의 일' 룰에 따라 남아 있는 4%는 자동으로 두 번째 계좌로 옮기게 된다.

그러나 등락을 거치면서 수익이 30%가 되었다면 10% 정도의 하락까지도 버티며 장기 보유를 할 수도 있게 된다. 수익이 커지면 커질수록 더 큰 등락 폭을 견디며 보유할 수 있다는 뜻이다.

물론 이 모든 것이 투자를 통해 수익을 낼 수 있어야 한다는 전제하에 가능한 방법이다. 하나의 계좌에서도 수익을 전혀 낼 수 없다면 꿈같은 이야기일지도 모른다. 그러나 생각해보면 누구나 한 번쯤은 수익을 잠깐이나마 경험한다. 특히 증시의 상승기에 투자한다면 수익 계좌를 볼 수 있는 확률은 더 높아진다.

그러나 **수익금을 관리하지 않는다면 초보투자자의 경우 수익금을 고스란히 날리고 겨우 본전만 유지하게 되는 경우가 대부분이다.** 처음에는 여러 개의 주식 계좌를 운용하는 것이 낯설고 불편할지 모른다. 그래도 수익을 위해서라면 반드시 도전해보기를 바란다.

The Grammer of Success 01,

인생은 원래 불공평하다, 남과 비교하지 마라!

젊은이들은 "불공평해!"라는 말을 입에 달고 산다. 모두 어른들에게서 배운 말이다. 하지만 당신이 똑같은 말을 하기 시작했다면, 인생이 불공평하다는 현실을 깨달았다는 소리다.
세상의 불공평함에 우리가 할 수 있는 일이란 없다. 대신 불공평한 일을 당할 때, 어떤 반응을 보일지가 우리의 몫이다. 어떻게 반응하느냐에 따라 우리가 어떤 사람이 되는지가 결정된다.

The Grammer of Success 02,

햄버거를 뒤집는 일은 부끄러운 직업이 아니다!

당신의 할아버지와 부모 세대는 이 일을 '기회'라고 불렀다. 그들은 최저임금을 받고 일하는 것이 전혀 부끄럽지 않았다. 그들이 부끄럽게 여긴 것은 주말 내내 퍼질러 앉아 쓸데없는 농지거리나 하는 것이었다.
일은 소중하다. 독립을 의미하기 때문이다. 독립하고 싶으면 일해야 한다. 몸이 더러워지거나 냄새를 풍기더라도 일해야 한다. 그런 일을 한다고 품위가 떨어지지 않는다. 게을러 독립하지 못하는 게 훨씬 품위 없는 일이다.

The Grammer of Success 03,

공부만 하는 범생이에게 잘 보여라!

공부만 하는 범생이보다 학교에서 인기가 많았다고 졸업 후의 인생까지 멋져지지 않는다. 어른의 삶은 완전히 다르다. 학창 시절에는 가장 가치 있게 보였던 특징들이, 오히려 부적절하고 무가치하며 열등한 것으로 판명될 수도 있다.
동시에 공부밖에 몰라 무시받던 범생이의 재능이 귀한 가치로 대접받는다. 그리고 무엇보다 대부분의 사람들이 그렇듯이, 죽을 때까지 그들 밑에서 일하게 될지도 모른다.

The Grammer of Success 04,

지금은 좋아 보이는 것들이, 나이가 들면 달라 보인다!

담배를 피운다고 멋있어 보이지 않는다. 멍청하게 보일 뿐이다. 다음에 놀러 나가서 11살짜리가 입에 담배를 물고 있지 않나 둘러봐라. 어른들에게는 당신도 그런 어린애와 똑같이 보인다.
보라색 머리나 피어싱 같은 '자기 표현'도 마찬가지다. 쉰 살이 되면 문신은 흉측해 보인다. 지금은 좋아 보이는 것들도 나이가 들면 달라 보이는 법이다.

The Grammer of Success 05,

진짜 가혹한 사람은 학교에 있지 않고 회사에 있다!

만일 학교 선생님이 무서운 사람이라고 생각한다면, 직장 상사를 만나 진짜 무서운 맛을 볼 때까지 기다려라. 직상 상사들은 선생님처럼 자리가 보장되지 않는다. 그래서 언제 해고될지 몰라, 늘 초조하다.
당신이 곤경에 처했을 때, 직장 상사가 당신에게 선생님처럼 친절한 말로 위로해 주리라고는 기대하지 마라. 직장에서 잘릴지도 모른다는 압박에 시달리다 보면, 당신의 기분 따위에 신경쓸 여력이 전혀 없다.

The Grammer of Success 06,

당신의 성공을 진실로 응원하는 친구가 진짜 친구다!

다른 사람의 성공 때문에 우울해하는 것은 당신에게 아무런 유익이 되지 않는다. 내 시간만 망치고, 나만 고통스러울 뿐이다. 결국 스스로 점점 추해지고 자신을 패배자로 만든다.

게다가 다른 사람의 성공으로 씁쓸해지는 게 습관이 될 가능성이 높다. 인생을 살면서 자신보다 더 큰 성공을 거둔 사람들을 수없이 만나기 때문이다. 친구를 고를 때, 이 원칙을 기억해라. 당신의 성공을 질투하는 친구가 있다면 명심하라. 그는 진짜 친구가 아니다.

The Grammer of Success 07,

인생은 학기로 쪼개져 있지 않고 방학도 없다!

매일 회사에 출근해, 8시간 이상 일해야 한다. 학기마다 새로운 삶이 시작되지 않는다. 방학도 없다. 삶은 계속될 뿐이다. 내 말을 듣고 나를 격려해 주는 직장은 없다. 자아 실현은 꿈도 못 꿀 일이다.

맡은 일이 재미있을 수도 재미없을 수도 있다. 하지만 회사는 당신이 그 일을 즐기는지 여부에 관심 없다. 그래서 일이라고 부르는 것이다. 좀 더 흥미로운 일을 찾고 싶으면 스스로를 업그레이드시켜야 한다.

Success Rules 08,

당신이 태어나기 전에는 부모님의 인생도 괜찮았다!

부모님의 인생이 재미없게 된 건 당신의 재미있는 인생을 뒷바라지해야 했기 때문이다. 당신을 위해 돈을 벌고, 차로 데려다주고, 교육비를 위해 저축하고, 방청소를 해주고, 당신이 얼마나 이상적인지 떠드는 걸 듣다보니 지금처럼 따분해진 것이다.

부모님은 일하고, 저축하고, 투자하고, 가족을 부양하며, 가장 생산적인 세월을 당신에게 쓰셨다. 그리고 지금도 당신에게 잔소리를 해대는 데, 그 귀한 시간을 쓰고 계신다. 언젠가 이런 부모님을 이해하고 감사해하는 날이 올 것이다.

The Grammer of Success 09,

누구의 잘못도 아니다, 일을 망쳤으면 스스로 책임져라!

인생의 패배자로 살고 싶지 않다면, 자기가 잘못하거나 틀린 선택으로 인해 발생한 결과에 대해 남 탓으로 돌리고 싶은 유혹을 참아라. 당신이 곤경에 처한다면 그건 당신 잘못이다. 당신 때문에 일이 망친 것이다.

자기의 인생을 놓고 부모님에게 징징대다가는 영원히 어린애 취급을 받을 것이다. 물론 부모님이 지금 당신의 모습에 영향을 끼쳤지만, 어른이 된 후에는 부모님이 아니라 당신이 선택한 것이다. 이 말을 이해하지 못한다면 아직 어른이 아니라는 소리다.

The Grammer of Success 10,

텔레비전 속 삶은 진짜가 아니다!

당신의 인생은 모든 문제가 30분 안에 다 풀리는 시트콤이 아니다. 시트콤에서는 항상 일은 잘 풀리고, 분쟁은 해결된다. 하지만 현실 세계에서는 귀찮고 하기 싫어도 꼭 해야 하는 일이 늘 존재한다.

삶을 가치 있게 만드는 것은 결국 자그마하고 성가신 일들, 문제들, 다툼, 걱정이다. 삶은 흥미진진하지도 않고 일상이 반복될 뿐이다. 청구서를 지불하고, 골치 아픈 일로 두통에 시달리고, 아이들이 5분만이라도 싸움을 멈추길 소원하는 게 인생이다.

인공지능이 만들어내는
'새로운 부의 지도를 읽다!'

문용석 지음 | 신국판
432쪽 | 값 19,800원

가십과 미디어로 전달되는 파편적인 지식이 아니라,
인공지능의 실체를 제대로 분석하여
새로운 미래 비전과 비즈니스 전략의 새판을 짜려는

비즈니스맨을 위한 '인공지능의 모든 것!'

" 인공지능이라는 '새로운 나침반'으로,
미래 비전과 비즈니스 전략의 '새판'을 짜라! "

" 이미 인공지능은 진화의 단계로 접어들었고,
그 진화의 속도는 실로 눈부시다! "